西北政法大学多学科发展专项资金资助

陕甘宁边区政府体制研究

霍雅琴 ◎ 著

中国社会科学出版社

图书在版编目（CIP）数据

陕甘宁边区政府体制研究／霍雅琴著 .—北京：中国社会科学出版社，2017.10

ISBN 978-7-5203-1068-0

Ⅰ.①陕⋯ Ⅱ.①霍⋯ Ⅲ.①陕甘宁抗日根据地—管理体制—研究 Ⅳ.①K269.506

中国版本图书馆 CIP 数据核字（2017）第 229798 号

出 版 人	赵剑英
责任编辑	孙　萍
责任校对	闫　萃
责任印制	王　超
出　　版	中国社会科学出版社
社　　址	北京鼓楼西大街甲 158 号
邮　　编	100720
网　　址	http://www.csspw.cn
发 行 部	010-84083685
门 市 部	010-84029450
经　　销	新华书店及其他书店
印　　刷	北京君升印刷有限公司
装　　订	廊坊市广阳区广增装订厂
版　　次	2017 年 10 月第 1 版
印　　次	2017 年 10 月第 1 次印刷
开　　本	710×1000　1/16
印　　张	13.5
插　　页	2
字　　数	214 千字
定　　价	56.00 元

凡购买中国社会科学出版社图书，如有质量问题请与本社营销中心联系调换
电话：010-84083683
版权所有　侵权必究

序

湖光山色，虫动鸟鸣，柳枝泛翠，桃李吐蕊……在在都透露出春的信息。中国的改革开放在新一轮更深层次上的全面展开，就像这阳春三月的自然景观一样，春潮激荡，一派盎然生机。读了霍雅琴副教授的博士论文——《陕甘宁边区政府体制研究》，并联想近期翻阅过的许多年轻学者颇具新意的论著，我眼前仿佛飞过一群报春的燕子，突然意识到：如果说中共十一届三中全会的召开是中国学术第一个春天到来的标志，那么现在，中国学术的又一个春天也已翩然而至。

说起中国共产党的延安时期或陕甘宁边区史的研究，我不能不略做一点儿回顾。事实上，自"文化大革命"结束后，特别是改革开放以来，这个大课题一直是中共党史、中国革命史、中国近现代史以及相关诸学科用功最勤、着力最多的重点和热点之一。研究范围涵盖政治、经济、军事、外事、司法、文化、思想以至话语模式、社会生活等各个领域，大凡前人经历过的一切都在学者的审视之下，几乎无所不包。研究成果如资料长编、史料摘编、文件汇集、专史、专著、史话、论文，可谓应有尽有，琳琅满目，举不胜举。我本人亦曾涉足其间，先后参编或主撰过《毛主席在延安的故事》（茅盾先生题写书名，陕西人民出版社1978年2月版）、《南区合作社史话》（陕西人民出版社1979年4月初版，1992年6月修订再版）、《合作经济功臣刘建章》（当代中国出版社2001年3月版）；发表过《陕甘宁边区的科学技术事业》（《延安大学学报》1980年创刊号）、《陕甘宁边区的民主政治及其特点》（《西北大学学报》1986年第3期、《党史资料通讯》1987年第1期详摘介绍）、《延安时期民主政治的多角透视》（载入《中国共产党的延安时期》一书，陕西人民出版社1993年2月版）等论文；后又几次给北京大学的多国留学生作过"关于延安精神"的学术报告。正因为有了这些积淀，我才有底气敢于应邀并乐意为霍女士的博士论文写序。

然而需要指出的是，学术创新的道路并不是平坦的。犹如艳阳高照的春天会有"乍暖还寒"时节一样，"左"的思潮也会不时撞击中国学术界比较脆弱的神经，制造出种种冤假错案。我自己就曾亲历了好几回严重挫折和伤害。仅举一个与论题相关而又不太严重的例子：上述那篇《延安时期民主政治的多角透视》，原文长达2.4万字。由于其中阐述了不少"持之有故、言之成理"（蔡元培先生语）的独到见解，在研讨会宣读后既得到许多学者的热情赞赏，认为"说得对，讲得好"，也引发了个别官员和权威人士的侧目与不满，因而在收入论文集时被擅自删除了两千余言，不过基本史实和基本观点还是保留了下来。这种情况，一方面说明要突破当时的某些"禁忌"绝非易事；另一方面又反映出学术转型的步伐在历史"阵痛"中的不可逆转。

与前后几代人相比，我们是"生在旧社会，长在红旗下"的比较特殊的一代人。童年时目睹过战争的硝烟和欢庆解放的场面，青春期深受"驯服工具"论和各种政治运动的熏染，壮年后则有幸迎来了改革开放的洗礼，以至跨入了新时期的门槛。所以，在学术实践中，虽刻苦勤奋、不甘落伍，却又瞻前顾后，畏首畏尾；虽不乏孜孜以求的创新冲动，却又脱不开新旧传统的羁缚，内心的矛盾和痛苦难以言喻。综观这一代人的研究成果，其功力和水准固然不应一概否定，其过渡性、桥梁式的积极影响和作用也不能低估，但几乎无不打上了当年那一套主流价值观念和思维方式的烙印。换言之，特立独行者少，亦步亦趋者多；标新立异者少，人云亦云者多；大都未能跳出"成王败寇"史观和非此即彼两极思维方式的窠臼。即使专论边区政治方面的著作，除了片面性之外，其主调也多属意识形态意义上被歪曲了的政治，而少有学科学术意义上客观真实的政治。这当然是环境使然、时势使然，但也与个人的思想境界、理论勇气如何有关，这大概就是人们常说的"时代的局限性"吧。对此，后来者理应给予"同情的理解"（陈寅恪先生语），并在学科学术意义上加以扬弃，因为他们毕竟是站在前者的肩膀上向高峰攀登的。

人事有代谢，往来成古今。如今，我们这一代学者在年龄层次上已经步入老境。就像有的歌词中唱的那样，我们的"青春小鸟"已一去不再复返。尽管其中有人还在扮演着青年同路人或引领者的角色，但都不可避免地要退出历史舞台。我们只能顺应生命的自然法则，犯不着顾影自怜，也不必遗憾，因为代际更替是历史发展的必然，更是社会进步的一大表征。尤其令人欣喜的是，随着改革的全面深入和开放范围的扩大，在全球化的历史巨变、全变、快变中，一代学术新人正以其灵动的头脑、宽广的视界和敏锐的洞察力，肩负着时代赋予的新的历史使命迅速脱颖而出，已然成为各自学科领域的研究骨干和中坚力量，这是中国学术拥有光辉未来的希望之所在。

刚从美国俄亥俄大学访学归来的霍女士，恰当不惑之年，学殖深厚，才思敏捷，信念坚定。她不仅具有博、专、新的知识结构，而且在攻读硕士、博士学位期间以及十余年教学科研实践中经受过严格的创新思维训练，因而具备驾驭重大科研项目的能力和水平。她即将出版的博士论文，就是一个明证。以我之见，在中国共产党的延安时期或陕甘宁边区史的研究上，这是一部独辟蹊径的学术创新之作。其中，关于以"两权半"为特征的政府体制构成模式的论述，关于以"三三制"为特征的公众参政模式的论述，关于以"特区"政府运行机制为特征的行政效能的论述，关于马克思主义中国化在地方政制创新实践上的具体分析，关于适时革新的权变管理思想以及运用"善治"概念对政府施政的具体分析等，均有独到见解。其学术价值、理论意义和对现实的启迪作用自不待言，相信读者必能从中获取教益。

还在50岁的时候，我给自己"树立的学习目标就是思想还未定型的二十岁左右的年轻人，力求像他们一样纯真、正直、富有朝气、勇往直前，永远保持一种年轻的心态和活力"。直至今日，这个心愿都没有变，只是学习的目标扩大了，自然也包括霍女士他们这一代学术新人。作为比他们老一代的学者，我当然有自知之明，因为我们不可能在生物学意义上与他们并驾齐驱，但却有可能在社会学意义上争取跨越"代"的限制，不断更新观念，汲取新知，并在经验层面上给年轻人以助力，做到老有所学、老有所为，力所能及地发挥余热，直到生命的终结。就我个人来说，这种近乎顽固的执着，既是我改不掉的天性和宿命，也是我变不了的兴之所至和"欢乐颂"，更是我获得幸福感的根基和源泉。

多年前我就认为，学术创新有两个基本条件：一是环境的宽容，一是心灵的自由。前者属客观条件，后者为主观条件，而前者在很大程度上对后者起决定作用。相对于过去，当下这两个条件都大大改善了。但愿我们的各级主政者和全社会为一代代学术新人的崛起创造更加宽容、宽松、宽厚的环境条件，也相信我们的一代代学术新人在更加自由的心灵中从事更多的探索和发现，取得更加丰硕的学术创新成果。

最后，值此霍女士的博士论文即将付梓之际，我尤为期待她还有更多更好的新作问世，并对全心全意支持她投身学术研究工作的她的丈夫英卫峰先生及家人表示敬意。我更热望在有生之年，能够张开双臂，去尽情拥抱一个又一个接踵而来的中国学术的春天。

李云峰
西北大学新村小石川书屋
2017年3月28日

摘　　要

陕甘宁边区时期是中国共产党人将马克思主义普遍原理与中国实际相结合取得丰硕成果的时期。在党的领导下，边区政府坚持马克思主义政府理论的科学原则和精神，在吸取以往成功经验的基础上，与时俱进、勇于创新，自主创建了具有新民主主义性质和鲜明中国特色的政府体制。在马列主义、毛泽东思想指导下，边区政府职能定位准确、组织结构科学合理、运行机制顺畅高效，通过培育民主政治，促进经济、社会、文化的发展，充分调动了当地民众建设边区的积极性，使整个边区获得全方位发展，最终为抗日战争和新民主主义革命的胜利奠定了坚实的基础。本书依据大量历史文献资料，以现有与陕甘宁边区相关的研究成果为基础，对边区政府体制进行了深入研究，剖析了边区政府组织管理体系及运行机制，为当前行政体制改革与政府管理创新提供有益思路。同时，本书试图借鉴公共管理学的理论和研究方法，以陕甘宁边区政府体制为中介，将马克思主义中国化和公共管理两个不同学科进行有机融合，探讨边区政府体制构建和运行过程中所体现出来的马克思主义中国化问题。

本书由七部分组成。

第一章"绪论"，介绍了选题的目的及其意义，对近年来有关陕甘宁边区的研究现状进行全面梳理述评，阐明本书研究的主要思路和基本方法及创新点。

第二章"陕甘宁边区政府的形成与发展"，综论陕甘宁边区政府的由来、具体发展过程及行政区划沿革，勾勒出进行主题研究所必不可少的背景基础。

第三章"陕甘宁边区政府的施政环境及其府际关系"，介绍陕甘宁边区政府施政的总体环境（自然条件、经济状况、社会发展、内外安全），并分析了陕甘宁边区政府间关系的复杂性。

第四章"陕甘宁边区政府体制的构成及其运行",本章为全书的重要组成部分,将详细论述边区政府体制,主要包括立法体制——参议会制度;行政体制——边区政府的组织结构和职权;司法体制——半独立的边区司法。政府运行机制主要包括决策机制、执行机制、监督机制、协调机制和用人机制。

第五章"国统区地方政府与陕甘宁边区政府施政体制之比较",本章先从整体上,系统概括出国统区的地方政府体制全貌。再通过制度设计及实际运行中的表现,比较国统区的地方政府体制与陕甘宁边区政府体制的区别。最后对这两种体制存在差异性的原因进行了分析。

第六章"陕甘宁边区政府体制是马克思主义中国化的伟大创新",主要介绍了陕甘宁边区在政府体制方面的创新及其同马克思主义中国化之间的关系。本章是本书的重点章节,具体论述了"两权半"和"三三制"的理论基础、创新性以及对马克思主义中国化的贡献。同时论述了边区政府管理体制中的权变管理思想、地方政制创新等在马克思主义中国化的具体体现。

第七章"陕甘宁边区政府的善治及其当代启示",本章从狭义政府角度,对陕甘宁边区成功治理的经验及做法进行概括总结,试图为当今的政府管理和体制改革提供一些有益思路。对陕甘宁边区政府的"善治"表现、"善治"的成因及其当代启示进行了阐释。

关键词:陕甘宁边区 政府体制 创新 马克思主义 善治

目　　录

第一章　绪论 …………………………………………………… (1)
　第一节　研究背景 …………………………………………… (1)
　第二节　研究现状 …………………………………………… (5)
　第三节　研究思路、方法与创新点 ………………………… (11)
　　一　研究思路 ……………………………………………… (11)
　　二　研究方法 ……………………………………………… (12)
　　三　本书创新点 …………………………………………… (13)

第二章　陕甘宁边区政府的形成与发展 ……………………… (14)
　第一节　新型政权的建立 …………………………………… (14)
　第二节　由推选转为民选的五届政府 ……………………… (18)
　第三节　动态变化的行政区划 ……………………………… (27)

第三章　陕甘宁边区政府的施政环境及府际间关系 ………… (36)
　第一节　陕甘宁边区政府险恶的施政环境 ………………… (36)
　　一　自然条件恶劣 ………………………………………… (36)
　　二　农业经济凋敝 ………………………………………… (40)
　　三　社会发展落后 ………………………………………… (43)
　　四　内外安全堪忧 ………………………………………… (45)
　第二节　陕甘宁边区复杂的府际关系 ……………………… (48)
　　一　边区政府与国民中央政府的关系 …………………… (48)

二　边区政府与国统区政府间关系……………………………(50)
　　三　边区政府与其他解放区政府间关系…………………………(54)
　　四　陕甘宁边区处理政府间关系的原则…………………………(55)
　　五　政府间基本沟通方式…………………………………………(59)

第四章　陕甘宁边区政府体制的构成及其运行………………………(62)
　第一节　以参议会为主体的立法机关……………………………(62)
　　一　边区各级参议会的机构与职权……………………………(64)
　　二　参议会的性质…………………………………………………(66)
　第二节　与参议会并立的行政机关………………………………(72)
　　一　边区政府的机构与职能………………………………………(73)
　　二　边区行政督察专员公署及其职能……………………………(76)
　　三　边区县政府的机构与职能……………………………………(77)
　　四　边区区政府机构与职能………………………………………(79)
　　五　边区乡(市)政府机构与职能…………………………………(79)
　第三节　半独立的司法机关………………………………………(80)
　　一　具有终审权的司法机关及其职权……………………………(81)
　　二　边区第一审司法机关及司法辅助机关职权…………………(84)
　第四节　顺畅有效的运行机制……………………………………(86)
　　一　统一与民主相结合的决策机制………………………………(86)
　　二　科层模式与动员模式相结合的执行机制……………………(91)
　　三　渠道广泛的监督机制…………………………………………(94)
　　四　合作一致的协调机制…………………………………………(98)
　　五　规范灵活的用人机制…………………………………………(100)

第五章　国统区地方政府与陕甘宁边区政府施政体制之比较………(103)
　第一节　国统区的地方政府体制…………………………………(103)
　　一　名不副实的地方民意机关……………………………………(104)
　　二　颇具变化的地方行政机构……………………………………(107)
　　三　逐渐失调的地方司法机构……………………………………(111)

第二节 国统区地方政府体制与陕甘宁边区政府体制的区别 ……………………………………………… (114)
    一 民意机关的权限不同 ……………………………… (114)
    二 实际运行的效果不同 ……………………………… (118)
第三节 两种体制存在差异性的原因 ……………………… (127)

第六章 陕甘宁边区政府体制是马克思主义中国化的伟大创新 ………………………………………………… (131)
第一节 "两权半"——马克思主义政权理论的中国化 ……… (132)
第二节 "三三制"——马克思主义民主政治思想的中国化 … (141)
第三节 权变管理的思想——与时俱进的马克思主义中国化 ………………………………………………… (147)
    一 制度层面上的及时调整 …………………………… (149)
    二 机构设置的机动灵活 ……………………………… (152)
    三 选举区域和选举比例的适时变化 ………………… (155)
第四节 地方政制创新——马克思主义中国化的具体实践 …… (157)
    一 "边区首府"——延安市 …………………………… (158)
    二 "民族自治"——少数民族聚居区 ………………… (160)
    三 "难民安置"——移民垦区 ………………………… (163)
    四 "军队屯田"——南泥湾垦区 ……………………… (165)
    五 "经济支柱"——盐业中心区 ……………………… (167)

第七章 陕甘宁边区政府的善治及其当代启示 ……………… (170)
第一节 陕甘宁边区政府的"善治" ……………………… (171)
    一 合法性 ……………………………………………… (172)
    二 透明性 ……………………………………………… (173)
    三 责任性 ……………………………………………… (174)
    四 法治性 ……………………………………………… (175)
    五 回应性 ……………………………………………… (177)
    六 有效性 ……………………………………………… (178)
第二节 陕甘宁边区政府"善治"的成因 ………………… (179)
    一 解决民生是基础 …………………………………… (179)

二　实行民主是核心 …………………………………………（180）
　　三　方法得当是关键 …………………………………………（181）
　第三节　陕甘宁边区"善治"的当代启示 ……………………（182）

参考文献 ……………………………………………………（191）

后记 …………………………………………………………（203）

第一章

绪　　论

第一节　研究背景

马克思主义是由马克思和恩格斯在 19 世纪中后期创立，20 世纪初叶由列宁主义继续开拓，20 世纪前中期由毛泽东思想继承和发展，是与时俱进、不断创新的科学理论体系。认识世界和改造世界是马克思主义自诞生以来的两大历史使命，认识世界属于理论探索的范畴，而改造世界则属于社会实践的范畴。马克思主义是无产阶级认识和改造世界的强大思想武器，既体现出鲜明的理论品质，又具有显著的实践特性。马克思主义普遍真理与中国具体实际的有效结合，必然会通过理论和实践将两者结合的过程和结果如实地表现出来，形成马克思主义中国化的理论形式和实践样本。从理论形式上看，就是将中国革命和建设的实践经验上升为理论，形成中国化的马克思主义理论创新成果。它是运用马克思主义的基本立场、观点和方法去解决中国的实际问题，而非依靠少数人物关起门来从事纯粹意义"经院式"的研究。从实践层面看，马克思主义中国化就是把马克思主义与中国的具体实际相结合，创造性地制定出正确的路线、方针和政策，用来解决中国革命和建设中的实际问题。[①]

陕甘宁边区时期是马克思主义中国化取得丰硕成果的辉煌时期，不仅开创性地首次提出"马克思主义中国化"这一科学命题，而且经过中国共产党人不断地艰辛探索，总结和提升以往历史经验，形成了马克思主义普遍真理同中国具体实际相结合的科学结晶——毛泽东思想。在该思想的

[①] 刘芳：《马克思主义中国化的理论形态和实践样式》，《中国社会科学报》2011 年 4 月 7 日第 5 版。

正确指导下，陕甘宁边区成功地进行了新民主主义的政治、经济、文化和社会建设，为中国革命最终取得胜利奠定了坚实的基础。陕甘宁边区政府是抗战时期中国共产党践行马克思主义民主政治的伟大创造，它赋予一切抗日的人们以真正平等的参政、议政权利，使民众成为民主政权的真正主人。在经济方面，实行以公营经济为主导，多种经济共同发展的新民主主义经济体制；在社会管理上，积累了运用法律、政策、行政、思想教育等多种手段进行社会管理的经验，建立起一个法制化、规范化、诚信公平的新型政府。在精神培育上，使爱国主义、民族主义在边区得到发扬光大，形成了至今仍是我们现代化建设精神动力的延安精神。在中国共产党的领导下，边区政府坚持马克思主义政府理论的科学原则和精神，在承继了以往历史成功经验的基础上，自主创建了具有中国特色和新民主主义性质的政府体制，为边区各级政府实现民主管理、勤政和廉政提供了制度上的保障。

1935年10月中共中央与中央红军到达陕北后，为了加强和统一对西北革命根据地的领导，11月初中共中央决定设立中华苏维埃共和国中央政府驻西北办事处。西北办事处作为陕甘宁苏区的最高政权机关，设外交、财政、粮食、土地、经济、教育等8个部和工农检查局，还设立了中华苏维埃共和国西北革命军事委员会。随着其各项工作与活动的开展，为陕甘宁边区政府的成立作了重要的组织准备和干部准备。1936年"西安事变"以后，中国共产党为了团结一致，共同抗日，在1937年3月正式宣布取消两个政权的敌对局面，将苏维埃制度改为民主共和国制度，苏维埃政府改为中华民国特区政府，成为国民政府领导下的一个地方政权机关，服从国民政府的统一领导。5月12日，苏维埃中央政府驻西北办事处通过了《陕甘宁边区选举条例》，7月开始选举乡级代表会和区、县、边区三级参议会，并由代表会和参议会选举同级行政长官，呈请国民政府正式委任边区主席和行政委员。9月6日，陕甘宁边区政府正式成立，其"唯一目的是巩固与扩大国内团结，建设抗日模范区，为了争取抗日胜利"[①]。

陕甘宁边区政府的管辖区域位于陕西、甘肃、宁夏三省接壤处，地处黄土高原，雨量稀少，沟壑密布，农作物生长周期短，灾害频仍，有

---

① 陕西省档案馆：《陕甘宁边区政府组织沿革》，陕西省档案馆1983年版，第2页。

"十年九灾"之说。"是中国最贫瘠、长期落后而且人口稀少的地区之一。尽管它面积广漠（大致相当于美国俄亥俄州），但只有大约140万居民。大多数极端贫困，但估计地主和富农占人口的12%，却拥有土地的46%。"① 此外，内有土匪为患，外有日寇隔河相望，还有国民中央政府在军事、行政等方面的弹压（抗战中后期）。在极其恶劣的施政环境下，陕甘宁边区政府艰苦奋斗了近13年，建立、颁布和实施了一系列相关的纲领、制度和法规，带领边区人民进行了政权、经济、文化等建设，开展了大生产运动，有力地支援了抗日战争和人民解放战争，较为出色地完成了党和人民所赋予的光荣而神圣的历史使命，于1950年1月19日胜利结束。其间产生了由边区议会推选产生的首届政府（1937年9月6日至1939年2月6日，本书特将其称为首届政府），之后，由边区参议会还选举和增补产生过四届政府。边经民众选举而产生的四届政府，均以民主、平等、规范、廉洁、高效著称，不仅为当时边区人民所衷心拥戴，而且也赢得了国统区人民的倾心向往，曾受到国际友人的高度赞扬和尊敬。边区政府之所以能取得如此辉煌成就是与其拥有一套科学合理、行之有效的政府体制密不可分的。

政府体制是指政府系统内部政府权力的划分，政府机构的设置以及运行等各种关系和制度的总和。陕甘宁边区政府是在普选的基础上建立的，其行政层级分为三级：乡政府是最基础的一级，拥有的行政权力最小；县政府为推行政令的枢纽，行政权力居中；边区政府位于行政层级的顶端，拥有的行政权力最大。为了适应抗战和自卫反击战争形势的需要，陕甘宁边区政府的组织机构也随之不断变化，从简单、不规范逐步走向正规、健全的轨道。边区政府成立之初，无论是组织机构的名称，还是各机构的负责人，都在很大程度上沿袭了中华苏维埃共和国中央政府驻西北办事处的传统。1938—1940年边区的组织机构逐步健全，发展迅速，但也出现了上级组织庞大、分散，政务与事务划分不清，导致上令不能下达，下级完不成任务的情况。针对这些不良现象，从1941—1943年，边区政府先后进行了三次机构整编，努力纠正、克服头重脚轻，"人多事少又做不了"的弊端，基本实现了精简上级，加强统一领导，提高工作效能，厉行节约

---

① 费正清、费维恺：《剑桥中华民国史》（下卷），刘敬坤等译，中国社会科学出版社1994年版，第723页。

与反官僚的目的。解放战争时期，陕甘宁边区政府在组织机构、职能性质、任务、编制与人员配备、办公地点等方面，为了适应战争环境和形势的需要，及时进行调整，为夺取解放战争的胜利提供了有力支持。

　　陕甘宁边区政府体制坚持和发展了马克思主义"国家学说"的科学原则和精神，是马克思主义与中国实际相结合的成功范例。马克思主义认为，无产阶级革命胜利后，需要建立无产阶级的国家，以便运用国家权力，消灭资本主义生产关系，建立社会主义生产关系。但这种国家已不是原来意义上的国家，虽然它仍是一种公共权力，仍然是阶级压迫的工具，但它是大多数居民对少数剥削者的镇压，是无产阶级专政和无产阶级民主的统一。将这一原理与中国实际相结合，1931年11月7日中国共产党在江西瑞金建立了中华苏维埃共和国，将全部政权赋予工人、农民、红军及一切劳苦大众。但是当日寇入侵，中日民族矛盾上升为主要矛盾时，为了民族大义，中共中央又放下宿怨，主动提出"国共合作、共御外辱"，及时将工农民主政权改变为具有抗日民族统一战线性质的抗日民主政权。陕甘宁边区正是在这种特定的历史条件下形成的。一方面，它充分汲取了苏维埃时期的经验教训（权力高度集中，党政不分）；另一方面也借鉴了国民政府的行政区划体制，使之更加适合抗战需要和人民民主要求。并在此基础上，结合实际对边区政府体制进行了许多方面的创新，具有十分鲜明的特色以及马克思主义中国化的印记。如"两权半"的独特结构表现出马克思主义政权理论的中国化；"三三制"体现出马克思主义民主政治思想的中国化；权变的管理思想反映出与时俱进的马克思主义中国化等。同时，在地方政制上，边区政府坚持马克思主义实践观，勇于大胆创新。边区政府先后在定边分区、曲子县和关中分区建立了回民自治区和自治乡，这种建制为以后我国少数民族区域制度的建设和发展提供了宝贵经验。1942年划定延安等7县为移民开垦区，对于从事开荒生产的移民、难民给予扶持和奖励；在三边专署建立盐业中心区，集中管理边区盐业的生产、销售等事宜。设立移民开垦区和盐业中心区堪称我国特区制度的先驱。这一系列的举措和探索，为我国目前存在的特殊类型行政区以及自然保护区和林区的建设提供了宝贵的历史经验。

　　另外，以现代管理学的视角来重新审视陕甘宁边区政府的施政行为和方式，其在许多方面也并没有过时，仍然对我国现阶段政府体制方面的问题具有启迪作用。因此，通过对陕甘宁边区政府体制的研究，对于当今我国政府体制改革及社会主义政治文明建设均具有一定的学术意义和现实意义。

第二节 研究现状

自 20 世纪 80 年代以来,国内有关陕甘宁边区的研究有了很大进展,取得了较为丰硕的成果,发表、出版了一大批有影响的论著。从陕甘宁边区相关研究的过程来看,基本可以分为三个阶段。

第一阶段:20 世纪 80 年代中期到 90 年代初期(暨陕甘宁边区成立 50 周年),学术界开始逐渐关注陕甘宁边区的相关内容和资料。这一阶段主要以原始资料收集、分类、整理、汇编为主,涉及政治、经济、军事、科技、文化教育等多个领域。这一时期的研究特征以梳理文献为基础,以还原历史原貌为重心。正是学界前辈们的扎实工作,积累了大量的一手资料,为后续的深入研究打下了坚实的基础。研究成果包括以下几个方面:

原始资料汇编中较为重要的有:1986—1991 年期间,陕西省档案馆和陕西省社会科学院编著的《陕甘宁边区政府文件选编》、1981—1985 年期间,甘肃省社会科学院历史研究室编写的《陕甘宁革命根据地史料选辑》、1990 年西北五省区编撰领导小组和中央档案馆编写的《陕甘宁边区抗日民主根据地》等。这些汇编类资料中收录了陕甘宁边区政府当时在公文、报刊、根据地建设的许多重要文件,具有很高的研究价值。

这一阶段分类整理的边区资料也大量涌现。如:财经类有,1981 年陕甘宁边区财政经济史编写组和陕西省档案馆编著的《抗日战争时期陕甘宁边区财政经济史料摘编》、1985—1986 年,陕甘宁革命根据地工商税收史编写组和陕西省档案馆编著的《陕甘宁革命根据地工商税收史料选编》、1989 年张杨编著的《解放战争时期陕甘宁边区财政经济资料选编》。另外,还有大量其他专门资料出现。如,1981 年陕西师范大学教育科学研究所编写的《陕甘宁边区教育资料》、1988 年陕西省总工会工运史研究室编写的《陕甘宁边区工人运动史料选编》、1985 年中央党校陕甘宁边区政权建设编辑组编写的《陕甘宁边区参议会(资料选辑)》、这些分类资料的编撰为专门史的研究打下了纵向的、更为系统的文献基础。

同时,还出现了以史料为主体内容的就某一方面的专门研究著作。

如：1982年陕甘宁边区政权建设编写组所著的《陕甘宁边区的精兵简政》、1986年张俊南等合著的《陕甘宁边区大事记》、1988年星光等所著的《抗日战争时期陕甘宁边区财政经济史稿》、1989年财政部税务总局所著的《中国革命根据地工商税收史长编——陕甘宁边区部分》、1989年中共延安地委统战部等所著的《抗日战争时期陕甘宁边区统一战线和三三制》、1990年宋金寿等编写的《陕甘宁边区政权建设史》、1990年雷云峰主编的《陕甘宁边区大事记述》等。

另外，有些学者还就边区的原始调查报告、领导人回忆录、日记等进行了整理。如，1979年出版的《绥德、米脂土地问题初步研究》、1986年出版的《神府县兴县农村调查》、1981年出版的《林伯渠日记》、1983年出版的《曹菊如文稿》、1984年出版的《谢觉哉日记》、1986年出版的《回忆与研究》（李维汉）等。

在学术论文方面，这一阶段学者们探讨研究的内容主要集中在边区经济和政权建设两大块。李祥瑞、刘秉扬、侯天岚、姚会元、李俊良等就边区的"合作社经济""边区银行""公营商业""边区财政""公营工业""边区金融""工商业税收"等方面进行了探讨；孔永松、张扬、孙业礼、肖一平、汪玉凯等就"边区土地问题""边区农业""移民问题""减租减息"等方面进行了探讨。这一时期，边区财经类的论文几乎占据了论文总数量的一半。同时，在边区政权建设方面于学仁、李忠全、熊宇良、宋金寿、王志民、高青山分别从"新民主主义共和国的模型""边区的历史地位""民主政治""三三制""边区政权的国体""边区参议会"方面进行了探讨。政权建设类在论文总数量中占有相当的分量。除了这两类以外，这一阶段其他方面的论文较少，但也有任钟印、郑涵慧、张秦英对"边区教育"以及陈舜卿关于"劳模运动"方面的文章。

第二阶段：进入20世纪90年代后，出版的主要原始资料汇编有1991—1994年，中央档案馆和陕西省档案馆编著的《陕西革命历史文件汇集》、中央档案馆和陕西省档案馆于1994年编写的《中共陕甘宁边区党委文件汇集》和《中共中央西北局文件汇集》20世纪90年代陆续出版，由甘肃庆阳地区党史资料征集办公室编著的《庆阳地区民主革命时期中共党史资料丛书》等。在前一阶段资料整理的基础上，以史学研究为主线，学者们从党史、根据地史、战争史等方面较为系统地研究了边区的发展、建设过程。如在分类研究中,专门史类的专著数量大增,研究成果出现了在原有资料基础上深入并细化的趋势,学术论文中与当代社会各方面相结合论述明显增加。这一阶段研究成果主要有:

1991年房成祥等编著的《陕甘宁边区革命史》、1993年雷云峰等编著的《陕甘宁边区史》、1995年宋金寿编著的《抗战时期的陕甘宁边区》等综合类专著。除此之外,这个时期的研究特征表现为专门类的专著大量出现。如,1992年陕甘宁边区金融史编辑委员会编写的《陕甘宁边区金融史》、1992年杨永华等所著的《陕甘宁边区法制史稿》、1995年胡民新等编写的《陕甘宁边区民政工作史》、1992年延安地区供销合作社编写的《南区合作社史料选》、1993年张静如编写的《国民政府统治时期中国社会之变迁》、1994年肖周录编写的《延安时期边区人权保障史稿》、1998年靳铭等编写的《人民代表大会制度的雏形——陕甘宁边区参议会制度研究》、1998年赖伯年主编的《陕甘宁边区的图书馆事业》等。

学术论文仍主要集中在财经领域。如:许建平、王致中、龙汉武、阎庆生、黄正林、于松晶、章蓬等就"边区私营经济""私营工商业""战时经济""农贷""边钞""物价管理""农业税收"方面进行探讨,以及阎庆生、黄正林、陈群哲对"耕地""工业建设""农业""盐业""纺织业""公营工业"从行业视角的分析。

同时,其他方面的论文数量较第一阶段大量增加。在政治、政权方面,林建成、刘义程、王永祥等就"边区的历史地位""三三制政权"进行了更为深入的探讨。李红梅从提出背景、内容及意义三个方面阐释了"边区简政之目的"。法制方面有徐增满、韩松关于边区"法制建设""破产立法"的文章。社会学方面有齐霁、赵胜、杨志文、赵文、牛昉等关于"禁烟禁毒""社会保障""土匪问题""边区人口"的研究。教育方面有沈绍辉、李耀萍等关于边区"师范教育""边区教育的建设与成就"等文章。

第三阶段:20世纪90年代后期开始,对于陕甘宁边区的研究明显加速,研究范围从深度、广度迅速扩展开来。研究成果形式转入以学术论文为主,研究方法中体现了多视角、多学科、交叉融合的特点。这一阶段的主要研究成果有:

2001年李智勇的《陕甘宁边区政权形态与社会发展(1937—1945)》和2006年黄正林所著的《陕甘宁边区社会经济史(1937—1945)》、2007

年严艳的《陕甘宁边区经济发展与产业布局研究（1937—1950）》、2012年梁星亮的《陕甘宁边区史纲》、2013年杨东的《乡村的民意：陕甘宁边区的基层参议员研究》、2014年米晓蓉、刘卫平主编的《陕甘宁边区大生产运动》、2014年王彩霞的《抗日战争时期陕甘宁边区劳模运动研究》、2015年郝琦等的《陕甘宁边区青年运动》、汪小宁的《陕甘宁边区社会建设研究》、王玉钰的《抗战时期陕甘宁边区社会教育研究》、2016年林喜乐的《陕甘宁边区税史笔记》等。在法律、法规方面，主要有2007年侯欣一的《从司法为民到人民司法：陕甘宁边区大众化司法制度研究》、2010年关保英的《陕甘宁边区行政法概论》、2011年汪世荣的《新中国司法制度的基石：陕甘宁边区高等法院（1937—1949）》、张炜达的《历史与现实的选择：陕甘宁边区法制创新研究》、2012年胡永恒的《陕甘宁边区的民事法源》、李喜莲所著的《陕甘宁边区司法便民理念与民事诉讼制度研究》、2013年欧阳华的《抗战时期陕甘宁边区锄奸反特法制研究》、2014年巩富文编著的《陕甘宁边区的人民检察制度》、2016年关保英所著的三个汇编《陕甘宁边区行政强制法典汇编》《陕甘宁边区行政救助法典汇编》《陕甘宁边区行政组织法典汇编》、2016年刘全娥的《陕甘宁边区司法改革与"政法传统"的形成》等。

  这一时期学术论文占了很大的比例。其中财经类和社会学类占主要内容，如黄正林的"边区的社会变迁""农业劳动力资源的整合""边区的手工业""边区的农业税""社会变迁""乡村社会改造""交通运输业"；陈志杰的边区"公营商业"；齐霁的"禁毒立法问题"；阎庆生的"农村经济""边区税收"；赵刚印的"大生产运动"；宿志刚关于"边区代耕问题研究""退伍军人安置问题研究"；高冬梅的"救灾工作"；温金童的"边区的卫生防疫""中西医合作"；杨永华关于边区"人权法律的颁布与实施"；黄正林关于"经济政策与经济立法"等方面的研究成果。

  尽管这些研究成果在涉猎学科面上较前两个阶段扩大很多，但对于边区政府管理方面的研究依然很少。目前能见到的涉及政府管理方面的文章主要有：郭伟峰的《论抗日战争时期陕甘宁边区政府以人为本的执政实践》、龚晨的《陕甘宁边区构建节约型政府的经验及其启示》、高中华的《陕甘宁边区政府的审计工作》、梁严冰等的《论抗日战争时期陕甘宁边区政府的赈灾救灾》、李建国的《试析抗战时期陕甘宁边区民众的负担及边区政府减轻民众负担的措施》、谭虎娃的《抗战时期陕甘宁边区农民负担与边区政府的应对措施》、成剑的《抗战时期陕甘宁边区运行机制研究》、宋炜的《延安时期陕甘宁边区政府社会治理的经验与启示——以陕甘宁边区移难民安置为个案》、缪平均的《陕甘宁边区政府对党内贪污分子的处决》等。

20世纪90年代以来,国外涌现出一批研究中国陕甘宁边区抗日战争史的学者。影响深远并具有里程碑意义的著作是1995年出版的《革命中的中国:延安道路》,该书是美国著名学者塞尔登对其已有研究成果——《延安道路》(1971年出版)的反思,在补充、完善和修正以前结论的基础上,又添加了新序和长篇后记。"塞尔登将中共在抗战时期的转危为安和后来的凯歌行进归因于'延安道路',内容包括:以解放被压迫民众为核心的社会变革、以克服官僚主义和广泛动员民众为双重目标的'群众路线'、旨在增强党的统一性和战斗力的'整风运动'和组织建设、熔社会经济变革和生产自救于一炉的生产运动和合作运动,等等。"① 这种运用社会学视角进行宏观叙事的方法,既适用于从最基层到地域、民族和全球的角度,也适用于从国际体系到根据地、县、村庄和家庭的微观世界来观察社会变革,从而引发国外学术界的广泛关注。

有些学者在继承塞尔登方法的基础上,采用微观研究的方法研究陕甘宁边区的某一地区,提出了与以往学者不同的观点。如:澳大利亚学者波林·基廷在1997年出版的《两种革命:陕北的乡村重建和合作化运动,1934—1945》②,在对比了陕甘宁边区绥德分区、延属分区的生态、人口、经济差异之后,指出对中国共产党来说,延属分区的落后没有成为影响其发展的巨大阻碍。在该地区,由于地方传统势力较为薄弱或几乎不存在,党进行的群众动员、社会改革和经济试验远比在绥德分区(人口密集、土地缺乏、地方势力较强)容易得多。而在地主处于强势的地方,实施和推行党的某项政策需要付出很大努力。加利福尼亚大学教授约瑟夫·埃谢里克(周锡瑞)近年来一直从事对陕甘宁边区的研究,1994年在《中国季刊》上发表名为《基层党组织的建立:陕甘宁边区的固临县》的文章,1998年在《近代中国》刊发《一个封建堡垒的革命:陕西米脂县杨

---

① 魏晓明、冯崇义:《〈延安道路〉的反思——译者序》,《历史教学》2003年第2期。
② Pauline Keatings, *Two Revolutions: Village Reconstruction and the Cooperative Movement in Northern Shaanxi, 1934–1945*, Stanford: Standford University Press, 1997.

家沟（1937—1948）》一文，提出了同基廷类似的观点。虽然基廷等人的观点是由个案研究结论推论而来，未必准确，但国外学者的这种微观研究视角和比较研究方法有着自身独到之处。

2000年澳大利亚悉尼科技大学教授冯崇义与戴维·古德曼在美国合著的《战争中的华北：革命的社会生态学（1937—1945）》，以陕甘宁、陕西米脂等为研究对象，侧重于中共在根据地的思想及实践、发展和阻力，通过对中共在不同地区、不同时期和不同发展阶段的研究，重点考察了地方社会和政治变迁之间的关系，突出了中共成长中军事形势的重要性、共产党内部控制机制、农民抵抗等。①

总之，从20世纪80年代以后国内学术界对陕甘宁边区的相关研究成果来看，尽管三个阶段的许多成果，特别是基本资料汇编已经为研究当时边区政府体制和府际间的关系以及运作机制提供了研究基础，但目前看来，国内学术界对陕甘宁边区的研究仍多偏重于党史、政权建设、经济史、社会学、教育学方面。国外则集中在抗日战争史的研究。虽然，1983年陕西省档案馆编撰的《陕甘宁边区政府组织沿革》，对陕甘宁边区政府的内部组织机构从开始成立到结束的变化情况作了梳理；1994年李顺民和赵阿利合著的《陕甘宁边区行政区划变迁》，为从事陕甘宁边区行政区划研究和教学提供了一些较为翔实的资料；2000年刘东社等编著的《陕甘宁边区政府史话》，对边区在政治、司法、经济、文化等方面的典型事件进行了介绍。为纪念陕甘宁边区政府成立70周年，由张明胜、崔晓民等编著的《陕甘宁边区画卷》，以图文并茂的形式，全面深入地向读者介绍了陕甘宁边区的辉煌历史。2015年杨东的《陕甘宁边区的县政与县长研究》，在简单回顾县制及县行政长官历史的基础上，对陕甘宁边区的县政设计理念、县政组织架构和县政运行机制、边区县长的产生方式、政务工作、工作方式与社会生活等内容进行深入探讨。但专门、系统地研究边区政府组织管理体系的专著几乎没有，这使本书的写作能够在一个较新的视角上切入和展开。

---

① 刘本森：《近十年来国外中国抗日战争史英文研究述评》，《中共党史研究》2015年第1期。

第三节 研究思路、方法与创新点

一 研究思路

本书以陕甘宁边区政府作为切入点，其施政条件和环境都极其复杂和险恶。从自然条件上看，干旱少雨，地瘠人贫，封闭落后；在政治上，边区政府成立初期的认可度不高，特别是双重政权存在的地区。军事上的压力更大，一方面要打击伺机西渡黄河进犯边区的日军；另一方面要应对蒋介石政府军的频繁摩擦滋事。作为边区政府对外要做好宣传，扩大和加强国际的抗日民族统一战线，争取国际社会的广泛理解、认同和支持。对内要处理好同国民政府、周边的地方实力派以及与下级地方政府的关系。事实证明，陕甘宁边区政府的施政是非常成功的。因此，有必要对其内部组织构成和具体运行进行更深层次的剖析，这便涉及对边区政府体制的研究。

政府这一概念有广义和狭义之分。狭义上仅指行使行政权力、履行行政职能的行政机构。广义上则泛指行使国家权力的各类机构，包括立法、行政和司法机关，三者之间互相分工，便构成了一个完整的政府权力体系。本书主要从广义政府的概念进行分析，依照政府活动的运行逻辑从决策到执行，以求勾勒出陕甘宁边区政府体制的一个基本、系统的概貌。具体讲，陕甘宁边区政府体制主要指陕甘宁边区政权的组织及其运行。包括参议会的组织和职权，边区政府的组织与职权，司法机关与职权以及运行机制等。在与国统区的地方政府进行比较时，也是从广义角度讲的。但由于陕甘宁边区的行政机关既是综理政务的主体，也是具体贯彻、落实党的路线、方针、政策的主体，它使当地的社会管理呈现出了"善治"景象，并以民主、规范、廉洁、高效而著称，为了探寻其形成的原因，本书在最后一章特地以现代管理的视角从狭义角度对其进行了专门论述。

为了彰显边区政府体制的优越性和更具说服力，介绍同时期国统区的地方政府体制并与边区进行横向对比是极其必要的。通过比较可知，国统区地方政府体制的进步性与局限性，也能更深入探讨陕甘宁边区政府成功施政的原因。曾有学者把边区政权和国民地方政府进行过比较，认为两者主要有四个不同点："（一）政权的阶级基础不同；（二）正是由于阶级基础不同，所以政权的性质也不同；（三）政权的组织形式不同；（四）政权的作用不同。"① 从宏观上说明了两者之间的大相径庭。但笔者认为，从政府体制和具体运作角度进行比较和分析，能够更加生动、具体地反映出两者的巨大差异，通过对一些具体统计数据进行定量和科学的比较，可使论证更加有力。

二 研究方法

第一，文献法是整理和研究史学资料的基本方法之一。陕甘宁边区研究的展开必须依靠大量的一手档案和资料，除了对这些资料进行分类整理、筛选比较、分析比对外，前面所述的大量前人研究的专著和论文也是开展研究的基本资料。因此，本书力图在搜集、掌握齐全的边区资料基础上进行，力保重要资料不能遗漏。

第二，定量分析法。定性分析法是研究社会科学所采用的最主要方法之一，这一点可以在相关边区的研究中得到明确的印证。本书拟在定性分析法的基础上，结合定量分析法，使定性分析的模糊性和不确定性可以通过定量分析得到很好的弥补。特别是在支撑数据的收集、整理方面采用定量分析方法精确地对机构设置、人员所处阶层及党派等数据进行统计分析，能够提高所研究问题的精确度，提高分析论证的可信度。这样一方面可以使论证更加有力，另一方面使结论更加直观，更利于进一步研究和利用。

第三，比较研究方法。不同政府体制之间的比较是本书的重要特色之一。在定量分析和统计的基础上，同类事项的比较是支撑结论的重要依据。本书拟使用图、表等形式来比较说明边区政府体制内、外部各项的优劣，从而说明边区政府体制的演进过程。纵向比较，可以对某一事项的发展过程进行剖析；横向比较可以较为准确地探究异同，以此作为认识、分析问题的客观依据。

第四，系统方法。所谓系统方法，就是按照事物本身的系统性把研究对象放入系统中加以考察的方法。首先，精准地研究构成系统各要素是采用系统分析法的前提，但这种方法的核心不是对各要素的分析，而是将研究焦点集中于系统各要素之间的相互关系和作用。通过系统各要素之间的相互关联，动态地把握整个系统的规律。这一种方法在边区政府体制研究

---

① 任中和：《陕甘宁边区抗日民主政权的建立发展及其特点》，《历史档案》1987 年第 3 期。

方面，可以较全面地反映出边区政府体制内部之间的运转规律，同时也能较好地把握政府体制与外部相关系统之间的关系。

三　本书创新点

第一，对陕甘宁边区政府的形成过程进行了总结和归纳，将边区政府的历史发展概括为五届政府，通过分析不同时期边区政府组织机构的设置情况，揭示每届政府承担的任务在错综复杂的政治形势下呈现出不同的特点。同时，以边区行政区划的变化为视角，将边区13年的历史划分为初步建立期、内部调整期和迅速变动期三个时期。

第二，运用统计与对比的方法，对陕甘宁边区政府体制与同时期南京国民政府统治地区（国统区）的地方政府体制进行比较分析。从民意机关所拥有的权限及实际运行中的效果两个方面，利用翔实、可靠的数据进行深入的综合分析，剖析陕甘宁边区政府体制获得比较优势的原因。

第三，陕甘宁边区在政府体制上的创新性，如：两权半、三三制、特殊性地方政府等离不开边区政府在具体实践中的积极探索和努力尝试，也离不开马克思主义政府理论的正确指导，只有将理论与实践有机结合，才能表现出强大的生命力。因此，提出"两权半"的独特结构表现出马克思主义政权理论的中国化；"三三制"体现出马克思主义民主政治思想的中国化；权变的管理思想反映出与时俱进的马克思主义中国化的观点。

第四，边区经民选产生的综理政务的四届政府，均以民主、规范、廉洁、高效著称，为了探寻其形成的原因，运用现代公共管理的"善治"理论，从"合法性""透明性""责任性""法治性""回应性""有效性"六个方面进行了阐述，并结合当前政府管理实践，提出自己的一些看法。

第二章

陕甘宁边区政府的形成与发展

第一节 新型政权的建立

陕甘宁边区是在西北革命根据地的基础上，经过艰苦卓绝的斗争才逐渐建立和发展起来的。自1927年10月中共陕西省委在陕西发动工农武装起义起，在以刘志丹、谢子长为代表的中国共产党人的领导下，历经武装斗争和数十次的失败，终于在1933年11月3日，中共陕甘边特委、陕甘边革命委员会和陕甘边红军总指挥部召开联席会议，建立起了以南梁堡为中心的陕甘边工农革命政权。之后，南梁堡革命根据地发展日益壮大，到1934年11月陕甘边苏维埃政府委员会成立时，根据地范围东到临真镇，南到淳化、耀县，西到庆阳、环县，北到定边、靖边，面积达3万多平方公里，人口近80万的广大地区，中心区包括华池、赤安、庆北、合水、安定、安塞等县[1]，成为西北革命根据地的重要组成部分之一。几乎与此同时，在神木驻军的高志清骑兵营手枪连以"中国共产党独立营"名义起义，并逐渐发展壮大，到1934年7月在安定杨道岇正式成立了中国工农红军陕北游击队总指挥部，下辖3个支队，成为一支初具规模的红军武装力量。经过陕北红军的浴血奋战，1935年1月25日，在安定县白庙岔举行了陕北省第一次苏维埃代表大会，成立了以马明方为主席的陕北省苏维埃政府，有力地巩固和推动了陕北革命根据地的发展。此后，安定、秀延、延水、延川、安塞、清涧、佳芦、神木、府谷、米东、米西、靖边、吴堡、横山、绥德等17个县[2]的革命政权相继建立，也成为西北革命根

---

[1] 房成祥、黄兆安：《陕甘宁边区革命史》，陕西师范大学出版社1991年版，第9—10页。
[2] 宋金寿、李忠全：《陕甘宁边区政权建设史》，陕西人民出版社1990年版，第45页。

据地的一个重要组成部分。

1934年陕甘边根据地和陕北根据地在相继粉碎敌人的第一次反革命"围剿"后,为了统一协调配合作战,更好地应对敌人的第二次"围剿",将两块根据地合并成为军事斗争的迫切需要。1935年2月,中共陕甘边特委和中共陕北特委联席会议在赤源县举行,会议成立了以惠子俊为书记的中国共产党西北工作委员会和由刘志丹任军委主席的中共西北革命军事委员会。这次会议标志着陕甘边和陕北两个革命根据地党的领导和军事指挥的统一,也标志着西北革命根据地的正式成立。在第二次反"围剿"中,红军先后攻克了延长、延川、安定、安塞、保安、靖边6座县城,并新开辟了甘泉、鄜县、宜君、定边、环县等地区。到1935年7月第二次反"围剿"胜利后,陕北和陕甘边两块根据地成功连成一片,在20多个县内建立了工农民主政权,游击区扩大到陕北、陇东一带的30多个县,使西北革命根据地进入了全盛期。① 在苏维埃政权正式建立之前,陕甘边和陕北革命根据地的临时政权,主要有乡村农民联合会和区级以上的革命委员会两种形式。农民联合会作为群众组织,在乡村群众中享有较高的威望,具有一定的号召力,因而成为革命势力的中心和骨干力量,实际上肩负了乡村的行政职责,起到临时政权的作用。而革命委员会的机构大致与同级苏维埃政权的机构基本相同,普遍设有土地、劳动、财政、粮食、教育、内务、肃反等机构,负责处理日常政务。在苏维埃政权成立以后,按照中华苏维埃共和国中央政府《革命委员会组织纲要》和《苏维埃组织法》正式建立了各级苏维埃政府,开始了工农民主专政政权建设。由于各级政权多是在战斗中建立,政权建设中普遍存在经验不足的问题,有时导致下达的决定和指示不完全符合客观规律,因而,政权建设需要在实践中不断摸索和完善。

1935年10月,继红25军于同年9月在陕北延川县永坪镇与红26军和27军会师后,中共中央和毛泽东率领中央红军也胜利到达陕北吴起镇。直罗镇战役后,红军取得了第三次反"围剿"的胜利,西北革命根据地得以巩固。11月初为了统一和加强对西北苏维埃运动的领导,党中央决定设立中华苏维埃共和国中央临时政府驻西北办事处。西北办事处设立外交、财政、粮食、土地、经济、教育、司法内政、劳动8个部和工农检查

---

① 房成祥、黄兆安:《陕甘宁边区革命史》,陕西师范大学出版社1991年版,第1—19页。

局。并将陕甘省、陕北省和关中、神府两个特区,置于西北办事处的领导之下,使原来几个独立的革命根据地实现了统一集中领导。

1935年12月,党中央政治局在安定县的瓦窑堡举行会议。会议通过了《关于目前政治形势与党的任务决议》,确定了抗日民族统一战线的总方针,提出把苏维埃工农民主共和国改变为苏维埃人民共和国的口号,确定了"苏维埃自己不但是代表工人农民的,而且是代表中华民族的"① 的政权基础。并开始团结广大的小资产阶级,优待知识分子,优待反日的白军官兵,改变对富农的政策,对民族工商业资本家实行宽大政策,同时,对地主也采取了缓和矛盾的策略,使得苏维埃人民共和国较之苏维埃工农共和国,阶级基础更加广泛,为向抗日民主政权的转变奠定了基础。

1936年1—5月,为顺应抗日大潮和巩固扩大西北革命根据地,红军对山西和绥远进行了东征;5—7月为直接对日作战和打通苏蒙联系,争取国际支援,又对盘踞在宁夏的马步芳、马鸿逵进行了西征。经过东征和西征解放了环县、宁条梁、定边、花马池、盐池、固原、豫旺等城镇,开辟了纵横400多华里的新根据地,正式成立了陕甘宁省,为后来边区政府的成立打下了坚实的基础。同年8月25日,中共中央在《致中国国民党书》中强调"全国人民现在热烈要求一个真正救国救民政府,要求一个真正的民主共和国"并宣布在"全中国统一的民主共和国建立之时,苏维埃区域即可成为全中国统一的民主共和国的一个组成部分,苏区人民的代表,将参加全中国的国会,并在苏区实行与全中国一样的民主制度"②。9月17日,中共中央在《中央关于抗日救亡运动的新形势与民主共和国的决议》③ 中,正式提出了关于建立民主共和国的主张。该主张尽管未能得到国民党的积极反应,但它比人民共和国的思想又迈进了一步,更易为一切抗日党派和阶级所接受。这个民主共和国既包括了工人、农民、城市小资产阶级、民族资产阶级,又包括一切赞成和拥护民族革命的人们,比人民共和国包括的社会阶层更为广泛。此决议无疑为陕甘宁边区民主共和制度奠定了理论基础。④

---

① 中共中央书记处:《六大以来(上)》,人民出版社1981年版,第739页。
② 同上书,第775页。
③ 同上书,第780页。
④ 杨永华:《陕甘宁边区法制史稿(宪法、政权组织法篇)》,陕西人民出版社1992年版,第3页。

1936年12月12日,西安事变发生。12月25日在蒋介石允诺了六项联共抗日救国条件的前提下①,张学良护送蒋介石返回南京,西安事变得以和平解决。中共中央及时抓住时机,使得此次事变成为国共两党重新合作、建立全国抗日民族统一战线的重要转折点。12月17日,红军接防东北军进驻延安,1937年1月13日,中共中央及苏区中央工农民主政府迁到延安。1937年2月10日,中共中央为实现国共正式合作抗日,致电国民党三中全会,希望国民党能够集中全国人才,共同救国等五项国策,并保证在国民党接受五项国策的同时,"苏维埃政府改名为中华民国特区政府,红军改名为国民革命军,直接受南京中央政府与军事委员会之指导",并"停止没收地主土地之政策,坚决执行抗日民族统一战线之共同纲领"②。7月15日中共将《中国共产党为公布国共合作宣言》提交国民党中央,再次声明取消现在的苏维埃政府,实行民权政治,以期全国政治之统一。7月17日,中共代表团周恩来、林伯渠、秦邦宪在庐山与国民党代表蒋介石、邵力子、张冲正式谈判。中共代表团指出以《宣言》为两党合作之政治基础,当时蒋介石对陕甘宁根据地政权的改制和归属表示同意和赞扬。1937年9月6日,中共中央提议,撤销西北办事处,改组为陕甘宁边区政府,以林伯渠为主席,张国焘为副主席。1937年10月12日,国民政府行政院召开第333次会议,正式通过决议,承认陕甘宁边区政府,边区为行政院直属行政单位,划延安、延川、延长、神府、安定、安塞、靖边、定边、志丹、甘泉、保安、淳化、正宁、宁县、庆阳、合水、旬邑、盐池18个县为边区管辖。12月,经过谈判商定,再增加绥德、米脂、葭县、清涧、吴堡5个县。后来,由蒋介石指定宁夏的豫旺、甘肃的镇原、环县3个县为八路军补募区,至此,陕甘宁边区辖关中、庆环、三边3个分区,共26个县(市),面积约12.9万平方公里,人口约200万,陕甘宁边区政府正式成立③。名义上边区政府是隶属于国民政府

---

① (一)改组国民党与国民政府,驱逐亲日派,容纳抗日分子;(二)释放上海爱国领袖,释放一切政治犯,保证人民的自由权利;(三)停止"剿共"政策,联合红军抗日;(四)召集各党各派各军的救国会议,决定抗日救亡方针;(五)与同情中国抗日的国家建立合作关系;(六)其他具体的救国办法。

② 中央档案馆:《中共中央文件选集》(第11册),中共中央党校出版社1991年版,第157—158页。

③ 李顺民、赵阿利:《陕甘宁边区行政区划变迁》,陕西人民出版社1994年版,第64页。

的一个省级特区，而其实质是共产党独立领导建设的新民主主义新型政权。

第二节 由推选转为民选的五届政府

自 1937 年 9 月 6 日陕甘宁边区政府正式成立，到 1950 年 1 月 19 日随着西北军政委员会的成立而结束，边区政府历时 12 年 4 个月 23 天。其间，除 1937 年 9 月边区成立之初的首届政府是由边区议会推选产生以外，由边区参议会选举和增补产生过四届政府。因为每届政府所处的政治局势不同，由其所肩负的具体任务和目标的侧重点就不同，呈现出各自不同的特点，政府组织建制也逐渐趋于完善。

首届政府：1937 年 4 月，为使苏维埃政府向特区政府转变，将苏维埃政策及其工作方式转变为抗日民族统一战线的政策，特成立选举法起草委员会、特区行政组织法起草委员会、文化建设委员会、特区经济建设计划起草委员会四个委员会专门研究具体转变问题。5 月，依据中共中央《致中国国民党三中全会电》提出的"在特区政府区域内，实施普选的彻底的民主制度"的精神，西北办事处通过了四个委员会起草的《陕甘宁边区议会及行政组织纲要》和《陕甘宁边区选举条例》等法规。按照《陕甘宁边区议会及行政组织纲要》和《陕甘宁边区选举条例》的要求，边区于 7—8 月完成了乡级选举，9—11 月完成了区县选举。其间，由于 7 月 7 日爆发"卢沟桥事变"，形势紧急，9 月 6 日，中华苏维埃共和国中央政府驻西北办事处更名为陕甘宁边区政府，主席林伯渠，副主席张国焘，直属南京政府行政院，边区政府正式成立。10 月，边区选举委员会决定从 11 月 1 日起进行改选边区政府的宣传工作，并于 11 月下旬选举边区议会议员。1937 年 11 月 29 日中共陕甘宁特区①委员会在《新中华报》以半版的篇幅介绍林伯渠的革命史略，推荐林伯渠为特区政府主席候选人，由于首次民主选举的特殊性，以及在实际选举中直接选举困难较大。因此，在一部分县进行直接选举后，其他地区没有采取直接选举的办法，而是简化了程序由县代表大会选举特区代表大会代表，12 月底

---

① 1937 年 11 月 10 日，边区政府发出通令，将陕甘宁边区改称"陕甘宁特区"。1938 年春，陕甘宁边区政府又下令重新恢复陕甘宁边区。

边区的第一次民主选举胜利结束。首届边区政府机构组织表如图2—1所示。

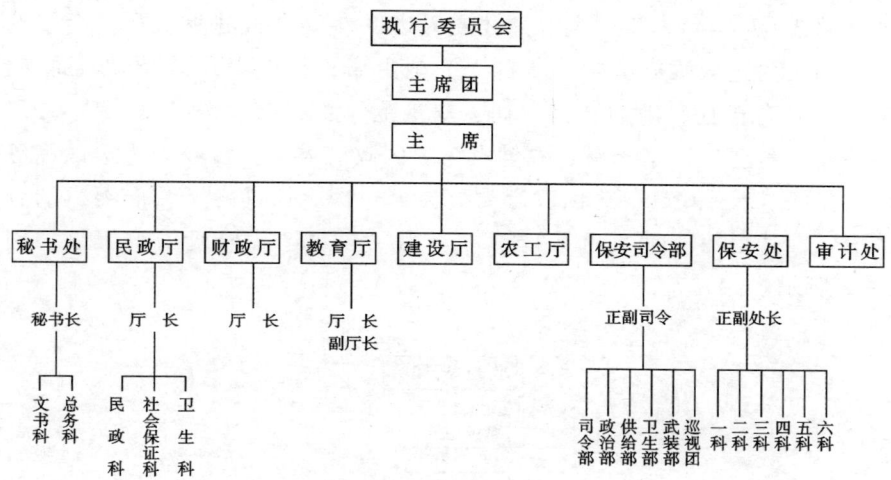

图 2—1 1937 年边区政府组织机构

此图摘自陕西省档案馆《陕甘宁边区政府组织沿革》，陕西省档案馆1983年版，附表一。

由于首届边区政府从西北办事处转化而来，因此，虽然其为抗日民主政府，但仍然在很多方面存在工农民主政府的沿袭性，或者说还带有工农民主政府的某些性质。表现在这届政府的任务上，要完成工农民主政府遗留下来的历史任务，核心问题是保卫土地革命的胜利成果，确认分得土地农民的既得利益，绝不允许地主阶级利用抗日民族统一战线的方针和停止没收地主土地的政策进行反攻倒算，收回已经被分配的土地，索要已经废除的地租和债务。为了执行这个任务，这届政府设有农工厅，专门保障农工的权利。并规定，农工厅的领导人须由真正能为农工办事、受农工爱戴的农工出身的分子担任。表现在这届政府委员的组成上，都是清一色的共产党员，没有其他抗日党派或阶层的代表。边区首届政府历时一年半完成了苏维埃工农民主政府向新民主主义政权的过渡准备。

第一届政府：1938 年 4 月，国民党公布《国民参政会组织条例》，7 月召开了第一届参政会并做出了关于在各省、市建立参议会的决定。之后，还公布了《省参议会组织条例》和《市参议会组织条例》。据此，陕甘宁边区政府参照《省参议会组织条例》，在 1938 年 11 月 25 日决定改陕甘宁边区议会为陕甘宁边区参议会。① 1939年1月17日至2月4日,边区第一届参议会在延安召开,会议选举高岗为边区参议会议长,张邦英为副议长;高岗、张邦英、毛齐华、崔田夫、陈伯达、周长安、路志亮(女)、王观澜、高述先为边区参议会常驻参议员。会议选举林伯渠为边区政府主席,高自立为副主席;林伯渠、雷经天、周兴、王世泰、高自立、周扬、曹力如、刘景范、阎红彦、霍维德、马锡五、王兆相、贺晋年、李子厚、乔钟灵为边区政府委员。雷经天为边区高等法院院长。2月6日,边区政府委员会第一次会议确定了政府委员的具体分工,边区第一届民选政府成立。第一届边区政府机构组织表如图2—2所示。

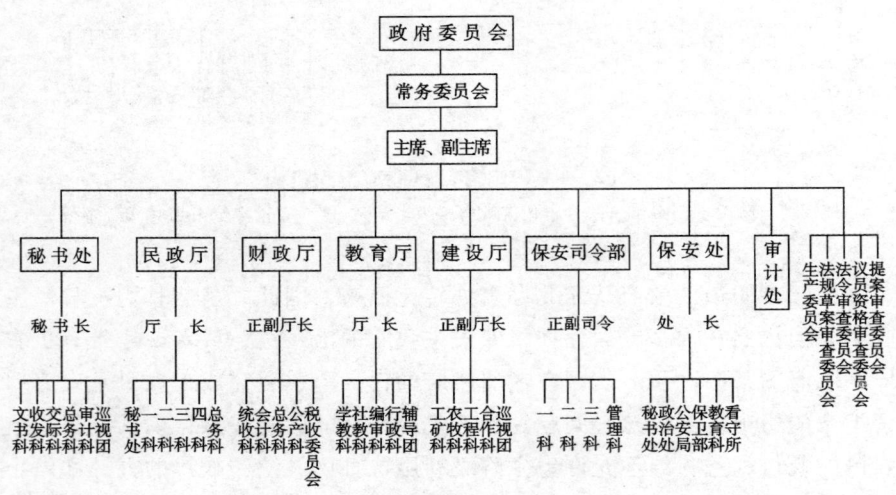

图 2—2　1939 年边区政府组织机构
此图摘自陕西省档案馆《陕甘宁边区政府组织沿革》,陕西省档案馆1983年版,附表三。

这届政府与1937年边区政府成立时的机构大致相同。比较图2—1和图2—2可以明显看出,两者在常规机构设置上,除1939年机构中没有农工厅外几乎完全一致,且1939年机构中所设立的提案审查委员会、议员资格审查委员会、法令审查委员会和法规草案审查委员会均是为适

---

① 李鸿义、王中新:《民主中国的模型——陕甘宁边区政治文明建设》,陕西人民出版社2005年版,第85页。

应第一届参议会选举要求而设立的短期机构。这种结构表明：一方面，第一届边区政府与原工农民主政府有着较大的沿袭性，因此在主要机构设置上是基本一致的；另一方面，从保卫土地革命胜利成果为目的的农工厅被取消来看，到1939年，边区内农民与地主阶级的土地问题已经得到较好的解决，农工厅已经没有存在的必要，说明到1939年第一届边区政府正式成立时，边区已经基本完成了由工农民主政府向抗日民主政府的转变。

第二届政府：是由1941年召开的边区第二届参议会选举产生的。1941年11月6日在延安召开的第一次全体大会上，严格按照中共中央提出的"三三制"原则和五一施政纲领规定，选出了边区参议会常驻议员和新的边区政府委员。高岗为边区参议会议长，安文钦、谢觉哉为副议长，高岗、安文钦、谢觉哉、李丹生、乔松山、任绍亭、王锡成、刘培基、崔田夫9人为常驻参议员，其中共产党员只有三人；林伯渠为边区政府主席，李鼎铭为副主席，林伯渠、李鼎铭、高自立、南汉宸、萧劲光、贺连城、刘景范、马明方、柳湜、霍子乐、那素滴勒盖（蒙古族）、毕光斗、肖筱梅、高步范、杨正甲、马生福（回族）、高崇山、白文焕18人为边区政府委员；雷经天为边区高等法院院长。这次大会是边区遇到空前困难的历史条件下召开的。此时，既要面对日本军国主义对敌后抗日根据地的大规模"扫荡"，还要应对国民党顽固派对陕甘宁边区的封锁和包围。

这届政府是在发扬民主政治，加强团结，调动各阶级的积极性，克服物质困难，坚持抗战的条件下诞生的。它执行了调节革命阶级利益的方针政策，在地主与农民关系上，推行交租和减租的法令；在资本家与工人的关系上，推行努力生产和使资本家有利可图的法令。这届政府是共产党领导下的一切拥护抗日和民主的各革命阶级的联合政府，是典型的抗日民主政府。第二届政府1941年组织结构如图2—3[①]所示。从图2—3中可以看出，1941年边区政府机构较之1939年急速扩张。其间经历了著名的"精兵简政"和"大生产运动"，到1944年12月4日边区参议会二届二次大

---

① 此图摘自陕西省档案馆《陕甘宁边区政府组织沿革》，陕西省档案馆1983年版，附表五。

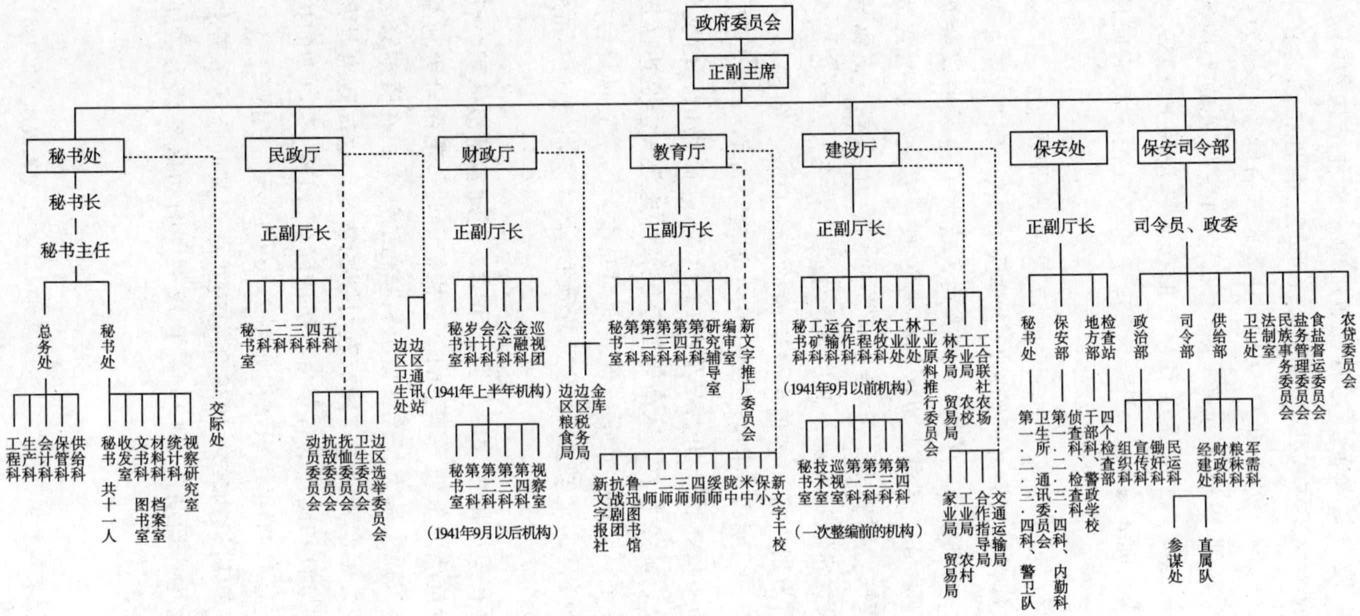

图2—3 1941年边区政府组织机构

会召开时，边区政府组织机构已经发生了巨大的变化，如图2—4（1944年边区政府组织机构）所示。经过三次"精兵简政"，边区政府主要机构与1941年相比大幅精简，并且从此基本稳定下来。本届政府克服了严重的经济困难，取得了巨大的成绩，为争取抗日战争的胜利打下了坚实的物质基础。

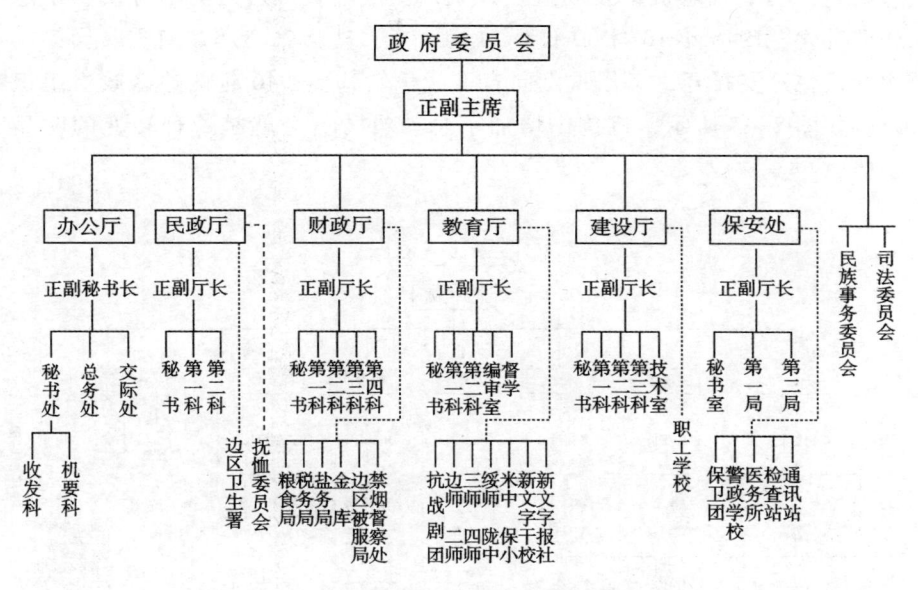

图2—4　1944年边区政府组织机构

此图摘自陕西省档案馆《陕甘宁边区政府组织沿革》，陕西省档案馆1983年版，附表九。

第三届政府：是在边区第三次民主选举的基础上产生的。此时，抗日战争已经胜利，国内阶级矛盾成为主要矛盾。在国共重庆谈判达成的初步停战协议基础上，1946年4月2日，边第三届参议会选举产生第三届参议会常驻会议员和新的边区政府委员会委员。高岗当选边区参议会议长，谢觉哉、安文钦为副议长，产生参议会常驻会议员12人；林伯渠、李鼎铭、刘景范、贺连城、马济川、毕光斗、霍维德、王子宜、霍祝三、唐洪澄、霍子乐、刘文卿、阿拉并巴音（蒙古族）、杨正甲、蔡登霄（回族）、李仲仁、魏民选、靳体元为政府委员，选举产生边区政府主席林伯渠，副主席李鼎铭、刘景范，高等法院院长马锡五。在政府委员和常驻会议员中，共产党员只占1/3。

这届政府继续完成抗日战争遗留下来的任务，贯彻国共两党达成的政协决议，在国内出现和平民主新阶段的前景下，其核心是继续保持边区新民主主义的政治、军事、文化的性质；以经济建设为基本任务，实行行政和部队人员的部分复员方案，制定和平土改法令，实现耕者有其田等，力图把边区建设成为模范的自治省区。1946年6月26日，国民党公然撕毁《停战协定》，向解放区发动进攻，全面内战爆发，边区的形势发生了急剧的变化。1946年10月30日至11月5日，边区第三届政府委员会第二次会议在延安召开，工作重点向自卫战争转移。1946年的边区政府组织机构如图2—5所示，机构中增加了总动员委员会就是这种转变的明显证明。

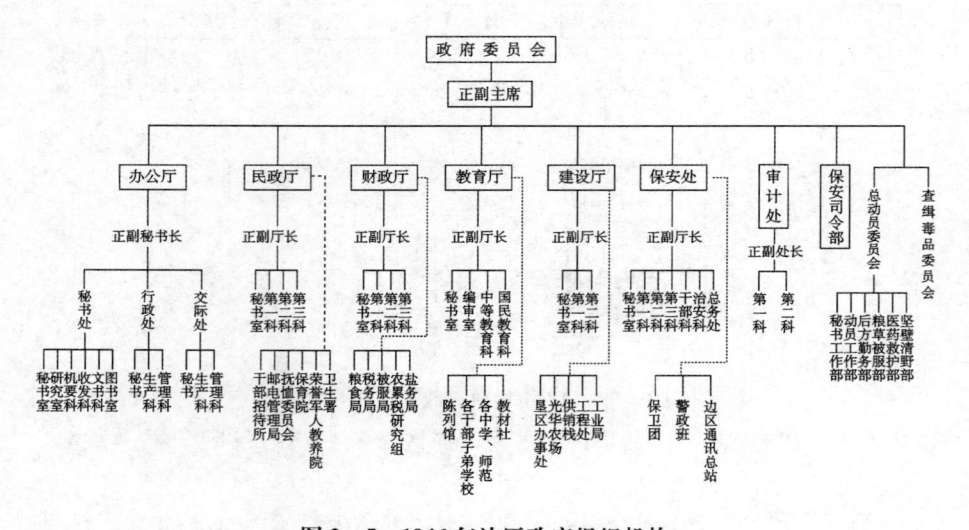

图2—5　1946年边区政府组织机构

此图摘自陕西省档案馆《陕甘宁边区政府组织沿革》，陕西省档案馆1983年版。

第四届政府：在粉碎胡宗南对陕甘宁边区的进攻后，从1948年2月起，西北人民解放军开始由内线防御转入外线进攻，战斗逐渐在国民党统治区展开。经过1年的奋战，国民党节节败退，新的解放区发展极其迅速，大片增加。1949年2月8—17日，陕甘宁边区第三届参议会常驻会议员和政府委员暨晋绥边区代表在延安召开联席会议，决定在边区政府主席林伯渠奉命赴华北筹备新政治协商会议暂离边区期间，由副主席刘景范代理主席职务；在第三届政府成员的基础上，增补王维舟、贾拓夫、武新宇、周兴、王达成、白如冰、赵秉彝、黄亚光、江隆基、惠中权、高士一、任谦、蒋崇璟、苏资琛、喻杰为政府委员。这届政府是在适应解放战争新形势下成立的。由于国统区地方政权的快速瓦解，新区政权不得不采取自上而下快速建立的方式，即先组织好一批干部随军前进，解放一地就成立专员公署和县政府，而后在逐渐建立下级的区、乡政权。因此，维护新区社会秩序的基本安定成为新区政权的重大任务。会议决定统一陕甘宁和晋绥边区的行政管理，调整边区政府组织机构；决定将晋绥边区的行政管理统一于陕甘宁边区政府，直接受陕甘宁边区领导。因此，在机构设置上，如图 2—6①所示，调整并扩大了边区政府组织结构，除秘书处、民政厅、财政厅、教育厅不变外，建设厅改为农业厅，保安处改为公安厅，西北农民银行改为中国人民银行西北区行，边区高等法院改为人民法院，增设了工商厅、交通厅、公营企业厅；并设立了西北财经分会，少数民族事务委员会、抚恤委员会、人民监察委员会。

这届政府的政府委员会权限大大增加，除了行政管理权外，还有一定的立法权，逐渐成为"议行合一"的最高政权机构。为适应管理城市和工业的需要，增设了一些相关部门，如工商厅、公营企业厅、交通厅和财经委员会等。工商厅掌管公营贸易、合作社事业、私营工矿企业、出口贸易、内地贸易、稳定物价等；公营企业厅掌管公营工矿企业、地方公营工矿企业、全区矿业资源调查开采、公营工矿企业职工培训等；交通厅掌管铁路、公路邮电、航路筹建与管理，以及公营和私营运输业、道路与交通管理等；财经委员会掌管财政经济方针政策的起草和议定以及全区综合计划等。由于陕甘宁与晋绥边区在组织上的合并，陕甘宁边区已发展成为西北解放区。截至 1949 年 3 月，它包括山西西半部、陕北全部、陕中一部、宁夏甘肃各一部。边区政府已经成为西北解放区的最高行政机构，成为西北的大区政府。1950 年 1 月 19 日，西北军政委员会在西安成立，标志着西北地区新民主主义革命的基本完成和社会主义革命的开始。至此，陕甘宁边区政府胜利完成了它的历史使命和任务。

---

① 此图摘自陕西省档案馆《陕甘宁边区政府组织沿革》，陕西省档案馆 1983 年版，附表十四。

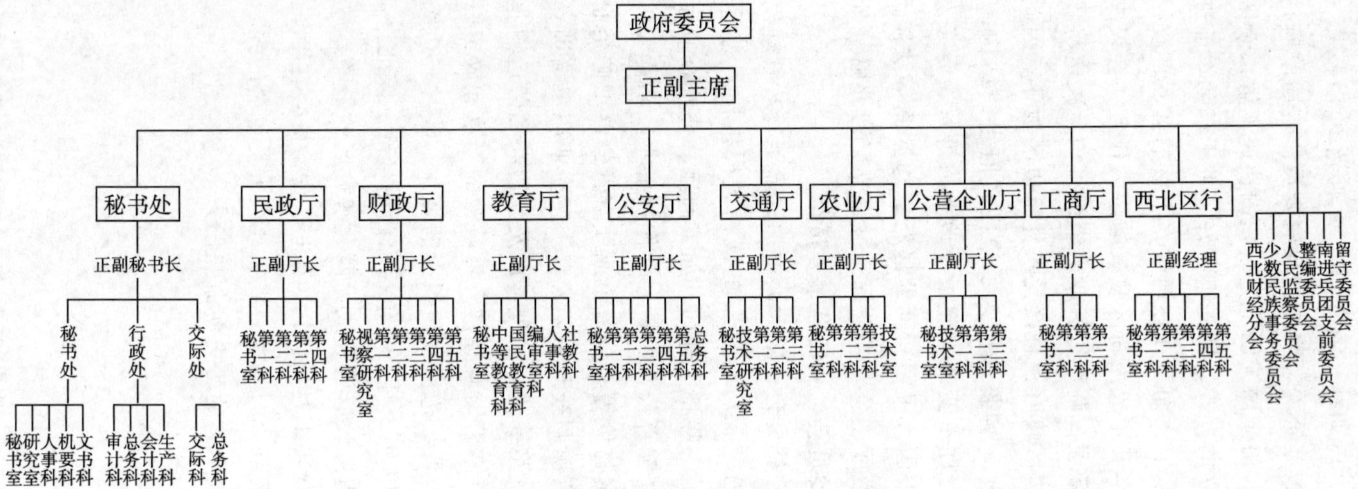

图2—6 1949年边区政府组织机构

此图摘自陕西省档案馆《陕甘宁边区组织沿革》,陕西省档案馆1983年版,附表十四。

第三节 动态变化的行政区划

行政区划就是指根据政治和行政管理的需要，充分考虑经济联系、地理条件、民族分布、历史传统、风俗习惯、地区差异、人口密度等客观因素，将所辖地域划分为若干层次大小不同的行政区域，设置相应的地方国家机关，实施行政管理。陕甘宁边区的形成与发展是一个历史过程，向前可以追溯到土地革命战争时期的陕甘边苏区和陕北苏区，向后延伸到1950年陕甘宁边区政府撤销为止。在这个过程中，苏维埃时期的行政区划为陕甘宁边区奠定了基础，原西北革命根据地所辖区域是边区建立之初边界的主要范围，如图2—7所示。将其与1937年边区略图（图2—8）①相比较有着明显继承性。同时，陕甘宁边区与国民党之间的"围剿"与"反围剿""摩擦"与"反摩擦"的斗争以及边区内部管理的变化使得陕甘宁边区行政区划变化频繁、复杂，呈现出强烈的动态变化性。从陕甘宁边区1937年9月正式建立以来，到1950年1月边区建制取消。按照行政区划的特点，可以将这近13年的历史划分为三个阶段：

第一阶段：1937年9月至1940年3月为初步建立期。这一阶段主要特征为行政区划初步建立，双重政权并存。边区政府于1937年9月正式成立后，在同年12月呈文国民政府，要求将陕西的肤施（延安）、保安、延川、靖边、安塞、甘泉、安定、延长、旬邑、淳化、定边、鄜（富）县、洛川；甘肃的庆阳、合水、环县、宁县、正宁、镇原、靖远；宁夏的盐池、固原、海原23县划为陕甘宁边区政府的管辖范围。然而国民政府一直予以拖延，未能明令边区的具体范围，这样在红军东征时被国民党侵占的地区和"西安事变"后红军从东北军、西北军接防的地区内，原有的国民党政府委派的县长、政府工作人员仍然存在。造成了这些地区共产党和国民党两套政权并存的局面，并且各县的国民党政权大都建立有自己的保安队。由于两种政权的性质不同，国民党政权的反共立场并没有根本改变，因此两种政权"摩擦"不断，冲突不断，造成边区在行政上的难以统一，政令难以贯彻。在某些地方出现了造谣污蔑和攻击共产党和边区政府、挑拨群众关系，威逼农民交还已经分配的

---

① 图2—7和图2—8均摘自李顺民、赵阿利《陕甘宁边区行政区划变迁》，陕西人民出版社1994年版，附图。

土地，甚至杀害和驱逐边区政府和八路军工作人员的事件。双重政权使得边区人民的生命财产无法得到保障，原土地改革的既得利益也面临丧失的危险，对边区政府的施政危害极大。

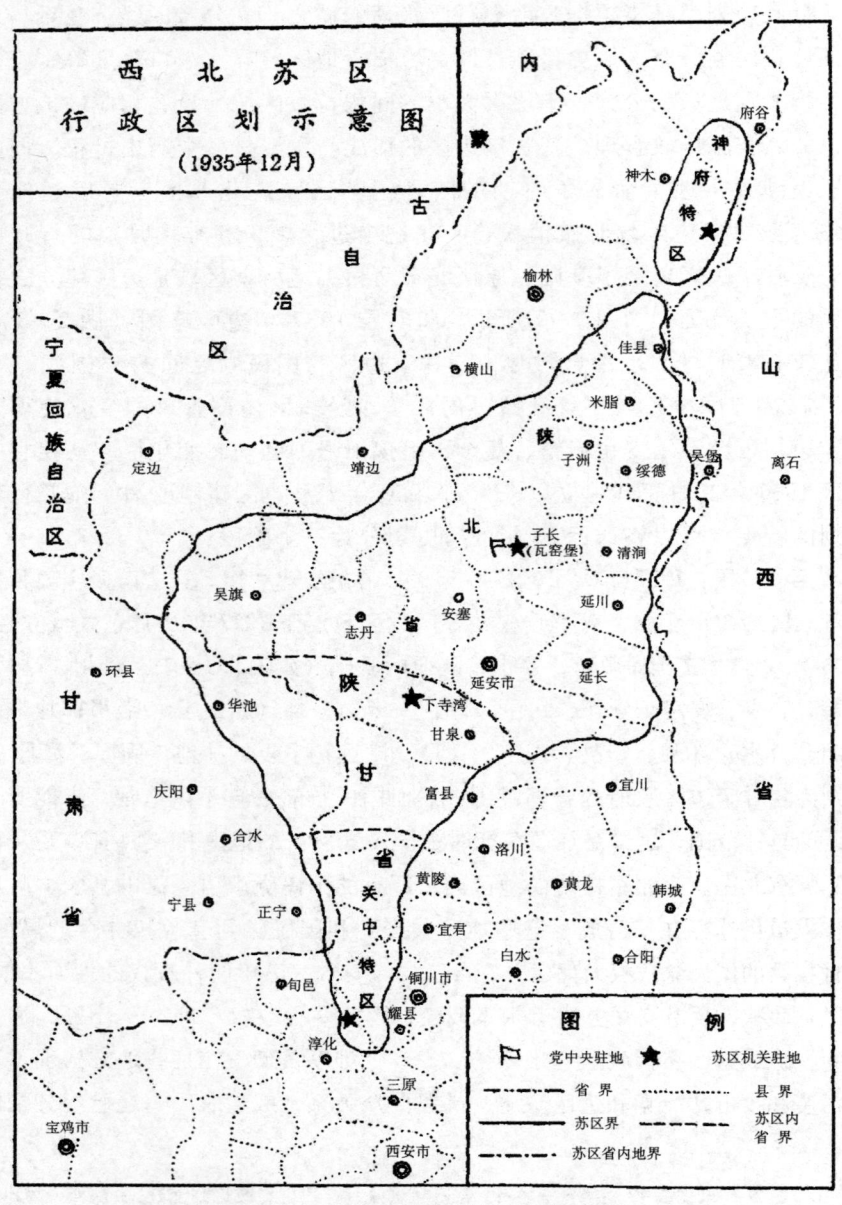

图 2—7 1935 年西北苏区行政区划示意图

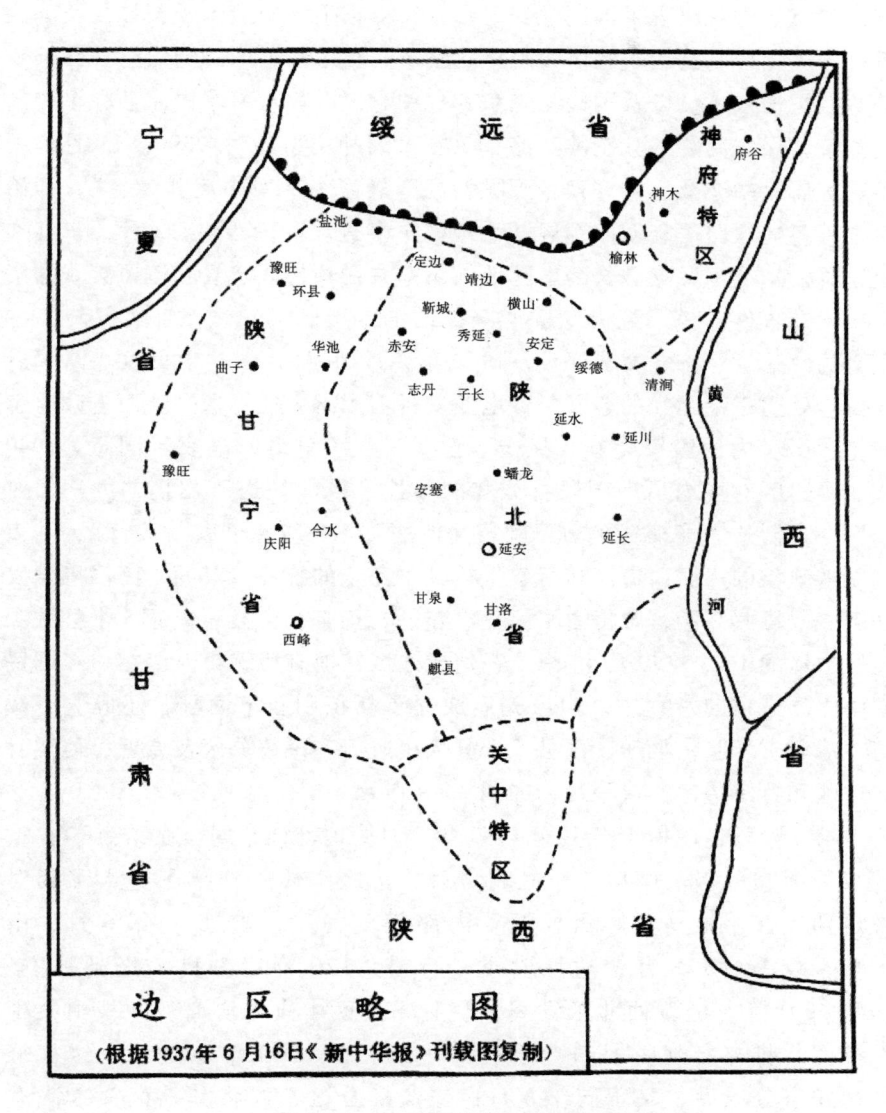

边区略图
(根据1937年6月16日《新中华报》刊载图复制)

图 2—8　1937 年陕甘宁边区略图

1939 年 1 月，国民党召开五届五中全会，会议确定了"防共、限共、溶共、反共"的方针以及《限制异党活动办法》，并建立了专门的"防共委员会"。会后形成了《共党问题处置办法》《沦陷防范共党活动办法草案》等一系列反共文件。在这种情形下，边区的"摩擦"呈现出不断加剧的状态。先后出现了国民党安定县县长田杰生绑架边区子长县县长薛兰斌、国民党合水县店子区区长阻挠八路军购买军粮、国民党旬邑县县长残杀八路军伤残人员以及国民党陇东专员钟竟成围攻八路军镇原县驻军和国民党宁县保安队袭击驻宁县八路军等一系列冲突事件。1939 年 11 月，国民党五届六中全会，将"政治反共为主"转变为"军事反共为主"，开始对全国各地八路军、新四军展开大规模军事进攻。1939 年 12 月，宁县和镇原县发生了国民党县长袭击驻地八路军并占领边区宁县和镇原县城的第二次陇东事件。为了赶走专事"摩擦"的专员和县长，保证边区新民主主义的政治、经济、文化建设。1940 年 2 月 19 日，中共中央以八路军后方留守处主任萧劲光的名义，致电西安行营程潜主任，通知陕西省政府迅速将边区境内的国民党县长撤走。至此，程潜只得回电表示同意。1940 年 3 月边区对境内所有国民党派驻的县长采取"护送"出境的办法，对个别一贯制造"摩擦"的分子实行逮捕法办，一般地予以"放行"，结束了双重政权的局面，边区在行政上得到了完全的统一。其间，因国民党发动第一次反共高潮，曾侵占了淳化、旬邑、正宁、宁县、镇原 5 个县城和边区边境的 16 个区以及 48 个乡，造成边区辖地有所缩小。但在粉碎国民党顽固派进攻的过程中，边区先后成立了新正和新宁两县，还成立了绥德、清涧、米脂、吴堡、葭县 5 个县人民政府和绥德分区及专署，使陕甘宁边区和晋绥边区连成一片，如图 2—9 所示。

  第二阶段：1940 年 3 月至 1947 年 3 月为内部调整期。在结束了双重政权局面和取得反摩擦斗争胜利之后，边区整体管辖范围进入了相对稳定期，开始根据实际需要调整内部行政区划。如 1940 年 6 月，由于日军夏季扫荡，晋绥边区党委、行署、120 师后方机关迁到神府。1941 年 9 月，经晋西北区党委和陕甘宁边区中央局协商，并报中共中央批准，将神府分区划归晋绥边区代管。在 1940 年 3 月设立绥德分区和陇东分区后，又于同年 8 月撤销庆环分区，并将其辖区并入陇东分区。

  为了便于行政管理，按照边区第二届参议会的要求，边区政府于 1942 年 1 月 6 日下发"关于各级行政区划等级及人员编制名额"的通令对某些专员公署和县、区、乡进行了调整。即依据人口、地区、富力、自然与政治环境设绥德（兼县）、陇东两个甲等专员公署，关中乙等专员公署，三边（兼县）丙等专员公署。①

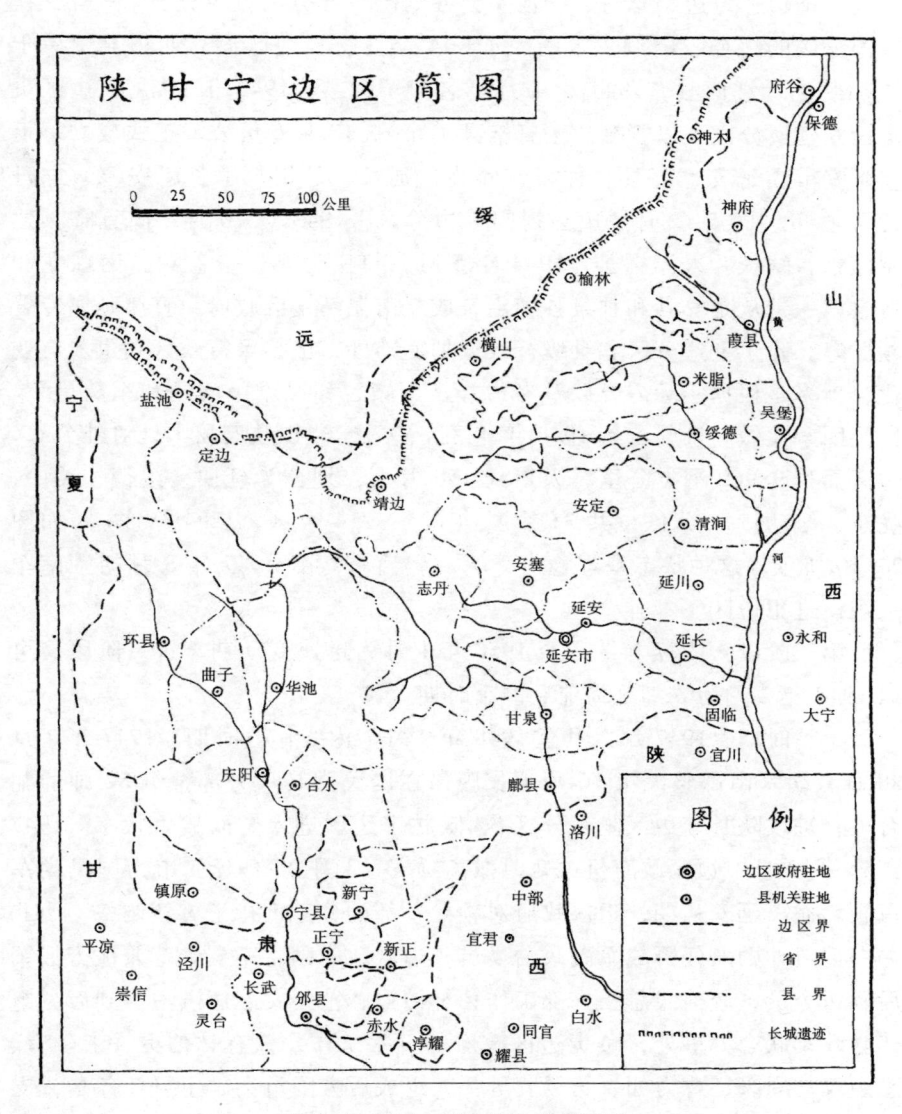

图 2—9 1941 年陕甘宁边区简图

此图摘自李顺民、赵阿利《陕甘宁边区行政区划变迁》，陕西人民出版社 1994 年版，附图。

---

① 陕西省档案馆、陕西省社会科学院：《陕甘宁边区政府文件选编》（第 5 辑），档案出版社 1988 年版，第 17—18 页。

1942年7月，建立葭县县委员会归绥德分区管辖。1942年8月三边分区从靖边、定边、志丹、华池4县各划出一部分增设吴旗县。9月，在绥德分区的绥德、清涧、米脂、子长4个县交界地区设立西川县，后于12月更名为绥西县，1944年1月更名为子洲县。1942年10月，边区决定设立延属分区，以管辖边区直辖县（市），12月专员公署正式成立，下辖延安市和延安、鄜县、甘泉、固临、延长、延川、子长、安塞、志丹10个县市。同年12月靖边县划归三边分区。1943年10月，同宜耀县建制撤销，辖区并入淳耀县。1944年5月，将南泥湾、金盆湾、南蟠龙和清泉镇一带从延安县和甘泉县划出，成立南泥湾垦区政府，直属延属专署领导等。除了上述分区和县级行政区划变动外，区、乡行政区划也屡有变化，大多是根据实际需要以及考虑经济因素、移民难民问题和军队垦荒、民族因素而做的调整。到1944年年底，陕甘宁边区政府秘书处对外公布，边区面积98960平方公里，人口约150万人，划分为延属、绥德、关中、陇东、三边5个分区，共31个县（市）、214个区、1254个乡。① 如图2—10所示，这种状态基本稳定下来，一直持续到1947年3月胡宗南军大规模进犯边区。

第三阶段：1947年3月至1950年1月为迅速变动期，这一阶段又可以1948年2月为界细分为前后两个时期。

第一时期，1947年2月至1948年2月为内线作战时期。1947年2月28日，胡宗南部整编第76师师长廖昂在国民党马步芳部整编82师的配合下，进攻陕甘宁边区陇东分区②，陕甘宁边区进入全面战争状态。1947年3月13日，边区政府机关暂时撤离延安，3月20日延安市为国民党军占领。撤离延安初期，边区政府对领导干部的分工进行了重新调整。西北局书记习仲勋兼任野战军副政治委员，边区政府副主席刘景范兼任野战军后勤司令员，赴前线总指挥部工作；林伯渠、范子文、唐洪澄等到后方组建党政军联合办事处，负责边区政府的日常工作，并有林伯渠、王子宜、惠中权、周兴、曹力如、马锡五等7人组成后方委员会。主要任务是，支援前线、组织自卫、整顿群众纪律、改善军民关系等。边区各级党政机关坚持县级的不离本县，区级不离本区，乡级不离本乡，就地发动群众，支

---

① 李顺民、赵阿利：《陕甘宁边区行政区划变迁》，陕西人民出版社1994年版，第68页。
② 雷云峰、张宏志：《陕甘宁边区大事记述》，三秦出版社1990年版，第336页。

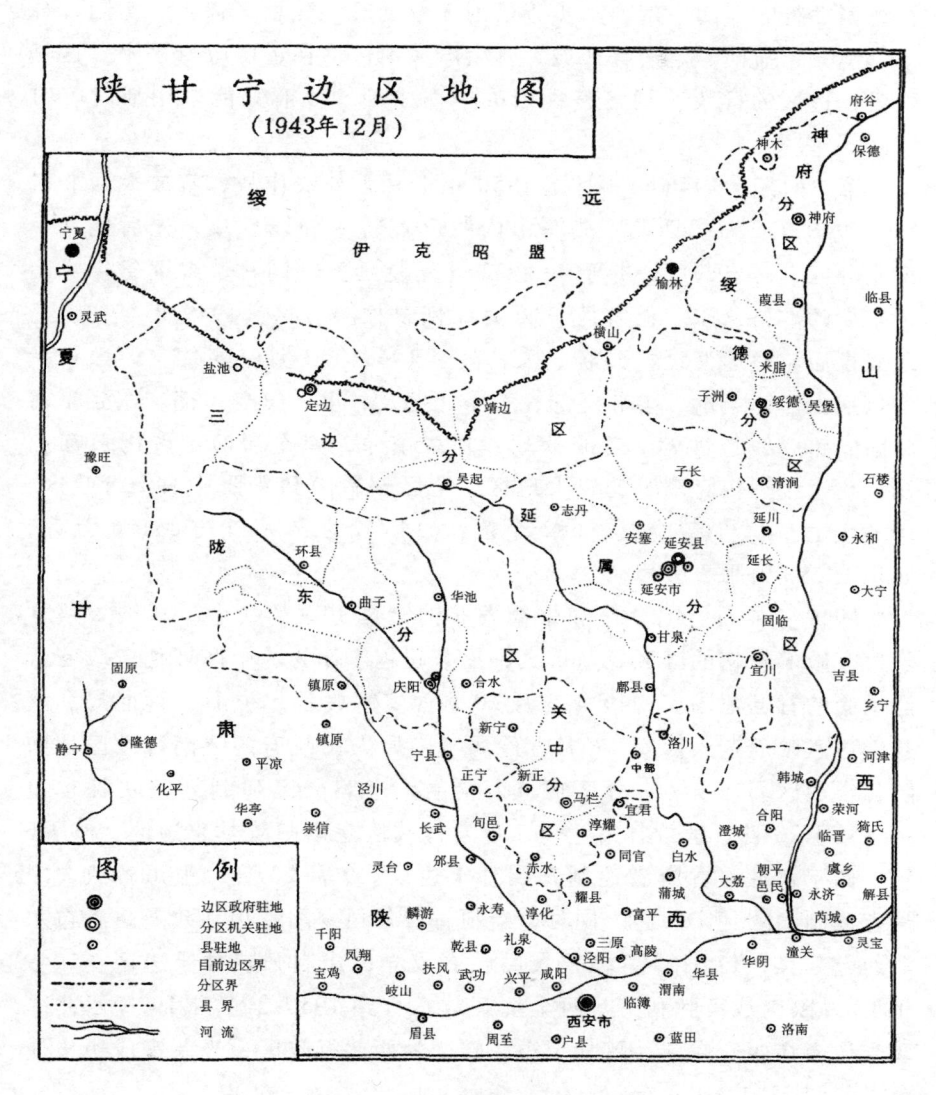

图 2—10 1943 年陕甘宁边区地图

此图摘自李顺民、赵阿利《陕甘宁边区行政区划变迁》，陕西人民出版社 1994 年版，附图。

援前线，参军参战，开展游击战争，配合西北野战兵团的军事行动。从 1947 年 3 月起至 1948 年 2 月党中央和边区政府转战陕北内线歼敌，胡宗南军队节节败退，逐步由内线作战向外线作战转变。1948 年 2 月 27 日，由林伯渠主持的边区参议会常驻议员和边区政府委员扩大联席会议在绥德举行时，胡宗南和马步芳仅困守着延安、甘泉、鄜县、庆阳、合水、镇原、盐池、定边等孤城，其余广大地区均在边区政府手中。这一阶段，边区的行政区划完整性因战争而中断，政府只能采用战时临时体制。

第二时期，1948年2月至1950年1月为外线作战，解放大西北时期。1948年2月，西北野战军由内线反攻转入外线反攻，先后建立了黄龙分区、西府分区，并于4月22日光复延安。同月，绥远省伊克昭盟东部的准格尔旗获得解放。10月，恢复榆林分区。1949年年初，荔北战役后，边区又设立大荔分区。截至1949年3月，陕甘宁边区扩展到包括山西西半部，陕北全部，关中北部及甘肃、宁夏东部，东到汾河和同浦路一线，西至宁夏的盐池、甘肃镇原，南迄渭河和晋南黄河一线，北至绥远伊克昭盟的广大地区。全区辖晋南和晋西北两个行政区，16个分区，共107个县、682个区，6145个乡。人口约831.6万人，面积19.83万平方公里。①

1949年4月，毛泽东和朱德发布向全国进军的命令。新纳入陕甘宁边区政府管辖的区域急速扩大，逐渐超越了作为一个区域地方政府所能承受的管辖范围。1949年5月20日西安解放后，26日，西北局和陕甘宁边区政府迁入西安。6月，原属于中原人民政府的陕南行政区划归陕甘宁边区。7月汉中分区成立。同时，宝鸡分区建制划归陕甘宁边区。8月26日，解放甘肃兰州，甘肃行政区建制归陕甘宁边区。9月6日，西宁解放，青海省建制归陕甘宁边区。9月23日，银川解放，宁夏省建制归陕甘宁边区。同月，新疆省警备司令陶峙岳和政府主席包尔汉通电起义，11月，新疆省人民政府成立，建制归陕甘宁边区。1949年12月陕南战役胜利，陕西全境解放。直到1950年1月19日西北军政委员会在西安成立，陕甘宁边区转变为西北行政区，光荣完成历史使命。如图2—11所示。

---

① 李顺民、赵阿利：《陕甘宁边区行政区划变迁》，陕西人民出版社1994年版，第98—99页。

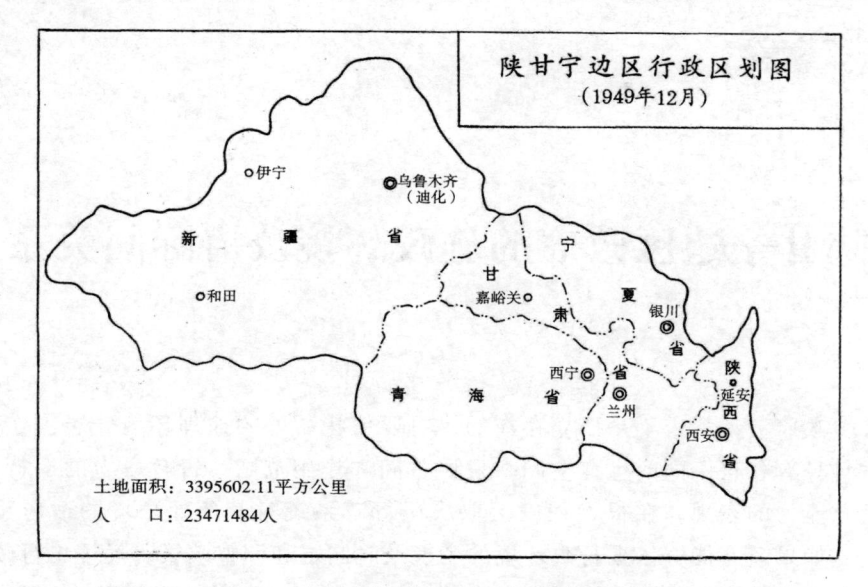

图 2—11　1949 年陕甘宁边区行政区划图

此图摘自李顺民、赵阿利《陕甘宁边区行政区划变迁》，陕西人民出版社 1994 年版，附图。

第三章

陕甘宁边区政府的施政环境及府际间关系

政府活动从来不是孤立存在的，总要依托所处的地理环境开展工作，并且具有各自不同的生存空间、发展空间和作用范围。行政权力的运行，行政能力的表现，在很大程度上取决于行政系统对其所处环境的适应程度。如果政府能够依据行政环境的变换及时制定和调整政策，发挥出行政管理的能动作用，行政环境便会随着行政的改变朝良性方向发展，即便是在自然和社会环境并不占优势的情形之下。陕甘宁边区的施政环境堪称险恶，自然、社会、政治条件都极为不利。在对内、对外纷繁复杂的府际关系中，边区政府因地制宜地采取切实可行的政策和措施，从而促进了当地经济和社会的发展，使得原先贫穷、落后的面貌大为改观，便是一个很好的佐证。

第一节 陕甘宁边区政府险恶的施政环境

一 自然条件恶劣

陕甘宁边区地处中国大西北。在抗日战争爆发时，陕甘宁边区共辖23个县，包括陕西、甘肃、宁夏相接的各一部分地方。北起陕西北部的府谷、横山，南达陕西中部的淳化、旬邑，自北至南约900里；西至甘肃的固原，宁夏的豫旺堡，东临黄河，自西至东约800里。[①] 边区属于大陆性、高原性干燥寒冷气候，日照充足，气候温凉干燥，干旱少雨，无霜期短，这是边区气候的总体特征。但是，边区各地气候还是有差异的，东南部温凉较湿润，中部地区温凉较干燥，西北和北部地区温凉干燥。晚霜期

---

① 《抗日战争时期解放区概况》，人民出版社1953年版，第7页。

约在四月下旬，早霜期约在十月中旬，一年不下霜的时间约有五个月。在"三边"①一带霜期更长，不适宜种植生长期长的作物。

边区位于黄土高原中北部，北连鄂尔多斯沙漠，东临黄河，西到甘宁高原，南到渭河流域。总体地势呈东南低而西北高，平均海拔高度约1000米。最长的河流是无定河，在边区境内部分达250公里。除黄河外，皆不通舟楫。沿河川地的土质肥沃，有的地方可以引水灌溉修成水力，还有的地方可以修成小规模水力动力。边区绝大部分地形被称为"山地"，有的地势比较平缓，有的则比较陡峭。边区境内的主要山脉有横山、梁山和桥山。"边区的山都没有经过地质学上所谓'造山运动'，除了白山以外，皆无走向、络脉可寻，是不能称为山脉的。"②边区地形的主要类型可分为"塬地"和"川地"两种。塬地是中国西北黄土高原地区因流水冲刷而形成的一种地貌，呈台状，四周陡峭，顶上平坦。"塬地"面积大小不一，小的不到1平方公里，大的有十几平方公里。主要分布在甘肃的庆阳、合水、镇原、宁县、正宁，陕西的淳耀、绥德、吴堡等地。如果遇到雨水充足的年份，这些"塬"是边区主要的产粮区。川地也是黄土高原上主要地形类型之一，它是指下切在黄土区中的河谷，即山和山之间由河流冲积成的平地。边区的川地狭长如带，最宽处不足一公里。

边区的土壤主要是风积黄土。横山的西北属于沙丘、黄土沙质和砂质土层地带，属于半荒漠地区。边区土壤的性质为钙质土壤，不粘不砂，呈碱性，宜耕宜植，保持水分和养分的力量很强。但这种土质易被雨水冲刷，是边区常闹灾荒的原因之一。同时，由于受到冲刷的严重影响，土壤里的有机物极易分解和冲去，造成农地大多贫瘠。

按照气候和农作物的不同，边区大致可划分为以下几个农业区域：(1)沿黄河区——延属东三县沿河一带，因为有黄河水流的调剂，气候较暖，雨量较多，农作物生长期也较长。主要作物为棉花、麦、谷。(2)三边区——地势最高，并且受到沙漠的影响，主要农作物为糜子、荞麦，适于畜牧。(3)关陇区——包括全部关中分区、延属分区和绥德

---

① 三边是陕西省的定边、靖边和安边三县的合称。1937年10月，陕甘宁边区设立三边分区，机关驻地为定边县城。

② 陕甘宁边区财政经济史编写组等：《抗日战争时期陕甘宁边区财政经济史料摘编》（第1编），陕西人民出版社1981年版，第17—18页。

分区南部，主要作物为冬麦。（4）延洛区——包括延属分区的西部，绥德分区的西部及北部，主要作物为谷子。①

由于边区地处西北高原，大陆性气候，春季多风，夏季多雹，秋季霜降早，对农业作物的生长十分不利，使得边区成为自然灾害多发地区。边区主要有以下几种自然灾害：

第一，是旱灾和涝灾。边区的地理位置使得全年总体降雨量较小，"五年一小旱，十年一大旱"，是边区气候的一个显著特点。同时，边区的降雨在全年分布极不均衡。以1941年的边区气象记载数据来看，边区全年下雨50天，降雨量313.1厘米，且雨量的70%集中在6、7、8、9月中，春种时降雨很少，秋季雨水过多，因此，造成边区天旱雨涝没收成。

第二，是冰雹灾害。边区许多地区经常在夏秋季遭到冰雹的袭击，冰雹小如豌豆，大如鸡子。陇东分区的雹灾最为严重。据统计，1943年陇东六县共打坏秋田145985亩，损失粮食28062石以上；1944年环县、华池、曲子三县，打坏秋麦24192亩，损失巨大。②

表3—1　　　　　　　　　　1941年边区每月降雨统计

月份	2	3	4	5	6	7	8	9	10	11	12
下雨天数	4	1	1	5	6	10	9	7	2	3	2
降雨量（厘米）	7.8	6.1	1.0	3.4	23.7	116.3	64.5	17.4	0.1	30.8	0.6

此表摘自陕甘宁边区财政经济史编写组等《抗日战争时期陕甘宁边区财政经济史料摘编（第2编）》，陕西人民出版社1981年版，第20页。

第三，是霜冻灾害。当气温和地表温度降至零度，植物组织内部水分因低温而形成冰晶，因而使植物组织受到伤害。边区一些地区无霜期较短，秋季早霜期来得早，而春季晚霜期去得迟。据统计，边区1940年早霜在9月21日，1941年早霜在9月13日，1942年早霜在10月1日，1943年早霜在10月22日，1944年早霜在9月13日；而晚霜1941年5月26日还下晚霜，1944年4月28日还有晚霜。边区的早霜来得早，晚霜走

---

① 陕甘宁边区财政经济史编写组等：《抗日战争时期陕甘宁边区财政经济史料摘编》（第2编），陕西人民出版社1981年版，第17页。

② 同上书，第22页。

得晚，无霜期往往只有 4 个月。因此，使农作物生长期限制明显，易发生霜冻灾害。除了以上自然灾害外，边区还有风灾、虫灾和瘟疫等。①

抗日战争期间，边区有记载的部分年份自然灾害情况如表 3—2 所示，从中可以看出：

第一，边区的自然灾害，旱、涝、雹、冻、风、霜、虫、瘟种类繁多。而且其中旱、涝、雹灾害分布面积广大。仅 1940 年，遭受旱灾 11 个县，水灾 16 个县，雹灾 12 个县，累计达到 39 个县，超出了边区管辖县数的总和。

第二，边区自然灾害具有高发性。冰雹灾害更是在 1940—1943 年每年都有。其他各种灾害 4 年间均出现 2 次以上。从每年的受灾情况来看，在统计的以上 8 种灾害中，1943 年最少时有 3 种在同一年爆发。1940 年当年竟然有 6 种灾害出现。

第三，边区自然灾害造成的损失严重。受灾的田亩数 4 年达到 148.927 万亩，损失房屋 3478 间。1941 年，仅米脂一个县饿死就达 30 人，饿肿 900 人。1942 年，水灾最严重的 15 个县，淹死 496 人，伤 359 人。从表 3—2 中粗略统计，1940—1943 年四年间边区因自然灾害形成灾民达到 101.2146 万人，占到边区总人口的一半。

表 3—2　　　　　　　陕甘宁边区四年来灾情统计②

		1940 年	1941 年	1942 年	1943 年	合计
受灾县数		21	12	17	8	58
各种灾害受灾县数	旱	11	5			16
	水	16（68 个区）		15		31
	雹	12（35 个区）	8	7	7（25 个区）	34
	冻		4		3	7
	风	1		1		2
	霜	1	3		1	5
	虫			3		3
	瘟	6		2		8

---

① 陕甘宁边区财政经济史编写组等：《抗日战争时期陕甘宁边区财政经济史料摘编》（第 2 编），陕西人民出版社 1981 年版，第 22—23 页。

② 按照原表中的说明可知，表中数字仅根据当时不全的材料完成的，很多数字未统计在内。如 1943 年受灾人口差两个县，其他不少项目也有未统计。由于各县陆续上报灾情，因此灾情不止此数，如 1940 年未统计之灾民约有 10 万人。

续表

		1940 年	1941 年	1942 年	1943 年	合计
受灾损失	田禾（亩）	202922	180961	841983	263381	1489247
	粮食	238（石）		8906（石）		9144（石）
	房子	207（间）		3271（间）		3478（间）
	人	566 人	饿死 30 人 饿肿 900 人	死 496 人（淹死）伤 359 人		2351 人
	牲畜	2803 头	2 头 21 只	1298 头 41311 只		4103 头 41332 只
	树	2600 株				2600 株
	钱（元）	19455		40658510		40677965
灾民	户数		3037 户		5988 户	9025 户
	人口	537244 人	95174 人	352922 人	26806 人	1012146 人

此表摘自陕甘宁边区财政经济史编写组等《抗日战争时期陕甘宁边区财政经济史料摘编（第 9 编）》，陕西人民出版社 1981 年版，第 263—265 页。

二 农业经济凋敝

边区的总人口，据 1944 年 3 月民政厅数字是 1424786 人。其中，延属分区 374297 人，绥德分区 521552 人，陇东分区 262184 人，关中分区 121200 人，三边分区 145553 人。边区人口的密度是每平方公里 15.2 人，而当时全国人口密度 39.54 人，陕西省人口密度 60.5 人。可见，边区总体而言地广人稀，并且各分区人口的分布很不平均，绥德分区每平方公里达 47.4 人，关中分区为 16.5 人，延属分区为 16 人，陇东分区只 10.3 人，三边分区则少到 5.4 人。① 整个边区包括陕北、陇东、宁东南，北起府谷、横山，南达淳化、旬邑，西至固原、豫旺，东临黄河，南北约九百里，东西约八百里。北接丘陵盆地，南有关中平原，可耕之地约 4 千万亩。据统计，1936 年边区实际耕地面积为 843.1 万亩，1937 年为 862.6 万亩，② 与可耕面积相比，边区荒地甚多，甚至有些地方荒地占 4/5 以上。边区的农作物主要有小麦、谷子、糜子、玉米、高粱、荞麦、洋芋

---

① 陕甘宁边区财政经济史编写组等：《抗日战争时期陕甘宁边区财政经济史料摘编》（第 2 编），陕西人民出版社 1981 年版，第 8 页。

② 同上。

（马铃薯）、豆类、瓜类、棉花和油料作物等，但产量较低。据1944年调查估计，如表3—3所示。每亩收获量仅为：谷、糜、玉米各2.5斗（每斗30斤），小麦、豆类、荞麦、高粱、油籽等各2斗，洋芋（马铃薯）500斤，棉花14斤。① 可见，抗战前亩产量应该比表3—3的数字还要低。

表3—3　　　　1944年全边区农作物的种类和每亩的收获量②

作物种类	种植面积（%）	每亩收获量（斗）
谷类	22.3	2.5
麦类	23.4	2
糜子	13.9	2.5
豆类	9.8	2
荞麦	8.1	2
高粱	6.3	2
油籽	5.5	2
玉蜀黍	3.4	2.5
洋芋	3.2	500斤
棉花	1.9	14斤
其他	2.2	
合计	100	

此表摘自陕甘宁边区财政经济史编写组等《抗日战争时期陕甘宁边区财政经济史料摘编》（第2编），陕西人民出版社1981年版，第32页。

土地革命前，封建地主所有制经济在边区乡村占有主导地位。土地集中、地租苛重是制约乡村社会的重要因素。以1934年安定县（今子长县）玉家湾村为例，该村共有人家47户，总计340人，劳动力76个，牲畜有牛23头，驴20头，马1匹，骡1匹，羊300只，耕种土地总面积约1752垧半（一垧约3亩）。其所属情况如表3—4所示。可以看出：第一，

---

① 陕甘宁边区财政经济史编写组等：《抗日战争时期陕甘宁边区财政经济史料摘编》（第2编），陕西人民出版社1981年版，第32页。

② 斤为16两秤，斗以30斤为1斗。

豪绅、地主按其人数占全村总人口不到7%，但所占土地量达全村总耕地面积的45.7%；第二，贫农、雇农、中农人数共占79.2%，但占有土地只26%，其中雇农完全没有土地。而且中农、贫农土地不仅数量少，质量也远不及豪绅地富占有的土地。绝大多数是远山陡坡地，后者则多为平川地和缓坡地；第三，占人口绝大多数的贫农和雇农所拥有的牛、驴、羊的数量极少，同时却有大量的外借高利贷，平均每人外欠高利贷2966.2元。① 通常情况下，农民所租种的土地，因过去连年灾荒，农民无法交租，只得留待后来陆续偿还，但是旧欠未清，新欠又增。如此日积月累，导致凡是佃户没有一个不欠租子的。如米脂两庙山地主常彦丞的租账中几个老佃户有欠租达75石、65石、61石的数额，他们种地都不过20垧上下，若遇收成稍好，农民有点儿余粮，地主即以欠租形式搜刮而去，使农民永世不得翻身。② 因而，在土地革命前，各阶级经济状况相差非常悬殊。在地主的压迫下，农民的土地不断流失，日益集中于少数的豪绅和地主手中。在当时半封建、半殖民地的旧中国，边区乡村在地主阶级的统治下，"富者地连阡陌，贫者无立锥之地"。由于压迫过重，经济凋敝不堪。农民没有耕牛、农具和种子，农业再生产无法进行，农业经济处于停滞状态。由于农民很少有剩余产品，购买力低下，进一步导致乡村商业贸易萎缩。

表3—4　　　　　　　　1934年安定县玉家湾村各阶级情况③

		豪绅	地主	富农	中农	贫农	雇农	总计
户数	数目%	1	4	5	9	18	10	47
			10.64	10.64	19.1	38.3	21.32	100
人口	数目%	4	20	47	81	140	48	340
			7	13.8	24	41.2	14	100
	劳动力		2	11	18	30	15	76

---

① 陕甘宁边区财政经济史编写组等：《抗日战争时期陕甘宁边区财政经济史料摘编》（第9编），陕西人民出版社1981年版，第9—11页。
② 同上书，第14页。
③ 此表中计算单位：土地是"垧"，租额是"石"，债款是"元"。

续表

			豪绅	地主	富农	中农	贫农	雇农	总计
土地占有经营情况	亩数%		50	750	494	291	167		1752
				45.7	28.3	16.6	9.4		100
	自耕	亩数			40	159	276	141.5	
		收入			28	111.3	170.6	84.6	
	租出	亩数		580	160	15	26		
		租额		174	41.5	0.75	0.8		
	租入	亩数				40	234	28	
		租额				8	8.85	2.2	
	伙种	亩数	50	32	175		10	50	
		伙额	12	8	32		3	12	
牲畜	牛		1	2	9	9	2		23
	驴		1	1	7	9	2		20
	马		1						1
	骡		1						1
	羊				160	140			300
高利贷	放	数目				260			260
		利额				78			78
	负	数目					1510	32.5	1542.5
		利额					545925	11719.5	557644

此表摘自陕甘宁边区财政经济史编写组等《抗日战争时期陕甘宁边区财政经济史料摘编（第9编）》，陕西人民出版社1981年版，第9—11页。

三 社会发展落后

边区工业极其落后。土地革命前，民间仅有一些小手工作坊和盐池、炭窑，根本谈不上工业。除粮食、羊毛外，其他一切日用所需均靠外购，工业品更是完全依赖边区以外供给。直至1935年，工农红军到达边区，才开始有小规模的军事修械厂、印刷厂等。在边区正式成立以前，加上被服、印刷等工厂，也不过270余名职工。①

---

① 陕甘宁边区财政经济史编写组等：《抗日战争时期陕甘宁边区财政经济史料摘编》（第3编），陕西人民出版社1981年版，第4页。

边区的交通运输状况极差。抗战前，国民党为了进攻苏区而筑有咸榆、庆环等路，桥涵均无，路基亦未完成。筑成部分也因常年失修，多为雨水冲毁。在运输方式上，主要依靠个体脚户：一是"长脚"，即靠运输获利为生；二是"短脚"，主要从事农业，以运输为主要副业；三是"农户脚"，利用放青，兼做运输；四是边区外面的"长脚"，从边区外运货到边区来，再运货出去。交通和运输的困难一直是发展边区经济的严重制约。

边区的教育非常落后。革命政权建立之前，受过中学教育的人在一个县里才能找到两个（如环县）。1935年，陕甘边和陕北革命根据地在极端困难的情况下，在延安县创办小学5所，招收学生70多人；1936年又增加25所，招收学生500多人。① 但由于此时苏区还处于游击战争环境，因此，文化教育未能得到较大发展。正如边区主席林伯渠在边区第一届参议会的政府报告中所指出的："边区是一块文化教育的荒地。学校稀少，知识分子凤毛麟角，识字者亦极稀少。在某些县如盐池一百人中识字者有两人，再如华池等县则两百人中仅有一人。平均起来，识字的人只占全人口1％。至于小学，全边区过去也仅有120个，并且主要是富有者的子弟。"② 由于教育的缺失，导致迷信、赌博、吸食鸦片、不讲卫生随处可见。一些帮会、门道组织趁机传入，宣传和从事迷信活动，愚弄乡民。帮会在乡村设香堂，俨然一级政府组织。时任陕甘宁边区政府秘书长李维汉在其所著的《回忆与研究》中这样描述："反映在文化教育上，就是封建、文盲、迷信和不卫生。知识分子缺乏，文盲达99％；学校教育，除城镇外，在分散的农村，方圆几十里找不到一所学校，穷人子弟入学无门；缺少文化设施，人民十分缺乏文化生活；卫生条件极差，缺医少药，人畜死亡率很高，婴儿死亡率达60％，成人达3％；全区巫神多达两千余人，招摇撞骗，为害甚烈。人民不仅备受封建的经济压迫，而且吃尽了文盲、迷信、不卫生的苦头，人民的健康和生命得不到保障。"③ 由于文化落后，封建思想严重，造成民众思想保守，小农意识强烈。距辛亥革命已有20余年，许多男人的后脑勺还吊着长辫子。"五四"以来的新文化对

---

① 雷云峰：《陕甘宁边区史（上篇）》，西安地图出版社1994年版，第206—208页。
② 西北五省区编纂领导小组、中央档案馆：《陕甘宁边区抗日民主根据地（文献卷·下）》，中共党史资料出版社1990年版，第39页。
③ 李维汉：《回忆与研究（下）》，中共中央党史资料出版社1986年版，第566页。

这里的村民没有任何影响,妇女依然小足,女子早婚普遍存在。①

四 内外安全堪忧

第一,土匪横行。民国以来,由于军阀和反动政府的压迫,以及地主豪绅的残酷剥削,加之自然条件恶劣,灾害不断,导致灾民、流民激增,致使陕甘宁地区匪患猖獗。20 世纪 20 年代中期,虽然很难获得准确的统计数据,但是陕西省的土匪人数无疑有好几万。陕西与甘肃、宁夏、绥远、山西……交界,因此也不断遭到外部匪帮的入侵②。中共中央长征到达陕北后,经过对土匪的清剿,到 1936 年边区原有的土匪问题基本解决。但到抗日民族统一战线建立,八路军开赴前线后,边区部分区域治安力量空虚,匪患再生。从 1937—1938 年冬,边区境内共有土匪 40 余股,计 4000 余人,2000 多支枪。③ 这些土匪除一般打家劫舍外,多为日本军国主义收买的内应。从 1939 年冬到 1942 年年初,国民党顽固派消极抗战,制造两次反共摩擦,土匪伺机从各地再起。由于此时的土匪多数属于具有政治目的的惯匪,如陇东的赵老五、三边的张挺芝等,他们受国民党指导,借助边区境内双重政权的复杂形势,在国民党县长或保安队支持下,以推翻边区共产党民主政权为目标,进行烧杀劫掠,搞袭击和破坏,其实质是国民党顽固派搞乱边区的变相武装进攻。这些土匪的存在严重威胁着边区社会的内部安定,阻碍了边区各项事业的正常开展。

第二,日军进犯。1938 年 2 月底,日军攻陷山西临汾,占领了黄河天险风陵渡。之后,日军又迅速占领黄河沿岸的宁武、神池、五寨、岢岚、偏关、河曲、保德 7 城及黄河要口军渡,并炮轰了西岸的宋家川。至此,陕甘宁边区便时常处于日军的直接军事威胁之下。从 1938 年 3 月至 1939 年年底,日军曾向陕甘宁边区河防阵地发动过大小 23 次进攻。进犯日军主力为梅津之 110 师团,109、26 等师团及独立第二、第四混成旅团配合进攻。每次日军进攻兵力最少者达到 2000 人,最多者达到 1 万余人,而八路军防守部队在主要防御方向最多才一个团千余人。日军每次投入重炮都在 20 门以上,而八路军仅有迫击炮 2 门。面对日军的进攻,边区党

---

① 岳珑:《近代陕北女子早婚与生育健康》,《人文杂志》1999 年第 4 期。
② [英]贝思飞:《民国时期的土匪》,徐有威译,上海人民出版社 2010 年版,第 43 页。
③ 萧劲光:《萧劲光回忆录》,解放军出版社 1987 年版,第 211 页。

委下达了抗日总动员令,命令河防部队及一切武装力量紧急动员起来,边区政府号召边区人民及自卫军动员组织起来,配合留守兵团及保安部队防御与打退日军的进犯。① 1938年3月3日,边区政府发布了《中华民国陕甘宁边区政府告民众书》,为防止日军进犯做积极准备,进行了全民动员。"保卫边区,是每个边区人民应尽的神圣责任……全边区人民应该努力帮助政府军队组织担架队、运输队、缝纫队、洗衣队、看护队、救护队、慰劳队、锄奸队及修筑工事,征募战士,收集军需用品,供给军队粮食及盘查、放哨、警戒、侦察、剿匪、锄奸等工作。"② 同年9月,为动员和组织群众,配合八路军加强河防,边区政府决定在吴堡、绥德、清涧三县沿黄河一带地区设立河防县,下辖枣林坪、解家沟、高家沟等4个区。③ 由于这段黄河及其沿岸地区是陕甘宁边区通往各抗日根据地的唯一通道,且具有重要的军事价值,因此,日军的直接进攻对边区安全威胁十分严重。直到1940年年初,八路军120师主力由冀中回师晋西北,粉碎了日军"扫荡",收复方山、岚县、临县等城,创建了屏障西北的"晋绥边区",日军进犯边区的企图才被彻底挫败。日军对边区安全的直接威胁近两年之久。

第三,国民党顽固派的军事围困和经济封锁。1939年3月至1940年3月,国民党顽固派在日本帝国主义的政治诱降下,逐步走上消极抗日、积极反共的道路。1939年12月,胡宗南部进攻边区,同时阎锡山部进攻山西新军和八路军,开始了第一次反共高潮。国民党先后调集30余万部队从北、西、南三面包围边区。1939年4月,制造了"旬邑事件",8月由三原北犯,企图攻占鄜县,威胁延安。为解决军事压力和加强防御,中共中央不得不令120师主力回防晋西北,359旅返回边区。1941年1月"皖南事变"后,胡宗南、马步芳、马鸿逵等和三个保安旅,十个保安队,共20余万军队,西起宁夏,南沿泾水,东迄黄河,北经长城,分三个封锁地带、五条封锁线,对边区实行军事包围。④ 除了军事封锁外,同时加强了经济封锁,盘查各类进出边区的物资,致使主要日用品(棉花、

---

① 雷云峰:《陕甘宁边区史(上篇)》,西安地图出版社1994年版,第55—56页。
② 陕西省档案馆、陕西省社会科学院:《陕甘宁边区政府文件选编》(第1辑),档案出版社1986年版,第56—57页。
③ 李顺民、赵阿利:《陕甘宁边区行政区划变迁》,陕西人民出版社1994年版,第84页。
④ 雷云峰、张宏志:《陕甘宁边区大事记述》,三秦出版社1990年版,第176—177页。

布匹、棉纱等)、医疗器械和药物、军用品等急需物资无法进入边区,边区开始陷入物资极度匮乏的状态。同时,更为严重的是,由于抗战初期,陕甘宁边区和八路军、新四军的财政开支,大部分来源于国民政府调拨以及华侨、国际友人的捐赠。1938年,外援占边区经济总收入的51.6%(50%—85%)。如表3—5所示①。而从1941年起,国民政府完全停止拨款,而且封锁、断绝边区的一切外援,妄图困死边区。正如1942年12月毛泽东在陕甘宁边区高级干部会议上的报告中所指出的:"五年以来,我们经过了几个阶段。最大的一次困难是在1940年和1941年,国民党的两次反共摩擦,都在这一时期。我们曾经弄到几乎没有衣穿,没有油吃,没有纸,没有菜,战士没有鞋袜,工作人员在冬天没有被盖。国民党用停发经费和经济封锁来对待我们,企图把我们困死,我们的困难真是大极了。"②整个抗战时期,国民党发动了三次反共高潮,从1939年3月直到1943年10月,长达4年之久,给边区的发展制造了极大的困难。

表3—5 1939年、1940年边区的财政收入

	1939年		1940年	
	收入	%	收入	%
协款	7933315	89.66	10538585	73.54
税收	658213.33	7.42	1964132.79	13.7
没收款	95480.19	1.07		
罚款	18961.84	0.25	285694.84	1.99
土地登记	3708.65	0.04		
捐款	14095.75	0.16		
杂项	20125.96	0.23	292876.32	2.04
企业盈余			427389.95	2.89
公产收入			5017.19	0.05
寒衣代金			427705.29	3

此表摘自陕甘宁边区财政经济史编写组等《抗日战争时期陕甘宁边区财政经济史料摘编》(第6编),陕西人民出版社1981年版,第40—45页。

---

① 黄正林:《陕甘宁边区社会经济史(1937—1945)》,人民出版社2006年版,第82—83页。

② 《毛泽东选集》第3卷,人民出版社1991年版,第892页。

第二节　陕甘宁边区复杂的府际关系

政府间关系，主要是指"国内各级政府间和各地区政府间的关系，它包含纵向的中央政府与地方政府间关系、地方各级政府间关系和横向的各地区政府间关系"①。1937年7月7日卢沟桥事变后，中华民族与日本帝国主义的民族矛盾上升为中国社会的主要矛盾，抗日民族统一战线逐步形成。经过两党的多次磋商，1937年9月6日，中华苏维埃人民共和国西北办事处改组为陕甘宁边区政府，林伯渠担任边区政府主席，从而宣告边区政府正式成立。② 在此特定的历史条件下，陕甘宁边区作为中华民国政府系统中由中国共产党独立领导的特区，如何处理其与国民党领导的中央政府以及其他国统区地方政府的关系成为维系抗日民族统一战线的关键。另外，在战争状态下如何加强对其他解放区和边区下属地方政府的领导，统一各级地方政府的行动也直接关系边区的生存与发展。

一　边区政府与国民中央政府的关系

1937年9月，国民党发表了《中国共产党为公布国共合作宣言》（即《共赴国难宣言》），标志着以国共两党合作为基础的抗日民族统一战线的建立。国民中央政府与边区政府实际上构成了"一国两制"下既统一又独立自主的政府间关系。

一方面，国民中央政府对边区各级政府具有法理上的领导权。正如1939年边区政府主席林伯渠在边区第一届参议会的报告中指出："边区政府是中央政府下面的一个地方政府，边区是中华民国的一部分，这是不错的。"③ 同时在第一届参议会的决议中也明确提出："拥护国民政府，拥护蒋委员长，拥护国共合作，尊重国民政府蒋委员长的领导，……禁止与严惩在边区内侮蔑最高领袖和一切挑拨离间的言论行为。"④ 直到1944年7月18日，毛泽东在会见美国记者莫里斯·武道时还表示："自然，委员

---

① 林尚立：《国内政府间关系》，浙江人民出版社1998年版，第14页。
② 宋金寿、李忠全：《陕甘宁边区政权建设史》，陕西人民出版社1990年版，第113页。
③ 西北五省区编纂领导小组、中央档案馆：《陕甘宁边区抗日民主根据地（文献卷·下）》，中央党史资料出版社1990年版，第15页。
④ 延安时事问题研究会：《抗战中的中国政治》，上海人民出版社1961年版，第344页。

长是公认的中国主席。……我们民主选举产生的政府，都是国民党下属的地方政府。"① 由此可见，边区政府承认国民政府对外代表整个中国，享有国际上独立国家应当享有的外交权力，对内领导全国各级政府。边区政府受国民中央政府领导，不享有独立国家的外交权力。

另一方面，边区政府作为中华民国的特区政府拥有独立自主的权力。边区实施的各项方针政策，都在共产党的领导下进行，不必一切都经过和服从国民政府；在政治上实行新民主主义制度；在政府人员组成上实行三三制原则；在司法上拥有终审权；在军事上有独立指挥的军队。

这种政府间关系决定了边区政府在地方行政制度上应与南京国民政府的地方行政制度保持基本一致。"根据《中华民国国民政府组织法》的有关规定，中华民国行政区划采取省、县、乡三级制。……边区正式行政区划也分为三级，分为行政区划中的高层（边区）、中层（县）和基层（乡）。"② 同时，在政权构成及形式上也与国民政府的某些制度相衔接，如民意机关采取参议会的形式，边区只有高等法院，没有最高法院等。在边区政府行政首长的任命上，国民中央政府安排丁惟汾任边区政府行政首脑，林伯渠被任命为副职。当丁惟汾有"要务"不能履行职务时，林伯渠担任实际上的最高职务。

在抗战初期，国民政府与边区政府的关系较为融洽。在财政方面，国民中央政府根据协议每月拨付八路军数十万元的军饷及抗日经费，其中部分经费用来补充边区的财政。如1939年边区的财政总收入是8847427元（法币），其中国民政府拨款达7933315元（法币），占89.66%。③ 在社会事务方面，国民中央政府根据一定的标准给予边区政府一定的资金援助以促进边区社会的发展和民众生活水平的提高，如1938年9月由国民政府拨发10万元（法币）赈济款准备建设贫民工厂，用以救济贫民和发展国防业。④ 在贸易上允许物资自由进入边区，同意以市场价格向陕甘宁边

---

① ［美］约瑟夫·埃谢里克：《在中国失掉的机会》，罗清、赵仲强译，国际文化出版公司1989年版，第211页。

② 李金龙：《中国共产党领导创建的地方行政制度研究》，上海人民出版社2008年版，第140页。

③ 陕甘宁边区财政经济史编写组等：《抗日战争时期陕甘宁边区财政经济史料摘编（第6编）》，陕西人民出版社1981年版，第40—41页。

④ 雷云峰：《陕甘宁边区史（上篇）》，西安地图出版社1994年版，第174页。

区提供八路军所需的武器弹药、军用药品及其他战略物资。而边区也以极大的热忱，积极响应抗战事业。1938年，边区协助和支援国民政府筹备和开发玉门油田，以满足工业生产、交通运输及抗战的需要。利用由陕北延长油矿提供的两部钻机及配套设备，首先在老君庙打成了几口油井，建成了中国著名的石油基地——玉门油矿。"从1941年玉门油矿正式开采到1945年期间，该矿共生产原油2.6万多吨，生产加工各类石油产品5万多吨。"① 不但基本满足了甘肃、陕西等地民间用油的需要，而且有许多石油产品（作为车辆燃料或枪炮、机械的保养和润滑）被直接送到抗战一线，为抗战大业做出了不可磨灭的贡献。同时，边区政府收回苏票，不独立发行货币，通用国民政府的法币，以法币为本位币，以便与国民中央政府保持金融统一。

抗战中期，边区政府与国民中央政府的关系随着抗战形势发生了急剧变化：由于国民中央政府在军事方面节节失利，导致投降的危险倾向加大；而边区政府则通过制定和执行正确的政策，促进了边区生产力的恢复和发展，军事实力也得到了明显增强。两者形成的鲜明反差使两个政府的对立日益加剧，出现了国民中央政府在军事、行政等方面弹压边区政府发展的情况。依据1939年1月国民党五届五中全会通过的《限制异党活动办法》，国民中央政府将数十万精锐部队部署在边区周围，并挑起和发动一系列军事冲突。边区政府在党的领导下，依靠八路军留守兵团，广泛动员边区民众，对国民中央政府的军事摩擦和进攻给予坚决地反击。进入抗战后期，边区政府支持党中央提出的"联合政府"方案，主张各党派、各阶层民众享有平等参与组建国家政府的权利，而国民中央政府试图继续维持一党专政，极力反对"联合政府"的方案，并积极准备对边区采取军事行动。因此，在抗战中后期边区政府与国民政府之间的关系呈现出较大的起伏和波动。

二 边区政府与国统区政府间关系

陕甘宁边区在地理上与陕西、山西、甘肃、宁夏、绥远等省直接接境，如何处理与国统区的关系，特别是边区周边地区的关系，是关系边区安全和能否顺利贯彻抗日民族统一战线的重大问题。边区政府在处理

---

① 李元卿：《玉门油矿的开发与国共合作》，《石油大学学报》2000年第2期。

与国统区政府关系上,一贯采取积极、主动的态度,一切不利于抗战的活动,"以民族大义,说服友方行政人员,以达精诚团结,互助互让之目的"①。

山西省是陕甘宁边区的近邻,其行政首脑阎锡山既是国民政府委任山西的省主席,又是握有重兵的地方军阀。在八年抗战中,山西之所以能成为坚持敌后抗战与正面战场相配合的前哨阵地,其主要原因就是由于边区和国民党地方实力派阎锡山成功地进行了合作。在抗日战争初期,双方在政治与军事上直接合作。1937年9月20日,"第二战区民族革命战地总动员委员会(简称战动总会)在太原正式成立"②。战动总会是一个地区性抗日民族统一战线组织,委员会由阎锡山一方和共产党一方各派代表若干名,山西、察哈尔、绥远三省省政府各派代表1名,牺盟会、公道团、学联、教联等民众团体各派1名代表,共20多人组成。国民党爱国将领续范亭任主任委员,杨集贤(国民党员)任副主任委员,共产党方面的代表是邓小平、彭雪枫、程子华、南汉宸。战动总会是中国共产党领导和发动群众抗日的最强有力的统战机构,在宣传抗日,组织、武装群众,培养干部,开展游击战争,创造根据地,巩固抗日政权等方面承担了大量工作。③

在军事合作方面,1937年10月13日至11月2日时任第二战区司令长官的阎锡山,与中共及其领导下的八路军密切合作,组织发动了著名的忻口战役,抵抗日军的进攻,开创了山西抗战的新局面。在整个忻口阻击战过程中,八路军侧击南下忻口之敌,并组织伏击,断敌交通运输线,截获敌武器、弹药及其他物资,收复失地,发动群众,广泛地开展游击战争,从战略战术上给予阎军以合作,取得了许多胜利。"第一一五师独立团,(10月)15日在冯家沟伏击敌人,并乘胜于16日收复广灵和紫荆关;18日一度攻克易县县城;23日收复灵丘;26日收复蔚县。……18日,七一六团在雁门关以南的黑石头沟伏击敌人汽车队,消灭日军500余人,并占领雁门关和太和岭;23日,三五九旅七一七团在王董堡伏击敌

---

① 中国科学院历史研究所第三所:《陕甘宁边区参议会文献汇辑》,科学出版社1958年版,第45页。
② 龚育之:《中国二十世纪通鉴1921—1940》(第2册),线装书局2002年版,第2418页。
③ 苏振兰:《华北敌后模范的统一战线组织——记第二战区民族革命战争战地总动员委员会》,《湘潮》2008年第7期。

人运输队,截断敌人通往忻口的主要交通线。24日,七一五团在原平以西的北岗村消灭日军一个骑兵中队。第一二九师七六九团于19日凌晨袭击阳明堡日军机场,毁伤敌机24架。"① 因此,"太原北部忻口战役时,雁门关南北的游击战争破坏同蒲铁路、平型关汽车路、阳方口汽车路,所起到的战役配合作用,是很大的"②。在抗战进入相持阶段后,阎锡山虽然改变了"联共抗日"的政策,但阎锡山一直保持中立,没有与边区发生直接军事冲突,确保了边区东线的安全。

宁夏与陕甘宁边区毗连,地处边区的侧后方位置,随着日本侵占绥远,宁夏成为保卫大西北的第一道防线。日寇占领绥远后,在包头扶持蒙奸、回奸,准备进攻宁夏。1935年,日军在宁夏管辖的额济纳旗东庙和阿拉善旗定远营(即今巴音浩特镇)建立军用机场,开辟百灵庙——定远营——东庙之间的不定期航班;组织所谓经济考察团到宁夏,沿途测量地形,拍摄照片等;日本还以建立"回回国"为诱饵,引诱马鸿逵投降日本。③ 马鸿逵集团对日本侵华采取妥协、观望的态度,既不愿站到反抗日本侵略的第一线,也不想让日本骚扰自己统治的地盘。

随着日军大量增援包头,不断派飞机轰炸宁夏,迫于形势,马鸿逵提出了"发动民族、组织群众"的口号。实质上是通过保甲组织和保安系统集训壮丁,使更多的居民和农民成为士兵和后备兵员,以壮大其军事实力。与此同时,马鸿逵还加强了北部防御力量。自1937年冬天开始,分四期修筑国防工事。在石嘴山尾闸一带挖掘深、宽数米的壕沟,上面覆盖树枝、麦草、浮土伪装,阻止日军装甲车、重炮之通过;在磴口、三盛公以北百余里,断绝一切主要道路;将宁夏北部黄河渡口两岸及贺兰山通道,均削为陡峭立壁,设置阻绝阵地,埋伏炮兵以备阻击日军。对日军采取保守防御的政策,但并不积极主动向日军进攻。④

边区详细分析了宁夏的政治、军事形势,认为倘若日军进攻宁夏,马鸿逵军事势力单薄,不是逃跑就是投降,绝无抵抗之可能;倘若宁夏沦

---

① 马仲廉:《国共两党军队协同作战之典型一役——忻口战役之研究》,《抗日战争研究》1996年第1期。
② 《毛泽东选集》第2卷,人民出版社1991年版,第417页。
③ 丁明俊:《日本在西北建立"回回国"阴谋的失败——兼论宁马绥西抗战》,《回族研究》1995年第3期。
④ 陈育宁:《宁夏通史(近现代卷)》,宁夏人民出版社1993年版,第193页。

陷，陕甘宁边区的处境将会极度困难。为此，边区决定立即派人加强宁夏的工作，并且建立与马鸿逵的直接联系是十分迫切和必要的。1937年夏季，"中共中央派张子华（原名王绪祥）为八路军代表，从延安到宁夏公开与马鸿逵进行谈判，推动宁夏地区的抗日民族统一战线工作"①。张子华到宁夏后，与马鸿逵就在宁夏设立八路军办事处、释放被俘人员和解决边界等问题进行了多次谈判，但由于其担心共产党在宁夏发展力量，加之对红军西路军的问题心存顾虑，谈判没有取得实质性的进展，只释放了朱子修等7名红军被俘人员。"在张子华回到延安以后，党又派王又平到宁夏进行秘密活动，并相继派李仰南、苏文、杨静仁、杨一木、孙芳山等大批共产党员开展抗日救亡工作。"②从总体上讲，双方基本是维持现状，没有发生正面或大规模的军事冲突。

榆林在陕西省的东北部，位于晋、陕、绥三省之间，历史上就是军事重镇。1937年10月，蒋介石将驻甘肃的新一军、一六五师和驻榆林的八十六师，合编为二十一军团，任邓宝珊为军团长，坐镇榆林。这样，既可在平绥线西段侧翼抗击日军西侵；也可以占据从北面包围陕甘宁边区的有利位置。③ 1938年年初，邓宝珊在改任晋陕绥边区总司令后，八路军后方留守处驻在吴堡县宋家川的军渡到神木县贺家川一线的河防部队也在其指挥范围之内。初到榆林，他即派人与陈奇涵司令员商谈协防事宜。经过与留守处主任萧劲光等的协商，双方达成了和平相处的默契。

榆林地区土地贫瘠、灾荒连年，粮食十分困难，而国民党当局又对"杂牌军"的军粮、军饷十分苛刻。为了解决粮荒，榆林部队不得不到陕甘宁边区来购粮。尽管边区自身粮食也很困难，但为了统一战线、为了抗日大局，还是尽量节省出一部分粮食予以支援。边区政府对过往的榆林部队官兵均给予热情接待。对于高级官员，一般会安排他们会见延安党政军领导人，并安排参观、游览、出席文艺晚会和群众大会。对下级军官和士兵，也在生活上尽量照顾好，并组织文艺演出鼓舞他们的士气。每次新兵过境，总有不少病员暂留在延安，边区政府都给予热情照顾，让轻者去卫

---

① 吴忠礼：《宁夏近代历史纪年》，宁夏人民出版社1987年版，第256页。
② 同上书，第256—257页。
③ 全国政协文史资料研究委员会、甘肃省政协文史资料研究委员会：《邓宝珊将军》，文史资料出版社1985年版，第121页。

生所门诊，重者送和平医院住院治疗。病愈出院者，一路上由边区粮站提供口粮，让他们自行赴榆林。①

1941年3月间，国民党军委会西安办公厅主任熊斌，电令邓派兵协助陕西保安十三团，给其阎家寨子部队"送粮"，意在制造摩擦。邓宝珊看破了这点，复电说："阎家寨子乃弹丸之地，深入陕甘宁边区一百多里，在我无足轻重，如果送粮，就会引起摩擦，影响国共团结，不如撤出。"②拒绝执行命令。整个抗战期间，邓与陕甘宁边区一直保持着睦邻关系。

边区政府与邻近区域的关系时，遵循"将一切危害边区破坏团结之事实，呈报蒋委员长及国民政府，函请邻省政府，予以注意及纠正；"③对于发生的纠纷和误会"边区各级政府始终以据理说服和进行谈判来求解决"④。实行互不侵占，行政上互相尊重，建立起了睦邻友好、合作的关系，从而促进了陕甘宁边区的巩固与发展。

三 边区政府与其他解放区政府间关系

在抗日战争时期，由中国共产党领导的中国敌后战场有华北、华中、华南三大区域。为了抗击日本侵略者，坚持持久的抗日战争，在敌后各战场上都建有抗日民主根据地（也称解放区）。在华北有晋察冀边区、晋冀鲁豫边区、山东区、晋绥边区；华中有苏北区、苏中区、苏南区、淮北区、淮南区、皖中区、鄂豫皖区和浙东区；华南则有东江区和琼崖区，加上陕甘宁边区共15个。⑤由于"中国共产党领导的各个解放区，没有一个集中的统一的中央政权，（陕甘宁）边区和敌后各解放区在行政上是平行的，各自受中共中央的领导，各个解放区之间没有直接的联系。但是，由于（陕甘宁）边区是中共中央的所在地，因此，边区具有与其他各解放区不同的特殊地位和作用。这就是：边区是各解放区的

---

① 金城：《延安交际处回忆录》，中国青年出版社1986年版，第280—281页。
② 王劲：《邓宝珊传》，兰州大学出版社1988年版，第146页。
③ 中国科学院历史研究所第三所：《陕甘宁边区参议会文献汇辑》，科学出版社1958年版，第45页。
④ 同上书，第16页。
⑤ 《中国敌后解放区概况》，延安新华书店1944年版，第1页。

'领袖'"①。虽然与其他解放区存在相互依赖和互帮互助的关系，但陕甘宁边区在所有解放区中居于主导地位，是首席解放区。

1939年年底，中共陕甘宁边区第二次代表大会上，毛泽东提出了"提高自己，帮助全国"的任务，号召把陕甘宁边区建设成为全国抗日民主模范区。为此，陕甘宁边区政府在民主政治建设、经济建设、法制建设和文教建设等方面进行积极探索，争当楷模，成绩显著，成为抗日根据地的试验区和示范区。因此，"陕甘宁边区对于华北、华中各抗日根据地说来，是处于一种领袖的地位，即根据地的领袖地位。这个区域里的一切重要设施，对于其他根据地有一种先导的模范的作用，要为其他根据地所效法"②。

自1937年5月起，陕甘宁边区先后进行了参议会的民主选举、制定了"三三制"的施政纲领、开展了精兵简政和大生产运动等重大参政、施政活动。这些活动中大多数都是在陕甘宁边区最先进行试点、试验的，并形成成熟模式后再向其他敌后解放区推广的，陕甘宁边区的模式成为样板，为其他解放区开展相应工作起到较好的示范效应。总之，"边区的一切设施，对敌后解放区起了示范作用，推动了敌后解放区向陕甘宁边区学习"③。

四 陕甘宁边区处理政府间关系的原则

第一，独立自主原则。陕甘宁边区政府在处理同国民政府的关系中，十分注意方法和策略。总的原则是统一战线中的独立自主，既统一，又独立；既不破裂统一战线，又不束缚自己的手脚。陕甘宁边区政府在处理统一战线区的工作中坚持和实践了统一战线中的独立自主原则，做了以下几方面的工作：一是建立和壮大武装力量。除了八路军正规部队之外，在整个陕甘宁边区管辖范围内，从村、乡、区至县各级还建立了自卫军。到1938年年底，边区的自卫军的人数即达224325人。④ 这支强大的武装力

---

① 宋金寿：《抗战时期的陕甘宁边区》，北京出版社1995年版，第756页。
② 西北五省区编纂领导小组、中央档案馆：《陕甘宁边区抗日民主根据地（文献卷·下）》，中央党史资料出版社1990年版，第2页。
③ 《彭副总司令在陕甘宁边区参议会上的讲话》，《解放日报》1945年1月2日第1版。
④ 西北五省区编纂领导小组、中央档案馆：《陕甘宁边区抗日民主根据地（文献卷·下）》，中央党史资料出版社1990年版，第19页。

量，既是边区同国民党作斗争的主要力量，也是陕甘宁边区坚持独立自主的基础。二是剿匪，安定社会秩序，保卫人民生命财产的安全。三是除奸，保障边区人民的既得利益。针对土匪、汉奸的活动特点，边区政府采取了一系列强有力的剿除措施：大张旗鼓地揭露汉奸、土匪的罪行，提高政治警觉性，使土匪、汉奸的欺骗宣传失去市场；不放弃政治上的争取与瓦解，不放松军事上的打击与消灭，将宽大与严惩有机结合起来；清缴中将分区驻剿与集中和合击相结合，主力部队与地方武装相结合；充分发挥自卫军、少先队的积极作用。四是建立独立自主的财政经济体系。

皖南事变发生后，边区在政治、经济上形势急转直下，面临着极大的困难。针对这种急转直下的形势，为了克服财政困难，促进边区经济自给，有力回击国民党顽固派的封锁，1941年1月，边区发布了《关于停止法币行使的布告》，决定停止法币在边区境内流通；又于1941年2月18日宣布发行陕甘宁边区银行币，明令指出边币是边区唯一合法货币；并于1941年2月22日《关于宣传发行边币的训令》中强调"各地、各部门，要求务须用政府法令保证边区内部完全行使边币，不准行使法币及其他货币"①。至此，边区结束了以法币为本位货币的时期，边币取代法币成为边区的法定货币，边区开始建立独立自主的货币体系。

边区在抗日战争时期成功运用统一战线中的独立自主原则，既正确地处理了同国民党政权的关系，又坚持了中国共产党的独立自主原则，实现了统而不合、破而不裂的目标。

第二，既联合又斗争的原则。陕甘宁边区在处理同国统区政府双重政权问题时，认真贯彻"发展进步势力，争取中间势力，孤立顽固势力"的方针和"有理、有利、有节"的策略，坚持既联合又斗争的原则。即"只要大家共同抗日，他们不来惹我们，我们便不惹他们；甚至他们在这地区惹我们，在另一地区我们也不去主动惹他们。如果他们公然破坏抗战，则必须彻底予以揭露；他们来进攻我们，我们则坚决予以反击，直到揭露了他们的真面目，直到把他们打疼了，答应不破坏抗日，我们就适可

---

① 中国人民银行陕西省分行、陕甘宁边区金融史编辑委员会编：《陕甘宁边区金融史》，中国金融出版社1992年版，第89页。

而止"①。国民党派驻绥德的行政督察专员何绍南,公开进行反共活动,对八路军驻军搞暗杀和破坏活动,不断挑起和制造摩擦事件。于是,边区对其反动言行予以彻底地批驳和揭露;对其保安队的武装挑衅,则给予坚决回击。1940年2月29日深夜何绍南亲自率领绥德附近7个保安中队,在焚烧了二郎山枪弹库后向西逃窜。3月初,这批保安队被八路军三五九旅组成一个临时兵团歼灭了一大半,何绍南只带少数人逃回榆林。②从此,结束了绥德地区的双重政权,巩固了边区的东大门。

  边区政府在处理同山西的地方实力派时也灵活、成功地贯彻了此项原则。阎锡山圆滑善变、老谋深算,周旋在日本、共产党、蒋介石之间以图自保。在抗战初期,阎锡山曾积极地参加抗战,制定和发表了一些有利于抗战团结进步的政策和言论。1941年以后,国民政府进一步压缩了对山西的财政供应,使阎锡山到了无法生存的地步。为支持阎锡山合作抗日,解决其经济困难,边区政府从实际出发倡议双方开展贸易往来。经双方协商,确定在黄河以西的桃渠和河东的吉县建立办事处,在平渡关、马头关、永和关、辛关和三交等地设渡口,专门从事双方物资交换。初期双方交易的主要项目是陕北的食盐和石油,晋西的布匹和熟铁。后来彼此的联系越来越多,贸易额也越来越大,一些当地商人也纷纷到陕北做买卖,从而促进了晋西与陕北的经济发展。这不仅打破了国民党对边区的经济封锁,也促进了双方在政治上的了解与合作。③

  在抗战进入相持阶段以后,阎锡山为了达到自保的目的,又开始考虑从对日妥协中寻找出路。1941年12月8日,太平洋战争爆发。日军对阎采用软硬兼施的手段,促其投降,对此边区政府及时给予回应和斗争。在王世英约见阎锡山表明中共坚持抗日,愿同阎合作抗战到底,反对任何人向日本投降的立场和态度后,还发动办事处的工作人员做阎锡山部下的工作,采取多种方式阻止和拖延阎锡山投降。同时,延安《解放日报》发表了坚持抗战、反对投降,坚持团结、反对分裂的文章,不点名地批判了阎锡山的降日活动。这样给阎造成了巨大的心理与舆论压力,使其最终未

---

① 西北五省编纂领导小组、中央档案馆:《陕甘宁边区抗日民主根据地(回忆录卷)》,中共党史资料出版社1990年版,第198页。
② 同上书,第190页。
③ 葛美荣:《中共与阎锡山在抗战中斗智斗勇的六个回合》,《党史纵横》2010年第2期。

像汪精卫一样公开叛国投敌。既团结又斗争,从斗争中求团结是赢得山西抗战胜利的基本经验。

第三,团结互助原则。团结互助是边区政府在处理与其他解放区政府关系时遵循的原则。一方面,陕甘宁边区是中国抗日战争的指导中心和敌后抗日根据地的总后方,对敌后根据地的建立提供力所能及的帮助。边区先后创办了20多所各类干部学校,培养训练出数以万计的政治、军事和文化技术方面的专业人才。① 从1937年5月到1939年11月两年半时间,共有3142名干部在边区党校接受教育和培训,这无疑为边区的各项事业培养了骨干。② 同时,陕甘宁边区还抽调大量的人力、物力支援前线。"1937年11月晋南形势紧张,边区沿黄河各县,在7天之内就动员了1万余头牲口组成运输队,开赴山西前线帮助军队运输物资,并为前方将士募送毛袜、手套10万双。"③ 因此,敌后抗日根据地的发展与壮大是与边区的大力支持分不开的。

另一方面,晋绥等敌后抗日根据地在军事和经济方面对陕甘宁边区的巩固和建设也起到了至关重要的作用。晋绥边区作为当时中央通向华北、华中、华南等敌后抗日根据地的交通要道。中央文件的传送,大批干部来延安开会学习,延安派干部前往敌后各解放区大都经过这里,护送任务尤为紧张和艰巨。④ 同时,晋绥根据地还是防止日军进攻陕甘宁边区重要的屏障和保护黄河河防的重要力量。另外,在同国民党顽固派的军事斗争中,为加强陕甘宁边区的防务力量,中央调整各抗日根据地军事力量部署,有力配合陕甘宁边区的军事行动,成为反摩擦斗争取得胜利的关键因素之一。边区政府还注意加强与其他根据地的经贸往来。1943年6月,边区政府财政厅长霍维德率财政经济考察团参观考察晋西北政府财政经济建设工作,促进两地贸易发展,以缓解边区的经济困难,减轻边区人民的负担。⑤

在陕甘宁边区与其他敌后抗日根据地紧密团结、相互支持和配合的基

---

① 闫树声、胡民新等:《陕甘宁边区史(抗日战争时期)》,西安地图出版社1993年版,第259页。
② 宋金寿、李忠全:《陕甘宁边区政权建设史》,陕西人民出版社1990年版,第357页。
③ 军事科学院军事历史研究部编:《中国抗日战争史》(中卷),中国人民解放军出版社1994年版,第240页。
④ 穆欣:《晋绥解放区鸟瞰》,山西人民出版社1984年版,第1页。
⑤ 陕西省档案馆:《陕甘宁边区政府大事记》,档案出版社1991年版,第189页。

础上，各方面呈现出欣欣向荣的景象。截至 1944 年春，军队已发展到 47 万人，民兵 200 多万人。解放区的人口（包括游击区的人口在内）又上升到 8600 万人。抗日民主政权有行政公署 22 个，专员公署 90 个，县政府 635 个。①

五　政府间基本沟通方式

一是公文沟通。陕甘宁边区在处理府际间关系时，公文是政府间说明、反映以及解决问题的较为正式的沟通方式之一。呈文、签呈是与国民政府沟通时常用的文体，属于上行公文，起到下情上达的作用，如《陕甘宁边区政府给国民政府行政院的签呈——呈请鉴核陕甘宁边区行政区域》（一九三九年二月十二日）、《陕甘宁边区政府给行政院的呈文——呈报实施赈济概况请准予备案事》（一九三九年六月二十八日）等。函、公函则是边区政府与其他省级政府交流时使用的一种文体，如《陕甘宁政府关于巡回教师问题给陕西省政府的公函》（一九三八年七月五日）等，使没有隶属关系的同级政府之间达到商洽、协商的目的。

边区政府自成立以来，使用了近 20 种文体，如函、签呈、命令、呈文、批答等。仅"令"就有命令、指令、训令、通令等称谓；"函"又有公函、函件、便函等。为了公文的规范化和操作方便，边区政府相继出台了一系列公文管理办法，积极推动革新。为了改变各县公文用纸格式不一，1940 年 9 月 18 日边区政府颁布《陕甘宁边区政府关于公文用纸格式的训令》，对上行下行公文用纸及其格式进行了统一规定。② 1942 年 1 月颁布《陕甘宁边区新公文程式》，新公文分为主要的公文和辅助的公文两类：主要的公文规定为命令、布告、批答、公函、呈文五种；辅助的公文规定为指示信、报告、快邮代电、签条、通知五种。每种公文在形式上，一律采用直起法和通俗的白话文，采用新式标点符号。每件公文，要按照规定编字编号，以便于查考、归档、分类保管等。公文的规范化管理不仅精炼了边区政府的公文种类，使各抗日民主根据地在公文上达到整齐划一，而且大大提升了边区政府的行政效率。

---

①　《抗日战争时期解放区概况》，人民出版社 1953 年版，第 3—4 页。
②　陕西省档案馆、陕西省社会科学院：《陕甘宁边区政府文件选编》（第 2 辑），档案出版社 1987 年版，第 424—425 页。

二是重要人物的人际沟通。政府间关系的主角是政府，但在这关系网络中人际互动所起的重要作用不可小觑。政府间关系的核心是公共事务官员私人之间的相互关系，他们通过经常性的日常接触和相互交往，形成了复杂的关系网络①。重视这些人的活动、态度或人际关系具有重要的意义。在统战这条特殊的战线上，林伯渠、董必武凭借德高望重的影响力，以伟大的人格和正义的主张去争取和感悟党外朋友，赢得了各界人士的敬佩，堪称统一战线的楷模。

抗日战争爆发后，时任陕甘宁边区政府主席的林伯渠又作为党代表常驻西安八路军办事处对一些国民党将领进行统战工作，取得了出色的成就。国民党西安行营主任蒋鼎文，是林伯渠初到西安时的主要工作对象和谈判对手。林伯渠经常以面谈或书信来往的方式，交涉和办理国民党给八路军的军粮、被服、军械等给养事宜，解决有关国共两党合作的问题。为了影响蒋鼎文，林伯渠鼓励办事处其他同志与蒋鼎文下属的厅长、秘书和处长等交朋友，宣传共产党的抗日民族统一战线政策，效果十分显著。

1937年9月董必武作为八路军武汉办事处的党代表也积极从事与国民党上层人士的统战工作。他根据变化发展的形势，采取将公开工作和秘密工作、党外联系与党内联系相配合、胆大与心细相结合等多种工作方法。如对国民党的老朋友石瑛、严重、张难先、孔庚等一一拜访。他利用一切可以利用的场合和机会，向国民党上层人士宣传党的抗日民族统一战线，表明我党精诚团结抗日的坚定立场和态度，阐明党的全面抗战路线和持久抗战方针，收到了很好的效果。通过重要人物广泛的社会关系和资深望重的影响力，对于加强与各界人士的联系，争取广泛的同盟者，联合一切可以联合的力量，建立和巩固抗日民族统一战线，为边区争取更有利的合法地位和更大的活动范围起到了事半功倍的效果。

三是谈判。"谈判是人们出于某种欲望、需求，彼此阐述自我意愿，协调相互关系，为取得一致，达到各自目的所进行的语言交流活动。"②抗日战争时期，虽然国民党顽固派破坏统一战线的情况时有发生，但合作状态比战争与分裂时间要长些。总体上讲，边区与国民中央政府、国统区之间和平与合作是主流，为了维护和实现这种复杂的关系，谈判无疑是一

---

① 谢庆奎、杨宏山：《府际关系的理论与实践》，天津教育出版社2007年版，第4页。
② 蒋春堂、蒋冬梅：《谈判学》，武汉大学出版社2004年版，第5页。

种较好的方式。

  1939年年初，在英美的"东方慕尼黑"阴谋和日本侵略者的诱降政策下，蒋介石集团发生动摇，开始实行消极抗日，有目的、有计划地掀起第一次反共高潮。每次事件发生后，边区都本着抗日的大局出发，派代表团积极地与国民政府代表进行谈判，为避免武装冲突升级，化解和协调双方利益，维持统一战线，发挥出了重要而独特的作用。例如，1939年第一次"陇东摩擦事件"发生后，王观澜以陕甘宁边区少将参议员的身份赶赴庆阳，在驿马关同国民党第八战区司令部代表谭季纯进行了初次会谈。谈判过程中，又发生了国民党部队在宁县炮轰八路军驻地的事件，致使谈判中断。在此期间，王观澜等发动群众开展了反内战万人和平签名运动，从政治上揭露顽固派的罪恶勾当，赢得了全国人民的广泛同情和支持。6月下旬，王观澜与谭季纯在庆阳城再次谈判，双方就停止军事行动、释放被捕人员、恢复原驻军范围等有关事宜进行了为期3天的谈判协商，于6月29日签订了《镇、宁两县事件初步解决办法》。[①] 县城很快恢复到昔日状态。此次摩擦事件在谈判人员的努力下，对稳定当地局势，避免摩擦升格酿成大规模的军事进攻，确保边区的安全起到积极的作用。

[①] 郑继隆：《中国共产党镇原县大事记1930—2006》，宁夏人民出版社2007年版，第15页。

第四章

陕甘宁边区政府体制的构成及其运行

政府体制是指:"构成政府的立法、行政、司法等几个组成部分的权力划分、机构设置、结构方式及相互关系的总和。"① 自英国革命建立现代政府以后,政府结构已基本成形,主要包括立法机关、行政机关及司法机关,三者互相分工,相互监督,形成一个完整的政府权力体系。作为中国共产党独立领导的陕甘宁边区,尽管名义上是以中华民国的一个省级地方政府的形式存在的,但由于其"特区"的性质决定了其政府体制在本质上是不同于国统区政府,也不同于西方"三权分立"的新型模式。依据1937年5月《陕甘宁边区议会及行政组织纲要》的规定,陕甘宁边区政权由民意机关、行政机关、司法机关三部分组成。边区议会、县议会、区议会和乡代表会是民意机关和权力机关,行使立法权。尔后,虽然按照国民政府的要求统一更名为参议会,但其性质并没有因此而改变。边区政府、县政府、区政府和乡政府为行政机关,行使行政权。边区高等法院和地方法院为司法机关,行使审判权。

第一节 以参议会为主体的立法机关

立法机关作为有权制定、修改和废除法律的机关,是政府体制的重要组成部分。一般具有以下特点:第一,反映民意;第二,民主公开;第三,自由表决;第四,制定法律。边区参议会是抗日战争历史条件下的特殊产物,由陕甘宁边区议会更名而成,是抗日民族统一战线条件下对苏维埃政权代表大会的继承与发展。在1938年9月、11月国民政府颁布的

---

① 谢庆奎:《政府学概论》,中国社会科学出版社2005年版,第32页。

《省参议会组织条例》和《市参议会组织条例》基础上，为了使边区政权与国民政府在行政组织上保持一致，同年11月25日，陕甘宁边区政府参照《省参议会组织条例》，发布了《边区议会改为边区参议会》的训令。1939年1月17日至2月4日陕甘宁边区第一届参议会在延安成功召开，标志着边区参议会制度的正式确立。

1939年1月到1946年4月，陕甘宁边区共召开过3届（共4次）全体大会。如表4—1所示，每次大会除依法选举产生边区政府委员会和边区参议会、政府、法院的领导人外，都根据时政的变化，确定各自不同阶段的政府任务和目标，并在此基础上，制定或完善相关的边区各项政策和法规，保证了边区各项政治、经济、文化、社会活动和建设事业的顺利开展。

表4—1　　　　　陕甘宁边区参议会情况统计①

会议		时间、会址	参会人员	主要议题和任务
第一届参议会		1939年1月17日至1939年2月4日 陕北公学大礼堂（延安市）	实到参议员146人。（其中选举产生197名，到会136名；边区政府聘请参议员12名，到会10人）	1. 听取政府工作报告，确定主要任务："巩固团结、战争动员、发扬民主、改善民生。" 2. 制定"革命三民主义"施政纲领和单行法规，初步确立了边区民主政治制度 3. 选举产生边区参议会正副议长及其常驻议员委员会；选举产生边区政府
第二届参议会	第一次大会	1941年11月6—21日 延安新建参议会大礼堂	实到参议会219人。（其中选举产生183人，政府聘请36人）	1. 听取政府工作报告和参议会常驻委员会及军事、财政、经济工作报告 2. 接受并通过中共陕甘宁边区中央局在1941年5月1日提出的《五一施政纲领》，其中特别强调了三三制政权 3. 通过了李鼎铭提出的"精兵简政"方案 4. 选举产生边区参议会正副议长及其常驻议员委员会；选举产生边区政府

---

① 此表资料来源为李鸿义、王中新《民主中国的模型：陕甘宁边区新民主主义政治文明建设》，陕西人民出版社2005年版，第84—99页。

续表

会议		时间、会址	参会人员	主要议题和任务
第二届参议会	第二次大会	1944年12月4—19日 延安参议会大礼堂	199名参议员出席会议	1. 听取政府工作报告和参议会常驻委员会及军事、财政、经济工作报告。确定主要任务："促进边区自身建设，推动大后方民主运动，奠定抗日战争胜利的基础" 2. 着重讨论了时局和要求国民党取消一党专政，成立联合政府问题
第三届参议会		1946年4月2—27日 延安参议会大礼堂	170名参议员出席（其中正式参议员135人，候补参议员35人）实际到会正式参议员121人，候补参议员21人	1. 听取政府工作报告和参议会常驻委员会及军事、财政、经济工作报告。提出了将边区建成"经济繁荣、文化普及、民主生活更加发展的模范自治区"的目标 2. 审查通过《边区1946年到1948年建设计划方案》《边区复员方案》等，为建设新民主主义自治省区奠定了基础 3. 选举边区第三届参议会常驻会议员和新的边区政府委员会委员

一 边区各级参议会的机构与职权

按照第一届边区参议会制定的《陕甘宁边区各级参议会组织条例》，边区权力机构分为三级，即边区参议会、县参议会和乡参议会，分别对应边区的三级正式行政层级。各级参议会由参议员中选出议长一人，副议长一人。同时选出休会期间负责处理会内一切日常事务的常务议员，边区参议会9人，县参议会5人，乡参议会3人，议长及副议长为当然的常务议员。各级参议会开会时，设秘书处、议员资格审查委员会及提案整理委员会。参议会的全权机构为各级参议会议员大会，即边区参议会议员大会、县参议会议员大会和乡参议会议员（或代表）大会，其职权如表4—2所示①。

---

① 此表资料来源为中国科学院历史研究所第三所《陕甘宁边区参议会文献汇辑》，科学出版社1958年版，第56—57页。

表 4—2　　　　　　　　　边区各级参议会职权

	职权
边区参议会	一、选举边区政府主席、边区政府委员及边区高等法院院长；二、监察及弹劾边区各级政府之政务人员；三、批准关于民政、财政、建设、教育及地方军事各项计划；四、通过边区政府所提出的预算案；五、决定废除或征收地方税捐；六、决定发行地方公债；七、议决边区的单行法规；八、议决边区政府主席或政府委员会及各厅厅长提交审议事项；九、议决边区人民及民众团体提交的审议事项；十、督促及检查边区各级政府执行参议会决议案的事项；十一、决定边区应兴、应革的重要事项
县参议会	一、选举县长、县政府委员及地方法院院长；二、监察及弹劾县政府及其以下的政务人员；三、决定本县人民的生计设施；四、议决本县之单行公约；五、议决县长或县政府委员会提交的审议事项；六、议决本县人民及民众团体提交的审议事项；七、督促及检查县政府执行县参议会决议；八、决定本县应兴应革的重要事项
乡参议会	一、选举乡长及乡政府委员；二、监察和弹劾乡政府之人员；三、议决本乡的单行公约；四、议决乡长及乡政府委员会提交审议的事项；五、督促及检查乡政府执行乡议会决议的事项；六、决定本乡应兴、应革事项

到 1941 年第二届参议会时，根据第一届参议会的实际情况和经验，对第一届参议会通过的《陕甘宁边区各级参议会组织条例》进行了修订和补充，主要变化之处有：

第一，边区和县级参议会会议期间，选出正副议长各一人主持会议。而乡级参议会不再选正副议长。同时边区和县参议会大会时，除原有的秘书处、议员资格审查委员会和提案整理委员会外，还应组成主席团，协助议长组织会务。

第二，按照乡级参议会的特点，对乡级参议会的职能进行了重新定位。乡参议会采用立法、行政合一制，不设议长、副议长，开会时推举主席团三人，主持会务，乡长为当然主席团之一，休会期间不设常驻委员。① 另外，在乡级参议会中规定"议决并执行上级政府交办事项。"

第三，增加了市（级别等同于区）设立参议会的规定，并规定乡和市参议会的组织机构相同。也明确了乡以下的坊和保不设立参议会。

---

① 参见中国科学院历史研究所第三所《陕甘宁边区参议会文献汇辑》，科学出版社 1958 年版，第 117 页。

第四，将原有的边区和县参议员不能兼任政府委员的规定修改为"可以兼任，但讨论关于其自身问题时，只有发言权而没有表决权。"

第五，将边区参议会每半年开会一次调整为一年开会一次，县参议会每三个月开会一次调整为每半年开会一次，乡参议会每一个月开会一次调整为每两个月开会一次。另外，明确规定了边区和县参议会常驻议员每月开会一次。并进一步明确了各级参议会召集临时会议的条件。同时，增加了议员的任期。将边区参议会议员任期由一年调整为三年，县参议会议员任期由一年调整为两年，乡参议会议员任期由半年调整为一年。

第六，对于乡参议会开会时，给予非兼参议员的村长、行政村主任（或坊长、甲长）出席参议会，并享有与参议员同等的权利。

第七，增加了"边区县（市）参议会之决议案，咨送同级政府执行，如政府委员会认为不当时，应即详具理由送回原参议会复议，乡市政府无此权限。"和"下级参议会无否决或停止执行上级参议会或上级政府决议与命令之权，但得陈述意见请其变更，在未变更前仍须照原案执行。下级参议会决定之案件，有不当时，同级政府受上级政府或上级参议会之指示，得停止执行"。① 两个条款，更加强调上下级的隶属关系，将参议会也纳入类似政府上下级的命令与执行关系。

从上可以看出，新的条例中除了对原有不符合实际操作的设置，比如，大会召开的时间、参议员任期以及参议员与政府委员的兼任进行修改外，最重要的是考虑到最基层的乡级参议会的特点，对其职能进行了重大的调整，将乡级参议会与乡政府的职能尽可能合并。并将下级参议会隶属于上级参议会和政府之下，构成了符合陕甘宁边区基层实际和战时特殊要求的新型政府架构。

二 参议会的性质

边区参议会分为边区、县、乡三级，均采用普遍、直接、平等、无记名的投票方式由选民选举产生，是当地民众实现政治参与、表达诉求的主要途径。同时，其职能和权限，决定了参议会具有如下性质：

首先，参议会是表达和反映边区群众意愿的民意机关。

---

① 中国科学院历史研究所第三所：《陕甘宁边区参议会文献汇辑》，科学出版社1958年版，第120页。

1939年1月，第一届边区参议会颁布的《陕甘宁边区各级参议会组织条例》中已经明确将边区各级参议会界定为"代表边区之各级民意机关"①。到1941年边区第二届参议会时，在《陕甘宁边区各级参议会组织条例》中将参议会又进一步表述为"人民代表机关"②。由此，以法律的形式明确了参议会是实施民主，保障人民行使民主权利和参与政治管理的根本性质。

各级参议会议员由选举产生。在1939年的《陕甘宁边区选举条例》中明确规定："凡居住边区境内之人民，年满18岁者，无阶级、职业、男女、宗教、民族、财产与文化程度之区别，经选举委员会登记，均有选举权与被选举权。"③ 仅有"有卖国行为，经政府通缉有案者；经法院判决有罪，剥夺公权尚未恢复者；有神经病者"三类人不享有选举权和被选举权。参选民众的广泛性决定了参议员来自普通民众的"民选"性质。尽管按照《陕甘宁边区各级参议会组织条例》规定，在推选参议员时，同级政府有权在民选的参议员之外，聘请边区内社会上有名望者担任参议员，但对于这种情况也在聘请数量上予以明确的限制，即其聘请数量不得超过参议员总数的10%。④ 以保证民选参议员数量占据绝对多数，充分保证选民政治权利，实行真正的民主选举。

在选举方式上，边区各级参议会借鉴西方代议制民主形式，采用了按照选举区域划分的"直选"制，即乡参议员以村为选举单位、县参议员以区为选举单位、边区参议员以县为单位进行选举，以及"乡参议会每居民三十人得选举议员一人；县参议会每居民七百人得选举议员一人；边区参议会每居民五千人得选举议员一人"⑤ 的无差别方式进行，保证了议员选举程序的公开、公平和公正性。

在新条例中规定了"乡市（等于区的市）参议会参议员，每一年改选一次。县市（等于县的市）参议会参议员，每两年改选一次。边区参议会参议员，每三年改选一次。各级参议员在任期内如有不称职的，得由

---

① 中国科学院历史研究所第三所：《陕甘宁边区参议会文献汇辑》，科学出版社1958年版，第55页。
② 同上书，第116页。
③ 同上书，第53页。
④ 同上书，第56页。
⑤ 同上书，第54页。

该级议员选举之法定人数十分之一以上的选民提议,经由该选举单位投票罢免之。"① 在给予选民选举权的同时,也赋予选民罢免不称职议员的权力,充分体现了人民真正当家做主。

另外,从边区参议会议员选举的实际结果来看,1937年5—12月第一次边区议会选举,参加选民占总选民的70%以上,延安各区在80%以上,北一区全体选民参加了选举;1941年9—12月第二次选举运动,参加的选民占选民总数的80%。绥德、清涧、延川则在95%左右。② 选民参选率逐年上升,体现了边区人民参政意识的增强,参议员也有了更广泛的代表性。其中,边区长期以来受到封建势力的压迫最深、最重,与政治无缘的妇女取得了与男子一样的参政权利。据统计,1939年1月第一届边区参议会召开时,就有高敏珍等女参议员参会。1939年3月,陕甘宁边区政府又发出通令,要求各级政府、部队、学校、团体在今后各级参议会的选举中,应尽可能达到妇女参议员占25%之提议。同时各机关职员亦应尽可能吸收妇女参加,以资保证妇女参加的权利。③ 这使得妇女参政热情进一步高涨。到1941年选举第二届参议会议员时,"全边区30%的女性参加了选举,清涧县达到90%;选出乡级女参议员2005人,县级167人,边区级17人"④。事实证明,边区妇女获得了真正意义上的选举与被选举权。

为了提高少数民族的政治地位,最大限度保证其行使政治权利,陕甘宁边区在历次制定和修订选举条例时,均给予少数民族充分的参政议政机会。考虑到少数民族有自己的特殊利益,照理应该进行单独的民族选举,可因为人数少,如果按照一般民族选举的程序和规则,很难选出少数民族的代表。于是,陕甘宁边区各项选举法规在对法定选举人数作出一般规定后,针对少数民族人口较少情况做出特殊规定。同时,为了方便选举,对

---

① 中国科学院历史研究所第三所:《陕甘宁边区参议会文献汇辑》,科学出版社1958年版,第123页。

② 方克勤、杨永华、李文彬:《抗日战争时期陕甘宁边区的选举制度》,《人文杂志》1979年第1期。

③ 陕西省档案馆、陕西省社会科学院:《陕甘宁边区政府文件选编》(第1辑),档案出版社1986年版,第180页。

④ 陕西省妇联妇运史小组:《陕甘宁边区妇女运动专题选编》,陕西省妇联妇运史小组1984年版,第28页。

少数民族选举委员会和选举区域等做了专门规定。①

1939年2月，在陕甘宁边区第一届参议会通过的《陕甘宁边区选举条例》中第八条规定："在选举区域内，如有少数民族，……其人数不足各级参议会选举法定人数五分之一者，参加区域选举，有法定人数五分之一以上者，单独进行该民族居民之选举，得选出正式议员一人。"②

1941年2月7日公布的《陕甘宁边区各级选举委员会组织规程》，对少数民族选举委员会作出专门规定："有少数民族进行单独选举的地区，选举委员会须有少数民族人员参加，并于必要时，得设立少数民族的选举委员会，少数民族中提出委员人选，……呈请政府聘任组织之。"③

1941年11月，在《陕甘宁边区各级参议会选举条例》（边区第二届参议会修正通过，1942年4月边区政府公布）中，对少数民族选举做了更为详尽的规定："一、已达各级参议会选举居民法定人数的，依第八条之规定比额④，单位（独）以法定比例单独进行民族选举。二、不足法定人数，而已达乡市选举五分之一，县市选举五分之一，边区选举八分之一的居民，亦得单独进行民族选举，选出各该级参议会参议员一人。三、不足前两款所述各级选举居民人数的，参加区域选举，与一般居民同。四、少数民族选举，得以各级参议会的地区为选举单位，不受第三章选举单位⑤的限制。"⑥

这样就可以使少数民族选举不受一般选区划分的限制，使分散居住于各地的少数民族可以联合起来进行选举，在更大程度上实现少数民族的政治权利。1944年12月，在边区第二届参议会第二次大会上又将第二款修改为"不足法定人数而已达乡市选举五分之一、县市选举五分之一、边区选举十分之一的居民，亦得单独进行民族选举，选出各该级参议会参议

---

① 刘玲：《陕甘宁边区民族立法实践研究》，《民族研究》2012年第3期。
② 陕西省档案局编：《陕甘宁边区法律法规汇编》，三秦出版社2010年版，第3页。
③ 同上书，第64页。
④ 乡市参议会每二十人至六十人的居民小组得举参议员一人，县参议会（或等于县）的市每达居民四百至八百人得选举参议员一人，边区参议会每达居民八千人得选举议员一人。
⑤ 《陕甘宁边区各级参议会选举条例》的第三章规定：乡市（或等于区的市）参议员的选举单位为居民小组，县（或等于县的市）参议员的选举单位为乡，边区参议会参议员的选举区域以县为单位。
⑥ 陕西省档案局编：《陕甘宁边区法律法规汇编》，三秦出版社2010年版，第47页。

员一人"①。由于放宽了选举比例，从而最大限度满足少数民族民众的民主需求。

其次，参议会是同级政权的最高权力机关。

这一点明显地反映在表4—2中各级参议会的职权上。主要有以下三个方面：第一，由参议会选举产生同级政府委员会和同级政府领导人员；第二，各级参议会拥有决定所辖区域大政方针和重要事项的权力；第三，参议会有监督政府执行参议会决议的权力。

同时，参议会作为权力机关的性质也表现在常驻议员职权的设计上。按照第一届参议会的组织条例规定，边区参议会休会期间，由常务议员处理会内一切日常事务，未对常务议员的权限给出明确的界定。因此，使得参议会常驻议员拥有较大的权力。第二届参议会时边区政府对参议会常驻议员的职权过大问题提出了质疑，并在边区第二届参议会通过的《陕甘宁边区各级参议会组织条例》改变原有参议会常驻委员职权模糊的状况，明确规定了休会期间参议会常驻委员的职权："除处理常驻会日常事务外，还有下列各职权：（一）监督同级政府对参议会议决案之执行；（二）听取同级政府之按期工作报告；（三）向同级政府提出建议与询问；（四）派代表出席同级政府委员会会议；（五）必要时决定召集参议会临时会议。"②尽管新条例对旧条例中常驻会的权力进行了限定，而且也根据乡级基层政权的特殊性，取消了乡常驻议员的名额指标。但总体而言，常驻会对同级政府的监督、建议、询问、旁听等权限进一步明确并固定下来。同时，为了与常驻委员会职权缩小的情况相配套，新条例在边区和县参议会的职权方面增加了"追认参议会期间常驻会及边区主席、边区政府委员会关于紧急措置之重要事项"③的权力，进一步强化了参议会作为边区权力机构的核心地位，从而也说明了参议会作为权力机构的性质是毋庸置疑的。

第三，参议会是行使立法权力的立法机关。

边区三届参议会的四次大会，每届都审议或创制了许多关系边区发展

---

① 陕西省档案局编：《陕甘宁边区法律法规汇编》，三秦出版社2010年版，第55页。
② 中国科学院历史研究所第三所：《陕甘宁边区参议会文献汇辑》，科学出版社1958年版，第117页。
③ 同上书，第118页。

的重要法律、法规。边区第一届参议会，制定了《陕甘宁边区抗战时期施政纲领》，通过了《陕甘宁边区政府组织条例》《陕甘宁边区各级参议会组织条例》《陕甘宁边区选举条例》《陕甘宁边区高等法院组织条例》《陕甘宁边区土地条例》《陕甘宁边区婚姻条例》。第二届参议会第一次会议，在健全法制的基础上，通过了《陕甘宁边区保障人权财权条例》《陕甘宁边区各级参议会组织条例》《陕甘宁边区各级参议会选举条例》《陕甘宁边区参议会会议规程》《陕甘宁边区行政督察专员公署组织暂行条例》《陕甘宁边区县政府组织暂行条例》《陕甘宁边区各县区公署组织暂行条例》《陕甘宁边区各乡市政府组织条例》《陕甘宁边区土地租佃条例》《陕甘宁边区战时动员壮丁与牲口条例》以及《确定税收原则案》等。在保障人权、财权、推进政权建设、发扬民主等方面都发挥出了重要作用。第二届参议会第二次会议通过了《陕甘宁边区地权条例》《陕甘宁边区土地租佃条例》《陕甘宁边区各级参议会选举条例》。在第三届参议会上，通过了第二届参议会常驻议员委员会提出的《陕甘宁边区宪法原则》，作为今后三年边区政府工作的施政纲领，还通过了《陕甘宁边区婚姻条例》和《陕甘宁边区营业税暂行条例》。

  上述法律法规既有宪法性的纲领性文件，也有涉及参议会、政府、法院等政权组织法和选举法。同时涵盖刑法、经济法、民法、诉讼法等各个方面，范围广泛，分类科学，初步形成了边区较为系统的法律体系。尽管按照《陕甘宁边区组织条例》第五条的规定，边区政府对于边区行政，有权颁发命令，并可以"制定边区单行条例及规程。但关于增加人民负担，限制人民自由，确定行政区划，及重要行政设施，须得陕甘宁边区参议会之核准或追认"[①]。可见，在制度设计上，边区参议会才是立法的主体机关，边区政府制定单行条例的权限仅是其作为执行机关，实施管理行为的一种延伸。总之，陕甘宁边区参议会的立法，将党和人民的意志以法律的形式固定下来，对于维护边区社会秩序、促进边区政治民主、社会、经济和文化的发展，巩固政权和保护人民权利发挥了重大作用。

[①] 中国科学院历史研究所第三所：《陕甘宁边区参议会文献汇辑》，科学出版社1958年版，第49页。

第二节　与参议会并立的行政机关

行政机关是依法成立的行使国家行政权力的机关，是国家机构的重要组成部分，人们习惯将其称为"政府"（即狭义的政府）。按照管辖范围的不同，行政机关分为中央行政机关和地方行政机关，地方行政机关还可分为若干层次。陕甘宁边区政府作为中华民国一个省级地方政府而存在。行政机关的职权通常由宪法和法律规定，主要分执行与管理两个方面。在执行方面，中央行政机关执行代议机关制定的法律和决定，地方行政机关除执行上述法律和决定外，还要执行上级行政机关的命令和本级代议机关的决议；在管理方面，中央行政机关管理全国的内政、外交、军事等方面的行政事务，而地方行政机关则以管理内政事务为主，不管理外交事务，军事方面的管理事务也很少。但陕甘宁边区实质是中国共产党独立领导的特殊行政区域，在其权限上与一般意义上的国统区地方政府有着较大的区别。

从1939年第一届参议会通过的《陕甘宁边区组织条例》和1941年第二届参议会通过的《陕甘宁边区行政督察专员公署组织暂行条例》《陕甘宁边区县政府组织暂行条例》《陕甘宁边区各县区公署组织暂行条例》《陕甘宁边区各乡市政府组织暂行条例》来看，边区政府行政层级为三级两辅制度。如图4—1所示，即由边区、县、乡三个正式层级和专员公署（分区）、区公署两个辅助层级构成。1943年4月颁布的《陕甘宁边区政纪总则草案》中规定，县政府为边区政务推行之枢纽，乡政府为边区政权的基层组织，而其中"第七条专员公署为边区政府的代表机关，依据边区政府的命令与指示，指导督查所辖各县政务及边区政府驻在分区的附属机关""第八条区公署为县（市）政府执行政务的协助机关，依据县（市）政府的命令与指示，直接指导各乡（市）政权工作"[①]也说明了这一点。另外，边区的三级参议会：边区参议会、县参议会和乡参议会也分别与正式政府层级相对应，专员公署和区公署没有相应层级的参议会，也从侧面证明了专员公署和区公署是派出机构而不是政府正式层级。

---

① 陕西省档案馆、陕西省社会科学院：《陕甘宁边区政府文件选编》（第7辑），档案出版社1988年版，第187页。

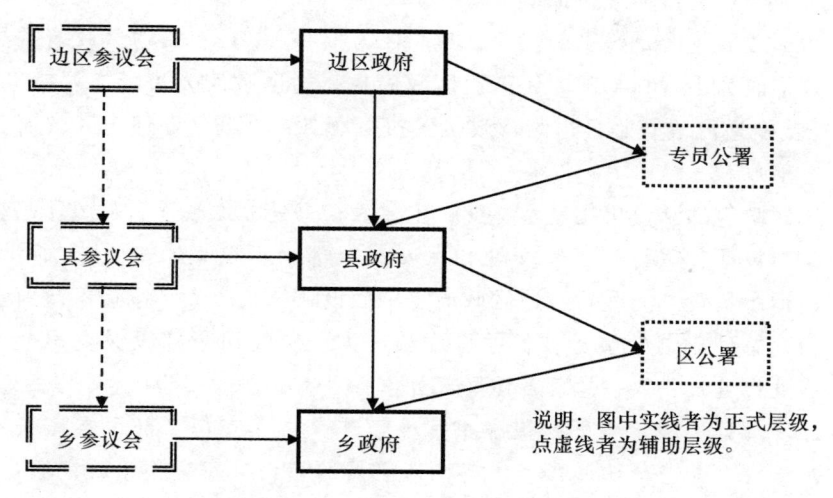

第四章 陕甘宁边区政府体制的构成及其运行

```
边区参议会 ——→ 边区政府
    ⋮              ↓  ↘
    ↓              ↓   专员公署
县参议会 ——→    县政府
    ⋮              ↓  ↘
    ↓              ↓   区公署
乡参议会 ——→    乡政府
```

说明：图中实线者为正式层级，点虚线者为辅助层级。

图4—1 陕甘宁边区政府组织

一 边区政府的机构与职能

边区政府的机构设置，从1937年成立到1950年边区取消前有一个发展变化的过程。由于最初的首届政府是在西北办事处基础上建立的，因此，边区机构带有明显的苏维埃政府痕迹，如行政决策机构为执行委员会，其下设主席团，再由主席统管各厅、部处、院，如前图2—1所示。随着机构职能的逐步转变，到1939年时已经开始由政府委员会替代执行委员会，相应的主席团也更名为常务委员会。从1940年开始，边区政府的行政决策机构正式确定为政府委员会，取消了下设的常务委员会。

边区政府机构由边区政府委员会、边区政府主席和各厅部处办事机关组成。边区政府委员会是政府的最高行政决策机构，通常由13—18名政府委员组成。

依据1941年《陕甘宁边区政府组织条例草案（修正案）》规定，其职责为："（一）关于执行国民政府委托事项；（二）关于执行边区参议会议决咨请执行事项；（三）关于选举事项；（四）关于预算决算事项；（五）关于行政人员任免事项；（六）关于咨调地方部队及暂驻所属军警绥靖地方事项；（七）关于边区行政设施或变更事项；（八）关于处分公产或边区公营事业；（九）关于领导边区司法行政事项；（十）其他关于边区政府委员会认为应讨论事项。"①

边区政府主席是边区的代表，其职权为："（一）召集边区政府委员会，开会时为主席；（二）代表边区政府执行边区政府委员会之议决案；（三）代表边区政府监督边区行政机关执行职务；（四）处理边区政府日常紧急事务。"②

边区政府的常设机构基本不变，主要为秘书处、民政厅、财政厅、教育厅、建设厅、审计处、保安处和保安司令部，其职能如表4—3所示。各部门行政负责人的配置：边区政府秘书处设秘书长一人，承边区政府主席之命，总理秘书处事务；各厅设厅长一人，保安司令部设保安司令一人，各处设处长一人，总理各该厅部处事务；在必要时得设副职一人，佐理各该厅部处事务。各厅处设秘书一人至三人，保安司令部设参谋长一人，承长官之命办理所属事务。各厅于必要时得设技正、技士、视察员，其名额由各厅长提出，于边区政府委员会决定之。③

表4—3　　　　　　　　　边区政府各机构职能④

	职责范围
秘书处	管理边区政府委员会会议之通知及记录；撰拟保存及收发文件；管理边区政府委员会之会计及杂务；编制统计及报告，登记边区政府各厅、部、处职员之进退；典守印信；处理不属各厅、部、处的事务等
民政厅	对县市行政人员任免提出建议；处理关于土地行政；警察行政；选举；户口调查统计；卫生；赈灾、抚恤、保育及其他社会救济事项；婚姻登记及礼俗；宗教；处理劳资和佃业争议；禁烟、禁毒；人民团体的登记等
财政厅	管理税务公款与公债发行；预算、决算编制；金库收支；公产管理；金融之监督调整及取缔；其他有关边区财政的事项
教育厅	管理各级学校；管理社会教育；图书、教材的编审；教育文化与学术团体的指导；对于图书馆、博物馆、科学馆及公共体育娱乐场所的管理；其他有关边区教育文化事项

---

① 陕西省档案馆、陕西省社会科学院：《陕甘宁边区政府文件选编》（第4辑），档案出版社1988年版，第467—468页。
② 同上书，第468页。
③ 同上书，第471页。
④ 此表资料来源为中国科学院历史研究所第三所《陕甘宁边区参议会文献汇辑》，科学出版社1958年版，第49—53页。

续表

	职责范围
建设厅	管理农、林、畜牧、工业、商业、矿业的计划，管理、监督、保护和奖励进步等事项；合作事业的指导和奖励进步；道路、桥梁的建筑；防除动植物病虫灾害，保护益鸟、益虫；对农、林、畜牧、工、商、矿业各业产品的陈列及检查；对农、林、畜牧、工、商、矿各业团体的指导；度量衡的检查监督；移民与新村建设；不属于土地行政的测丈事项；其他实业行政事项
保安司令部	绥靖地方；协助保卫边区；人民抗日武装团体的调查、整理、训练；保安队人员的任免；保安队的统率、编制、训练、奖惩、抚恤；保安队的调遣、分配；保安队军需、保安队医务卫生等
保安处	主管对汉奸、敌探的侦查、捕缉和处治；对人民锄奸组织的指导；其他有关边区锄奸工作等
审计处	主管审核全边区行政机关的预算、决算；审查全边区行政机关的公有物品；审核全边区征税、征粮及其他有关机关的收支证据；审核金库收支；审核公产估价变卖；审核公营事业的收支；审核由政府补助民营事业的收支；对贪污、舞弊及浪费事件的检举

在常设机构之外，边区也根据不同时期的不同任务，或为实现某一特定目标，设置短期或临时机构。这种性质的机构多以委员会的方式出现，一般而言，既定任务实现后，这种临时机构即被撤销，如果其职能仍有存在的必要，则将其转换为常设机构固定下来。1938年，为了筹备第一届参议会，在边区政府下设立了议会筹备委员会、地方法规起草委员会和法令研究委员会。1939年，第一届参议会召开时，又设置了提案审查委员会、议员资格审查委员会、法令审查委员会和法规草案审查委员会，来贯彻参议会的精神，并制定和完善相应的法律法规。1940年，为筹备第二届参议会，设立了选举委员会；同时为应对国民党顽固派对边区的封锁，设立了物资动员委员会、节省委员会、发行公债筹备委员会、总预算委员会等机构。为妥善处理少数民族事务，增设了少数民族事务委员会。1941年，为适应边区大生产运动的需要，增设了农贷委员会、食盐督运委员会、盐务管理委员会，到1942年这些机构撤销，有些职能，如盐务管理委员会的部分职能由财政厅下新设的盐务局接管。1942年，边区政府又设立了禁烟督察处和文化工作委员会，到1943年时，禁烟督察处调整为

财政厅的下属单位。1943年,新设立的审判委员会,由于不适合边区实际司法状况,到1944年旋即取消。1947年,为了应对全面内战的爆发,胡宗南军队直接入侵边区的紧迫形势,新设立总动员委员会、后方委员会、后方办事处等机构。1949年,西北大区政府即将成立之前,新设立了西北财经分会、人民检察委员会、整编委员会、南进兵团支前委员会、留守委员会等机构,配合解放全国的战略。

二 边区行政督察专员公署及其职能

按照《陕甘宁边区督察专员公署组织暂行条例》的规定,边区政府为了"发扬民主政治,提高行政效率",设立行政督察专员公署作为边区政府的派出机构,以督察及指导该辖区各县行政事宜。第二届参议会后,专员公署依据人口、地区、富力、自然与政治环境分为甲等:绥德(兼县)、(陇东);乙等:关中;丙等:三边(兼县)[①]。

专员公署辖区至少包括两个以上的县区域。专员公署设专员一人,一般由边区政府派任或令驻本分区军事长官兼任,或在本分区县长中指定一人兼任。有必要时,可以设副专员一人,协助专员办理事务。专员职权范围为:承边区政府及各厅部、院、处的命令,办理以下事宜:随时考察及督导所属各县地方行政规划与创办分区内各县应兴应革之事项;巩固分区地方治安,部署分区抗战工作;督察所属各县经费的收支情形;召集分区行政会议;考核所属各级公务人员;处理所属各县争议及有关事项;推行边区现行法令。[②]

专员公署设秘书室、民政处、财政处、教育处、建设处、粮食处、保安科,秉承正副专员的命令,分别掌管相应工作。"秘书室设主任秘书一人,秘书、文书、庶务、收发各一人,及干事若干人;民政处、财政处、教育处、建设处、粮食处、各设处长一人,保安科长一人、干事若干人"分别处理各项事务。[③] 由于专员公署为边区政府的派出机构,为适应战争环境的需要,专员公署在设置时,特别重视机构和人员的精干。如规定

---

① 陕西省档案馆、陕西省社会科学院:《陕甘宁边区政府文件选编》(第5辑),档案出版社1988年版,第17—18页。

② 中国科学院历史研究所第三所:《陕甘宁边区参议会文献汇辑》,科学出版社1958年版,第109页。

③ 同上。

"专员公署和中心县政府在一地的,专员得兼县长,专员公署和县政府合署办公,但职权与文件,应明确划分,不得混淆"。合署办公后,将原县政府机构"一、二、三、四、五科"更名为民政处、财政处、教育处、建设处、粮食处以示区别。如果派任专员与合署办公的民选县长不是同一人时,专员才可另设秘书1人,署员3人。

由于专员对所辖区域的管理,主要为监督、指导和考核为主。因此,在职能上,强调专员的巡视和出巡,规定专员应亲自轮流巡视各县,将巡视结果列入工作月报,呈报边区政府及主管机关备查。专员忙时,得由副专员或主任秘书代为出巡。专员公署的准层级性质,还专门强调了"边区政府及各厅部院处,与分区各县互相间之行文,以经过该管专署转达为原则,遇有紧急事情,得直接行文"①。即边区政府有权越过专员公署直接领导县政府。同时,为绥靖地方配合正规军抗战,专员有权调遣本区内保安队及地方自卫军。

三 边区县政府的机构与职能

县政府是处于边区政府和乡政府之间的正式层级,处于贯彻和执行边区政府政策以及下情上达的枢纽地位。由于边区一直存在双重政权的状况,直到1941年11月边区第二届参议会时才正式制定了《陕甘宁边区县政府组织条例》。边区县政府辖区按照人口分为三个等级:"甲等县:人口在八万以上者,有绥德、清涧、延安、延川、庆阳、定边等县。乙等县:人口在四万以上者。有鄜县、靖边、安塞、环县、曲子、新宁、神府、镇原、合水、吴堡、淳耀、延长、安定、志丹、延安市等十四县一市。丙等县:人口在四万以下者。有新正、固林、甘泉、盐池、华池、赤水、同宜耀等七县。"②

县政府受边区政府的领导和县参议会的监督,分区各县分受各专员公署的领导。县政府委员会是县政府的行政决策机构,一般由委员6—10人组成。以县长为主席,每两周开会一次,有必要时得开临时会议。其职能

---

① 中国科学院历史研究所第三所:《陕甘宁边区参议会文献汇辑》,科学出版社1958年版,第110页。

② 陕西省档案馆、陕西省社会科学院:《陕甘宁边区政府文件选编》(第5辑),档案出版社1988年版,第18页。

为：(一)县政府各部门的工作计划；(二)边区政府及主管机关令行各事项；(三)县参议会决议事项；(四)县财政收支及县政经费预算、决算等事项；(五)任免所属政务人员事项；(六)决定县单行法规事项；(七)全县应兴应革之重要事项；(八)其他县政府委员会认为应讨论事项。①

边区县政府设县长一人，必要时可增设副县长一人，县长、县政府委员任期两年，连选可以连任。县政府可以根据边区政府及主管机关的命令和工作的实际需要设立多个委员会，辅助开展专项工作。同时，在县政府的其他工作人员一般有秘书，各科科长、审计员，司法处处长各一人，必要时可以增设助理秘书及副科长。县政府秘书室设文书、收发一至三人，各科设科员一至五人，司法处设审判员兼检查员一人，书记员一人或两人，看守所长一人。县政府常设机构和职能如表4—4② 所示。

表4—4　　　　　　　　边区县政府机构和职能

	职能
秘书室	掌理拟缮文件、印信、档案、会计、庶务、收发及不属各科事项
第一科	掌理选举、抗战动员、干部管理、土地行政、劳资、租佃、卫生行政、儿童保育、户籍区划、优抗救济、破除迷信、改革陋习及其他民政事项
第二科	掌理财政收支、地方税收、公产及其他事项
第三科	掌理教育行政、学校教育、社会教育、民教馆、图书馆、公园、古迹、编修县志及其他文化建设事项
第四科	掌理农、牧、工、矿、水利、森林、道路、合作社、生产运动、社会经济调查及其他经济建设事项
第五科	掌理粮食之收支、仓库管理、调查民食等事项
审计员	专司审核县区征粮及金库收支，公产收入及县经费预算决算等事项
保安科	掌理锄奸、缉匪、检查站、放哨、维持公共安宁秩序之警务事项
保安大队部	掌理绥靖地方及自卫军、少先队之编制领导事项
司法处	受理各项民刑案件

---

① 中国科学院历史研究所第三所：《陕甘宁边区参议会文献汇辑》，科学出版社1958年版，第111页。

② 此表资料来源为陕西省档案馆、陕西省社会科学院：《陕甘宁边区政府文件选编》(第5辑)，档案出版社1988年版，第10—12页。

四 边区区政府机构与职能

区公署是县的协助机构，由于边区自然条件差异较大，沟壑纵横，交通条件不便。

为了加强县对乡的领导，产生了将县划分为若干区进行管理的实际需要。因此，一般而言，区公署所在地多选择辖区中心地带或交通便利的地点。在《陕甘宁边区区公署组织暂行条例》中对各区公署所辖乡的数量进行了规定，"各区所辖面积至多不得超过纵横百里，辖乡至少三乡，至多五乡"①。保证了区公署所辖区域不致太小也不致太大，有利于政务的开展和行政效率的提高。边区的区公署分三级："甲等区：人口在七千以上。乙等区：人口在四千以上。（三）丙等区：人口在四千以下，面积纵横不超过六十里。"②

区公署设区长一人，由县长遴选，边区民政厅任命。秉承县长、一、二、三、四、五、保安等科及司法处保安大队长的命令行使职权。其主要职责为："（一）关于传达上级指示、命令、法令及反映政情等事项；（二）关于计划督导所辖各乡民政、财政、经济建设、文化教育及应兴应革事项；（三）关于组织、训练自卫军，进行全区锄奸保安事项。"③按照规定，区公署一般设区助理员3—5人，由县长任命，边区民政厅备案。助理员按照区长的命令，分别办理区内行政、教育、保安、经济建设等事项。由于区公署是县政府的协助单位为准层级，因此，区长除了办理全区日常政务以外，巡视辖区内各乡也是其工作的重要内容。对区助理员也有巡视基层的要求，分赴各乡帮助各乡市工作也是其经常性工作之一。另外，区还设自卫军营长1人，受区长的领导和县保安大队长的指挥。

五 边区乡（市）政府机构与职能

陕甘宁边区的乡是最基层的行政单位，按照所辖地域大小和人口多寡，将乡政府分为三等：（一）甲等乡纵横不逾10里，人口至多不得逾

---

① 陕西省档案馆、陕西省社会科学院：《陕甘宁边区政府文件选编》（第5辑），档案出版社1988年版，第13页。
② 同上书，第18页。
③ 中国科学院历史研究所第三所：《陕甘宁边区参议会文献汇辑》，科学出版社1958年版，第113页。

1500 人；（二）乙等乡纵横不逾 20 里，人口至多不得逾 1000 人；（三）丙等乡纵横不逾 30 里，人口至多不得逾 1000 人。① 可见，区域人口密度越大，乡政府的等级越高。边区乡政府的设置比较特殊，由于考虑乡作为基层行政的特殊性，在乡参议会和乡政府的制度安排上，形成了议行机构合一的特点。乡参议会不设议长和常驻议会，乡参议会开会时乡长即为会议的组织者也说明了这一点。

乡政府除乡长外，设文书一人，一般由当地小学教员中选任。乡政府中只有乡长和文书可脱离生产外，其他人员都不脱离生产。乡政府下设行政村（或南关，北关……），行政村下设自然村（或坊甲）。行政村设村主任一人，自然村设村长（或坊长、甲长）一人，均由选民大会直接选举产生，一般每半年改选一次。乡政府为工作需要，可下设优待救济委员会、文化促进委员会、经济建设委员会、锄奸委员会、卫生保育委员会、人民仲裁委员会等委员会。各委员会由三至五人组织之，委员与主任委员，均由乡市政府聘任。

第三节 半独立的司法机关

司法机关是指行使司法权的国家机关。狭义仅指法院，广义还包括检察机关。法院行使司法权，主要审理民事案件、刑事案件、行政案件和选举案件等，类型包括普通法院、行政法院、特别法院、军事法院等。检察机关的职责是代表国家对刑事案件提起公诉，追究被告人的刑事责任，并监督审判活动等。边区高等法院的前身是中华苏维埃共和国中央执行委员会司法部，1937 年 7 月"苏维埃中央政府为了实行抗日的民族统一战线，取消国内两个政权的对立，首先将中央司法部改组为陕甘宁边区高等法院……成为一旧的形式新的内容的司法机关"②。

从 1939 年的《陕甘宁边区高等法院组织条例》来看，边区的司法机关在理论架构上实行三审制，即县司法处或地方法院为第一审，边区高

---

① 陕西省档案馆、陕西省社会科学院：《陕甘宁边区政府文件选编》（第 5 辑），档案出版社 1988 年版，第 18 页。

② 西北五省区编纂领导小组、中央档案馆：《陕甘宁边区抗日民主根据地（文献卷·上）》，中央党史资料出版社 1990 年版，第 207 页。

等法院为第二审,国民政府最高法院为第三审。但是,由于国民党中央政府没有明确承认陕甘宁边区及其政府,同时,实际操作中边区人民也不可能到远在重庆的国民政府最高法院去上诉,因此,三审制实际上是二审制。

1941年,自李木庵担任边区高等法院院长以来,试图从遵循司法惯例、提高司法人员业务水平、减少错案等方面改变边区司法落后的状况。第二届边区参议会后,边区成立了审判委员会,作为边区的第三审机构,原边区高等法院由终审变为二审机构,为了配合这种制度,还设置了高等法院分庭作为高等法院在分区的派出机构,同时出台了许多制度对边区司法进行规范。但由于当时边区司法工作在思想、环境和人员上都与这种变革不相适应,1944年2月,边区审判委员会撤销,原有的改革措施又回到改革前的状态。

边区司法工作是一个发展变化的过程,以1941年和1944年为界可以将其大致划分为三个阶段:第一,(1937—1941年)初步成立期,对苏维埃司法制度的沿袭十分明显;第二,(1941—1944年)变革规范期,试图建立一套较为专业的司法体系;第三,(1944—1950年)稳步发展期,推进司法调解,主动为民服务。总体而言,边区高等法院集审判、司法行政、狱政管理、检察、生产自给等多种职能于一身,较好地适应了边区经济结构状况、司法人才缺乏与人员流动性大的战时环境以及精简效能、权力相对集中的需要,基本满足了边区的需要。

一 具有终审权的司法机关及其职权

边区高等法院除在审判委员会存在期间是边区的二审机构外,一直是边区的最高司法机关,主管边区的司法审判事务。其主要处理的是:重要的刑事第一审诉讼案件;不服地方法院第一审判决的上诉案件;不服地方法院裁定而抗告案件和非讼事件。由于边区没有设置独立的检察机关,因此,高等法院还行使边区的最高检察权。根据《陕甘宁边区高等法院组织条例》,高等法院设院长一人,其职权为:"(一)管理边区之司法行政事宜;(二)监督及指挥本院一切诉讼案件之进行;(三)审核地方法院案件之处理;(四)没收及稽核赃物罚金;(五)对司法人员违法之惩戒;(六)司法教育事项;(七)犯人处理事项;(八)管理其他有关司法事宜。"① 此外，高等法院设秘书一人，处理司法行政技术事宜。高等法院按照规定还可以设置巡回法庭和劳动感化院。

高等法院内部机构有检察处、民事法庭、刑事法庭、书记室、看守所、总务科，其职能如表4—5所示。

表4—5　　　　　　　　边区高等法院内部机构职能

	检察长	检察员
检察处职权	（一）执行检察任务；（二）指挥并监督检察员工作；（三）处理检察员的一切事务；（四）分配并督促检察案件的进行；（五）决定案件之裁定或公诉	（一）案件的侦查；（二）案件的裁定；（三）证据的搜集；（四）提起公诉，撰拟公诉书；（五）协助担当自诉；（六）为诉讼当事人，或公益代表人；（七）监督判决的执行；（八）在执行职务时，如有必要，有权要求当地军警帮助
	庭长（民事或刑事）	推事
民（刑）事法庭职能	（一）执行审判事务；（二）指挥并监督本庭推事的工作；（三）分配并督促审判案件的进行；（四）公审案件之决定；（五）强制执行的决定；（六）审判的撤销或制решен	（一）案件的审判；（二）案件的调查；（三）证人的传讯及证物的检查；（四）案件的批答；（五）案件的判决及撰拟判决书
书记室职能	（一）司法工作人员任免的登记；（二）案件的收发、登记、分配与保管；（三）撰拟缮写文稿；（四）编制报告及统计；（五）掌理记录；（六）典守印信；（七）保管证物；（八）管理图书	
看守所职能	（一）人犯收押、检查、点验和看管；（二）登记及保管人犯之财物；（三）计划及实施人犯的教育；（四）组织及分配人犯的工作或劳动；（五）考查人犯的活动；（六）登记人犯的出入	
总务科职能	（一）会计事项；（二）庶务事项；（三）生产事项；（四）其他不属于各部门之事项	

此表为作者依据《陕甘宁边区高等法院组织条例》内容绘制。

---

① 中国科学院历史研究所第三所：《陕甘宁边区参议会文献汇辑》，科学出版社1958年版，第62页。

边区政府审判委员会成立于 1942 年 8 月，是依据《陕甘宁边区政府审判委员会组织条例》，为了保证边区人民有按级上诉的权利而专门成立的。委员会设委员 5 人，推选确定 1 人为委员长，1 人为副委员长。设秘书长 1 人，承委员长、副委员长之命，处理关于委员会诉讼文件的草拟并保管印信事项。同时，设秘书 1 人，书记官 1—2 人。委员会的委员长、副委员长由边区政府主席、副主席兼任，其余委员由边区政府政务会议通过委任，书记官由委员长委任。其主要职责是：（一）受理不服高等法院第一审及第二审判决的民（刑）事上诉案件；（二）受理行政诉讼案件；（三）婚姻案件；（四）死刑复核案件；（五）法令解释。审判委员会每月开会一次，必要时，可召集临时会议。除了刑事案件徒刑在五年以下，民事案件诉讼标的物，其契约成立于民国三十年一月以前，价格在法币两千元以下者；三十年一月以后成立契约，价格在边币一万元以下者，可以由委员长、副委员长负责处理外，其余事项均由委员会会议通过。由于三级三审在当时人民文化素质尤其是法律素质较低的情况下，显得烦琐和效率低下，不适应边区民众要求简便快捷的愿望，加之，为精简机构，适应财政困难。因此，1944 年 2 月 15 日按照《陕甘宁边区政府命令——关于边区审判改为二级审判制》，审判委员会取消，恢复审级为二级制，高等法院为终审机关。①

高等法院分庭是按照 1943 年 3 月《陕甘宁边区高等法院分庭组织条例草案》而成立的分驻边区各专员公署所在地的边区高院派出机构。"受理不服各该分区内所辖各地方法院或县司法处第一审判决上诉之民刑案件，为第二审判，……"② 由于延安是边区高等法院的所在地，因此不设高等法院分庭。高等法院分庭设庭长一人，推事一人，书记员一人或二人。高等法院分庭庭长综理庭内行政事务及审判事宜。另外，高等分庭可设法警一人或二人，由专员公署警卫队拨用。应羁押的人犯，羁押于高等分庭所在地的地方法院或政府的看守所。边区高等法院对分庭的权限和判决进行监督。对于高等法院分庭拟判刑事三年以上徒刑的案件，必须将所

---

① 陕西省档案馆、陕西省社会科学院：《陕甘宁边区政府文件选编》（第 8 辑），档案出版社 1988 年版，第 22 页。

② 陕西省档案馆、陕西省社会科学院：《陕甘宁边区政府文件选编》（第 7 辑），档案出版社 1988 年版，第 155 页。

拟判词连同原卷呈送边区高等法院复核；高等法院如发现各分庭民刑判案有重大错误时，应该予以纠正，或令该分庭复审；高等分庭应将受理判处民刑案件已结未结件数及案件处理内容，按月填表呈高等法院查核；不服高等分庭判决之案依法得上诉者，由分庭将案卷及判决书呈送高等法院加以复核。经纠正或解释后，如当事人仍不服，即呈送审判委员会核办。高等法院分庭机构、人员设置简洁，在专业干部缺乏、民众素质较低的情况下，具有便捷、高效的特点。

二　边区第一审司法机关及司法辅助机关职权

除设地方法院者外，边区各县司法处是受理县域内第一审民刑诉讼案件的机构。1937年9月边区政府建立时，县司法处组织极为简单，只有承审员和书记员。同年12月，改承审员为裁判员，少数县开始设有检察员。到1941年，边区高等法院发布指示，要求"各县司法的组织最低限度要有裁判员主持审判事务，检察员负责调查、检验，书记员负责记录抄写"。可见，当时县级司法机关机构人员极不完整，有的县连裁判员都未能设置。1942年第二届参议会后，边区司法机构的状况开始逐渐改变。按照1943年3月《陕甘宁边区县司法处组织条例草案》规定，县司法处设处长一人，审判员一人，书记员一人。另外，县司法处可设法警二人，由县警卫队拨用。司法处应羁押之人犯，押于各该县之看守所。

县司法处处长由县长兼任，审判员协助处长办理审判事务。审判员在处长监督下，进行审判事宜。对于司法文件，由处长名义执行，但裁决书由审判员副署，盖用县印。司法处在县政府委员会或县政务委员监督下履行职责，有关"一、民事案件诉讼标的物其价格在边币一万元以上者，婚姻、继承、土地案件与政策有关，或与风俗习惯影响甚巨者；二、刑事案件中之案情重要者；三、军民关系案件之情节重大者"① 三类案件，司法处须将案情提交县政府委员会或县政务会议讨论，再行判决。对于不服县司法处第一审判决上诉的案件，以高等法院为第二审，各分区设有高等法院分庭者，以该管分庭为第二审。同时，司法处还承担对于人犯的教育、工作、生活各项事宜。

由于边区司法工作面临的实际困难，到1943年6月，边区开始在基

---

① 陕西省档案局编：《陕甘宁边区法律法规汇编》，三秦出版社2010年版，第78页。

层推行民间调解的方式，以尽可能减少诉讼和讼累。边区的县、区、乡司法机构均有民事调解的职责，其中乡作为政府最基层行政单位，是民事调解的主体。依据边区政府1942年1月公布的《陕甘宁边区各乡市政府组织条例》的规定，边区设立乡级人民仲裁委员会作为司法辅助机关。人民仲裁委员会是乡政府的组成部分，是通过民间调解的方式解决人民群众相互之间纠纷的一种组织形式，但它并不是一级审判机构。人民仲裁委员会调解范围极广，按照《陕甘宁边区民刑事件调解条例》除了"一、内乱罪；二、外患罪；三、汉奸罪；四、故意杀人罪；五、盗匪罪；六、掳人勒赎罪；七、违反政府法令罪；八、贪污渎职罪；九、妨害公务罪；十、妨害选举罪；十一、逃脱罪；十二、藏匿人犯及湮没证据罪；十三、破坏货币及有价证券罪；十四、伪造公文印信罪；十五、破坏社会秩序罪；十六、伪证罪；十七、公共危险罪；十八、破坏交通罪；十九、伪造度量衡罪；二十、妨害农工公益罪；二十一、烟毒罪；二十二、其他有习惯性之犯罪"① 外，其他民事、刑事案件均可使用民事调解的方式。

调解方式，一般分为群众自己调解、群众团体调解、政府调解三种②。通常采取先"由双方当事人各自邀请地邻、亲友或民众团体，从场评议曲直，就事件情节之轻重利害提出调解方案，劝导双方息争"的办法。如果自行调解不成，可由当事人双方或一方申请乡（市）政府、区公署或县（市）政府，依法调解解决。乡、区、县（市）各级政府接受调解事件，必要时，得邀请当地各机关人员及民众团体、公正士绅，从场协助调解。在调解过程中应按照"争得双方当事人同意"为原则，调解人无论是政府人员、民众团体或地邻亲友，均不得强迫压抑，并不得有从中受贿舞弊事情，违者处罚。调解的结果，可采用"1. 赔礼、道歉或以书面认错；2. 赔偿损失或抚慰金；3. 其他依习惯得以平气息争的方式，但以不违背善良风俗及涉及迷信者为限"。同时，还应由调解人制成和解书交双方当事人收执为据，如其事件系属司法机关有案者，应另写一份和解书送司法机关，请求销案。③

---

① 陕西省档案局编：《陕甘宁边区法律法规汇编》，三秦出版社2010年版，第496页。
② 陕西省档案馆、陕西省社会科学院：《陕甘宁边区政府文件选编》（第8辑），档案出版社1988年版，第201—202页。
③ 参见1943年6月颁布的《陕甘宁边区民刑事件调解条例》中的相关条款。

第四节　顺畅有效的运行机制

一般而言，一个国家政府权力配置是否合理、政府机构设置是否科学、运行机制是否高效，直接影响到政府治理能力与效果，并与政治、经济的发展和社会的进步有着十分密切的关系。为了提高政府效能，必须要有一套高效的运行机制作为依托，以保持稳定的行政秩序，实现预期的行政目标。"政府组织的高绩效实质上取决于两方面因素：一是政府体制和机构内部诸要素的合理组合；二是政府运行机制的灵活协调，并恰当地作用于管理对象的功能效应。"[①] 陕甘宁边区政府在整个施政过程中，由于采用了决策机制、协调机制、监督机制和用人机制等一系列有效的保障机制，从而为塑造民主、负责、高效和廉洁的政府形象奠定了坚实的基础。

一　统一与民主相结合的决策机制

（一）坚持党对行政决策的领导

陕甘宁边区作为中国共产党独立领导下的革命根据地，边区各类、各级机关脱离党的领导是不可想象的。尽管在宪政结构下边区参议会有权选举产生和监督边区政府、边区司法机关，是边区的最高权力机关。但如果将党政结构考虑在内，那么，边区参议会、边区政府、边区高等法院都是在中国共产党领导下开展工作的。因此，在关乎边区发展的重大事件中，中共中央、边区党委及各级党的组织才是相应层级的领导者和决策者。从实际中看，边区的各种重大问题的讨论、确定都离不开党的领导、决策作用。

首先，在重大事项中，是由党来指导和监督边区参议会和边区政府、边区高等法院工作的。边区进行选举之前，党中央确定选举原则和选举策略，在议员名单的最终确定上，必须由各级党组织呈送边区党委和党中央审批确认后方可公布执行。不仅如此，边区的宪法性文件《陕甘宁边区施政纲领》也是先按照党的意志确定基本原则，再通过边区参议会通过，并以法律的形式确定下来。1942年，第二届参议会通过了由中国共产党

---

① 张成福、李丹婷、李昊城：《政府架构与运行机制研究：经验与启示》，《中国行政管理》2010年第2期。

提出的《五一纲领》作为边区施政纲领,并经参议会表决通过最终确定下来。

其次,政府高级干部任免,一般都是由边区党委提出和建议,再由边区参议会和政府决议通过,颁布执行。在改变土地革命政策为减租减息政策、精兵简政、大生产运动、根据地干部教育、经济文化建设等多种对外公布的重要文件中,都是由中共中央党委和陕甘宁边区政府同时署名颁布的,且署名顺序为党在前政在后,充分体现了党的领导。一般而言,边区政府的重大决定,必须经过西北局同意才可实施,特别重要事项甚至要经过中共中央批准或同意才能执行。

在陕甘宁边区时期,党对政权的领导方式与中华苏维埃时期相比较发生了重大变化。在陕甘宁边区党的工作中,特别注意借鉴苏维埃时期党政不分的经验教训。尽管边区建立初期也出现了以党代政的现象,如1939年第一届参议会正副议长和常驻议员,以及选举产生的第一届边区政府正副主席、高等法院院长和政府委员都是共产党员,但这种不利于抗日统一战线的做法都在中共中央的领导下得以迅速地扭转和纠正。为了改善根据地内部党政军民等各系统之间在领导关系上不相协调的状况,1942年9月1日,中共中央通过了《关于统一抗日根据地党的领导及调整各组织间关系的决定》,其主要内容是:中央代表机关(中央局、分局)及各级党委为各地区的最高领导机关,统一各地区党政军民工作的领导;中央代表机关及区党委、地委的决议、决定或指示,下级党委及同级政府党团、军队的军政委员会、政治部及民众团体的党团及党员,均需无条件执行。[①] 进一步强调了坚持党的一元化领导,发挥党组织的领导作用,明确了党组织在党政军的地位。在加强党的一元化领导的同时,也进一步明确了党对边区政权的领导方式。即,党委和党员对政权机关的尊重,与政权机关自觉接受党的领导,二者是相辅相成的。边区各级党委都必须严格执行中共中央作出的"下级党委无权改变或不执行上级参议会及政府的决定和法令","党委及党的机关无权直接命令参议会及政府机关"的规定。正如,1941年4月,邓小平在《党与抗日民主政权》一文中指出的那样,"党对政权要实现指导的责任,使党的主张能够经过政权去实行,党对政

---

① 中央档案馆:《中共中央文件选集》(第13册),中共中央党校出版社1991年版,第427—428页。

权要实现监督的责任，使政权真正合乎抗日的民主的统一战线的原则。党的领导责任是放在政治原则上，而不是包办，不是遇事干涉，不是党权高于一切"①。对边区时期党的领导做了精辟的概括。

（二）集体领导和个人分工负责相结合的决策方式

集体领导和个人分工负责是辩证统一的。集体领导是相对于个人领导和个人专断的，坚持集体领导是一党执政下加强权力内部制衡的有效方法和手段。在面对各种复杂问题的情况下，单凭个人的指挥和才能是不够的，集体智慧、集体领导、群策群力将极大提高决策的正确率。任何领导人的权力都不可超越集体领导。集体领导必须遵循决策秩序，以规范的程序保证实施正确的集体领导。坚持集体领导，还应强调科学的个人分工，即集体决定后由各人分头实施权力的行为，充分发挥个人的积极性，只有建立起明确的责任体系，辅之以奖惩机制才能真正做到分工负责。

陕甘宁边区政权机关也采取集体领导和个人分工负责相结合的决策方式，参议会所形成或通过的各项纲领、法规、政策均由参议员民主表决通过。边区、县参议会的正副议长和常驻议员之间，边区政府正副主席和政府委员会之间，边区审判委员会的正副委员长与审判委员之间，均实行集体领导分工负责的方式。一方面，在边区、县两级政府中设有集体决策机构——政府委员会，其会议必须要有过半数的委员出席，决议才能生效。作为边区政府主席和县长有权召集并主持会议，但无权改变集体决议的结果；另一方面，从各机关内权力范围界定来看，边区从制度上给予各机关领导人一定范围的权限，但重要事项的决定权归属于相应的委员会这样的集体决策机构。

同时，为了适应战争环境并使边区管理能够相对高效，在集体充分讨论的基础上，最终决定由行政首长确定并负责，即采取首长负责制。如：1943年4月颁布的《陕甘宁边区政府政纪总则草案》规定："在两次政府委员会之间，所有关于政策命令制度之设施，人事之进退，以及重点之指示，概须经（边区政府）正副主席裁决。"② 并且在处理紧急突发事件中尤为如此。这些规定正是集体领导与个人负责相结合原则的具体表现，较

---

① 《邓小平文选》第1卷，人民出版社1994年版，第12页。
② 陕西省档案馆、陕西省社会科学院：《陕甘宁边区政府文件选编》（第7辑），档案出版社1988年版，第188页。

为符合边区管理工作的实际需要。

（三）决策中广泛征询和采纳各方意见和建议

首先在决策过程中，除了坚持党的领导和集体决策外，边区政府也非常注重听取党外人士、技术专家和人民群众的意见。特别是1942年边区第二届参议会召开后，"三三制"政权形式在边区施政纲领中确定下来。边区政府不仅只是听取党外人士的建议，而且开始通过这种制度安排，给予他们实权，将他们的建议与边区决策直接关联起来。著名的"精兵简政"提案，就是在那时由开明绅士李鼎铭等人提出，并得到政府的高度重视和采纳，最终推广到全国各抗日根据地的。另有，1944年7月边区参议会常驻会和边区政府委员会联席会议时，党外人士霍祝三参议员提出了一个训练区乡干部的建议。依据此建议，西北局在1944年冬至1945年年初办了一期区乡干部训练班，对多数区乡干部进行了一次如何正确地为人民服务，从立场、观点、方法上改进服务工作的训练，收到了较好效果。于是，林伯渠在边区第三届参议会政府工作报告中提出，今后要每年进行一次与乡选结合起来的乡村干部冬训，乡村干部训练从此成为一项制度。

其次，边区政府在决策中还注意征询有关技术专家的意见。对于来到边区的大批知识分子，边区为调动他们的积极性，在安全上提供保证，在工作上充分信任，在物质上给予优待，充分发挥他们的专长，给予各种崇高的荣誉。1940年2月5日，陕甘宁边区自然科学研究会在延安成立。参加成立大会的有机关、学校、自然科学界的各方面人士一千多人，研究会的宗旨是进行自然科学的教育和研究，推进生产事业和经济建设事业，使自然科学为抗日战争服务，成为边区科学研究的重要平台。在自然科学研究会的大力推动下，陕甘宁边区相继成立了农业学会、机电学会、地矿学会、航空学会等学术团体。1942年以后，随着大批知识分子来到延安，边区政府先后颁布了许多科学技术相关法律法规，如《陕甘宁边区1943年度技术干部优特办法》等为知识分子参加边区建设提供了工作和生活条件。

边区的科技政策为来到边区的技术专家在学术领域提供了畅所欲言、敢说敢干的制度保证。1940年夏，乐天宇、江心等组成陕甘宁边区森林考察团，他们从延安出发，行程千余里，途经15个县，历时64天。提出了边区森林政策的建设性意见——《陕甘宁边区森林考察报告》。依据这个报告，边区政府接连制定了保护森林、植树造林条例和关于林务工作的通令。1941年，边区政府成立了林务局，加强了对边区林业的管理。在没有森林的地方，建造气候林，在有森林的地方，施行有计划的保护与开发。这次考察建议为改善边区农业生产的基本条件制定了规划大纲，并保证了边区农业生产的正常进行。

在边区政府的鼓励、提倡下，边区技术专家们，在马兰草造纸、筑田引水晒盐以及石油、水利、纺织、兵工业、医药卫生等许多方面发挥了重要的作用，为政府经济开发、规划提供了决策参考。使得边区仅用几年的时间，就在几乎没有工业基础的边区，建起了炼铁、制革、被服、火柴、肥皂、玻璃、制鞋及基本化学工业等公营工厂，保证了边区人民日常生活必需品的供给和抗战军需品的生产。

再次，边区政府在决策中注重吸取下层群众的合理建议，对老百姓在选举时反映的问题，大部分都在基层得到了解决。1941年5月22日，陕甘宁边区政府在《为改选各级参议会第二次指示信》中指出："在各级参议会改选的整个过程中，最重要的事情，是各级政府报告工作，政府是替老百姓做事的，作了一些时期，究竟作的如何？作了些什么？作到的有多少？没作到有多少？按本处的情形，以后应该怎样作才更好些。凡此种种主人有权利过问，政府有义务向老百姓诚恳地报告……报告时要求内容实在，又要简单明了，使报告后老百姓了解政府的工作，启发他们积极地提意见，主动的批评工作，造成很热烈空气，无论是质问及批评，要诚恳的接受及耐心的解答……"[①] 因此，第二次乡选气氛更热烈、更民主，老百姓认真履行自己的权利，选掉那些不称职的乡长、参议员，选出自己满意的政府。如关中分区新宁县在乡选中，选掉了4名乡长，原因是他们"要私情，不公平，私吃老百姓的钱，看不起穷人等"；在选县参议员时，"共产党在五区二乡提出过去当过联保主任的于元铎为县参议员的候选名单，人民都反对这个人，说他过去当联保主任时，经常压迫和剥削人民，请政府去掉这个人，结果未当选"[②]。使得边区基层群众的意见能够通过

---

① 陕西省档案馆、陕西省社会科学院：《陕甘宁边区政府文件选编》（第3辑），档案出版社1987年版，第279页。

② 中共庆阳地委党史资料征集办公室：《陕甘宁边区时期陇东民主政权建设》，甘肃人民出版社1990年版，第268—274页。

一定的渠道反映到决策层当中,并能兑现成实在的结果,调动了民众参政议政的积极性。

二 科层模式与动员模式相结合的执行机制

行政执行是行政管理工作的重要环节之一,是检验并评价决策工作好坏的主要依据,事关行政目标的达成与实现。在政府全部管理过程中,执行所占的分量最大,所需要的人力、财力、物力及其所占据的时空范围,都是其余行政管理活动所不能相比的。[1] 因此,"政府的执行是更为艰巨的任务,落实政策远比制定政策更富挑战性"[2]。

(一)科层组织执行模式

科层组织是一种较常用的领导体制模式。它是指领导系统从纵向上分为若干级别,每一级都对上一级别负责,各级别的职权性质相同,但领导的范围随着层级的降低而缩小。这种体制的特点是领导者与其下属之间有统一的直线关系,指挥和命令从领导系统的最高层到最底层,按照垂直方向自上而下地贯彻执行,从而形成一系列不同的层次,呈现出一种从上到下的"金字塔"形的阶梯等级。层级制领导结构的优点在于:系统内部各单位的关系一目了然、职责分明、行动迅速、步调一致、纪律严明,因而便于领导指挥。

在执行层面上,陕甘宁边区经过不断的规范和完善,到1942年边区第二届参议会时各级政府机构已经健全,形成了边区—分区—县—区—乡完整的组织层级。同时,政府内部的各组织之间,如参议会与政府、参议会与法院、政府与法院的关系也逐步理顺,党政关系也进一步明确,使得边区政府的常规决策能够通过上下级权力的不同配置得到较好的贯彻。

在这一体系下,依托体制内的行政组织,科层模式得以运转和实施。其基本原则为:一是下级政府服从上级政府领导,各下级政府必须执行上级政府的决议、命令与指示。边区下级政府服从直辖上级政府,各级政府一律服从边区政府;下级政府自行处理的重要事件要随时向上级政府报告,处理不了的事件要随时向上级政府请示,不得稽延不报和搁置不理。二是上级政府尊重下级政府的自主权。下级政府如果对上级政府的命令和

---

[1] 薛冰、梁仲明、程亚冰:《行政学原理》,清华大学出版社2005年版,第145页。
[2] 胡伟:《政府过程》,浙江人民出版社1998年版,第287页。

指示有不同意见可以随时向上级政府提出；对于上级政府的命令和指示可以因地制宜，灵活处理；上级政府下派传达政令或者视察工作的人员，对下级政府的工作只能给予建议，不得强制命令。① 在《政纪总则草案》中明确规定了各级政府长官与各级政府委员会的正确关系。同时，《政纪总则草案》还严格限定了边区各级政府之间以及政府工作人员的行政方式和行为，如："1. 各级政府工作人员，必须坚守工作岗位，不得擅离职守。因故请假，呈由直辖上级政府或该级政府长官批准。2. 各级政府工作人员，必须坚决执行各该政府及其长官或直接领导人的决议、命令和指示，如有不同意见，可向长官或直接领导人提出，但在未有新的指示前，仍须执行原决议命令和指示。3. 各级政府工作人员，不得发表与边区政府政策法令相抵触的文字或谈话，对全边区性的事件，在边区政府未曾发布主张前，各下级政府及政务人员不得向外发表意见。对政府的决议，非经决定或长官许可，各级政务人员不得自由宣布，对于自己承办或所闻的机要事，尤须严守秘密，不得擅自泄露。4. 各级政务人员对政府工作或负责人员有建议和批评之权利，但须依照一定的组织手续提出，不得背后乱说或作不负责的言论。对于原则问题的争论，如在所属政府机关或工作部门内不能解决时，可一方面服从该政府机关或工作部门的决定，另一方面向上级申诉，直至边区政府。该政府机关或部门的长官或负责人，须负责转呈，不得加以抑制或留难。政务工作人员，如认为长官对自己的惩罚不当时，有权向长官直接提出或依级向上申诉，各级政府长官对此项申诉，不得阻止或置之不理。5. 各级政府工作人员，接到人民向上级政府控告的诉状，特别是控告政务人员的诉状，即随时负责转呈，上级政府不得有任何阻难，亦不得置之不理。各级政府机关和政务人员的行为，如有违背政纪总则者，将按其轻重的程度和不同的情节，加以议处。"② 等，为边区政令的顺利实施提供了制度保证。

边区通过建立一系列的政府运行和人员管理的制度，使那些在政府工作中出现的不良现象，如：政策不统一，政令不统一，制度不统一；县长

---

① 甘肃省社会科学院历史研究室：《陕甘宁革命根据地史料选辑》（第 1 辑），甘肃人民出版社 1981 年版，第 293—297 页。

② 陕西省档案馆、陕西省社会科学院：《陕甘宁边区政府文件选编》（第 7 辑），档案出版社 1988 年版，第 188 页。

无权统一领导各科；本位主义，不顾大局；独断专行，不尊重统一领导；对政策和法令阳奉阴违不守法纪；政策、法令、命令、指示不统一，"政出多门"基本看不见了。边区内纵向政府间杜绝了因政令和制度不统一，导致下级无所适从的不良现象。①

（二）动员执行模式

除了科层组织的执行方式外，通过大规模的舆论宣传、政治教育和群众运动来实现政府目标的方式也是边区政府执行体制的重要方式之一，即动员执行模式。群众动员的形式一般在政府的指导下依托群众组织实施。这种方式往往为实现仅凭政府自身难以解决，且需要使用大量人力资源方可完成的目标。如战争动员、生产运动、公粮征收等。为此，首先必须建立各种群众团体，通过它们把政府的意志和广大人民群众直接联系到一起。1942年，边区制定了《陕甘宁边区民众团体组织纲要》和《民众团体登记办法》，先后组织了二十多个群众组织。各级政府为其提供场地、场所、设备、经费和脱产干部报酬，这些群众组织则在各自纲领的指导下，积极配合边区政府工作。

在政府的支持下，群众组织在边区得以快速发展。群众组织的涵盖面极广，有政治类组织，如农会、工会、妇女救国联合会、青年抗日救国会等；经济类组织，如商会、减租会、变工队或扎工队、妇纺小组、合作社、运输队等；教育类组织，如小学、冬学、村学、识字组、夜校、民教馆、读报组、黑板报、秧歌队、卫生小组等；军事组织，如自卫军、民兵、少先队及儿童团等。边区民众很快被吸纳到各种组织当中。"各业工人95%加入了工会，农民全体加入了农民会，边区青年绝大多数加入了青年救国会，边区妇女70%以上加入了妇女救国会。"② 以社会教育运动为例，仅仅用了五六个月的时间，全边区文盲和半文盲全数的1/2以上便已经过着有组织的教育生活了③。

群众团体动员通常遵循的原则有：一是调整好各阶层的经济利益关系，给群众直接的、看得见的好处；二是通过政府支持，为群众生产生活提供便利；三是大力宣传抗日，加强民众教育和开展文艺活动，提高民众

---

① 宋金寿、李忠全：《陕甘宁边区政权建设史》，陕西人民出版社1990年版，第308页。
② 《抗日战争时期解放区概况》，人民出版社1953年版，第13页。
③ 延安时事问题研究会编：《抗战中的中国教育文化》，上海人民出版社1961年版，第196页。

素质。以合作社为例，皖南事变后，边区面临困难的经济状况，为了打破这种局面，劳动互助合作受到了党和政府的高度重视。在政府鼓励、指导下，既有利于民众又有利于边区生产的合作社进入大发展阶段。"据1944年的统计，全边区除农业劳动互助组织外，共有手工业生产合作社375个，消费合作社3699个，信用合作社86个，医药合作社51个，此外，还有一个教育合作社。参加各类合作社的共245800多户，占边区总户数的80%左右；共有股金138800多万元，资金21亿元，成为边区的一支重要经济力量。"① 为边区摆脱国民党的经济封锁发挥了重要作用。通过这种方式使政府、合作社及人民的公私利益均得到了保证，最终达到实现政府既定政策和目标的目的。

另外，从边区政府组织机构中可以看出，边区、县、乡各级政府有权设立临时的和经常的各种委员会，吸收群众中大批先进分子，配合做好政府的各项具体工作，这些委员会是发动群众的直接力量。通过委员会的桥梁作用，把政府与群众中的一大批先进分子联系起来，使他们成为动员群众的骨干。以边区政府成立的战时动员委员会为例，1941年5月9日《陕甘宁边区战时各级动员委员会组织规程》颁布后，各级政府迅速成立了动员委员会，使得战时动员任务有了统一的组织和领导。同时，相关的规章制度也逐步健全，1941年5月9日的《陕甘宁边区战时动员物资办法》和《陕甘宁边区战时动员壮牲口条例施行细则》以及1941年5月26日发布的《陕甘宁边区民政厅关于动员工作指示信》等，使得动员过程在法制和规范中进行。通过这种模式，边区基层各种委员会成为发动群众实现政府目标的主力军。

三　渠道广泛的监督机制

边区运用多种监督形式对政府及工作人员进行广泛的监督。其中主要有参议会监督、人民群众监督和政府内部监督三种方式。一是，人民群众通过批评、建议、控告等方式直接监督、检查政府和工作人员；二是，由乡、县、边区三级人民直接选举产生的参议会议员行使对同级政府领导人质询、弹劾的权力；三是，各级政府内部的自我检查和监督，包括上级政

---

① 李祥瑞：《合作社经济在陕甘宁边区经济建设中的地位》，《西北大学学报》（哲学社会科学版）1981年第3期。

府对下级政府的检查和监督。三种监督形式共同保证了政府行为的合法适当，促使广大干部心中时时处处有百姓，时时处处负责任，更加自觉地转变工作作风，更好地为人民服务。特别是在边区行政制度建立初期，法律规章尚未完备，这种监督成为政府行政良性运转的关键。

(一) 参议会的监督

通常，监督是人民代表机关所肩负的一项重要职责。人民代表机关由人民选举产生，必然承担着表达和实现选民意愿的重要任务。边区政府和司法机关作为由人民代表机关——参议会派生出的机关，必然要接受其监督和控制，这也是民主政权的必然要求。① 边区政府主席林伯渠在边区参议会上主要提出了三点希望："第一，希望我们各参议员，尽量反映各角落的人民的意见，人民的要求与呼声。……无论对政府说好话，说坏话，我们都愿虚心倾听，只要说话的是一心要把政府工作做好的，我们都表示深挚的感谢。第二，希望参议员很坦白的指摘政府工作的缺点。政府工作的缺点是不能避免的，而且也并不少。把它的缺点看成自己的耻辱，而帮助它加以克服。只有在人民监督下政府才能把工作做好。我们不怕自我批评，也盼望各位勇于批评。第三，希望这次参议会给政府指出今后的大政方针，指出应该怎样做，做些什么以作为政府今后工作的依据。"②

边区三级参议会是各级政权的最高权力机关，也是主要运用会议形式集体行使监督权的机关。各级参议会对政府和司法机关的监督权包括：选举、罢免、监察、弹劾权；审查批准监督权；对重大事项决定的监督权等。为了确保参议会对政府行政机关和司法机关进行连续而有效的监督，在参议会休会期间，边区和县级参议会还设有常驻委员会，负责对参议会决议案的执行情况进行监督，听取政府的相关工作报告，并提出建议与询问等。为了真实掌握各级参议会执行实施法规法令的情况，参议会常驻会还经常组织议员小组深入基层，了解政府、司法机关的工作情况，并经由参议会常驻会将意见反馈给有关政府、司法机关，督促其改进工作。

面对参议员们的批评、控告，边区各级政府都能虚心接受，并积极加

---

① 陕西省档案馆、陕西省社会科学院编：《陕甘宁边区政府文件选编》（第 6 辑），档案出版社 1988 年版，第 438—440 页。

② 中国科学院历史研究所第三所：《陕甘宁边区参议会文献汇辑》，科学出版社 1958 年版，第 76 页。

以改正，自觉接受参议会的监督。1941年10月17日，延安市参议员批评政府工作，对政府工作进行质问、建议、批评的案件就达三百余起。与会参议员四十人中有三十余人发言，对于行政机构等方面，均提出深刻批评。一致认为市政府工作不深入，不具体，游击作风、过度突击、无正常工作、政府工作本身有犯法行为等。被大会批评之高市长、法庭庭长、公安局长等忙于作笔记，已备明晨之答复。他们态度甚为虚心和蔼。尤其是高市长，抱病参加，竟日听记，毫无态度不自然现象，真正表现出民主气氛。①

通过各级参议会及其常设委员会对政府机关以及工作人员的监督，使得权力运行更加公平、公正，工作人员总体上清正廉洁，有效地保证了边区政权的纯洁性，为陕甘宁边区能够在极其艰苦的环境中发展、壮大起来，并最终取得抗日战争的胜利，作出了巨大的贡献，也为以后人大监督的制度设计提供了宝贵经验。

（二）人民群众的监督

边区十分重视人民群众对政府的监督。由于群众与基层政府人员是直接接触的，并且基层政府处理的事务直接关系百姓的切身利益，因而群众监督就成为最广泛、最深入，也是最有效的监督形式之一。曾任边区参议会副议长的谢觉哉曾说过："有广大人民的力量来监督政府，监督工作人员，人可以幸逃法网，但不能逃出人民的视线，坏事就不易发生。"②

为了充分发挥民众监督政府的作用，边区先后制定了大量规章制度。1941年的《陕甘宁边区施政纲领》中明确规定："人民则有用无论何种方式，控告任何公务人员非法行为之权利。"③ 1942年6月，边区政府发布《陕甘宁边区政府关于派公正干部切实调查群众控告案件的命令》，要求边区各级地方政府对于人民控告不得袒护或敷衍，"若是调查或者呈复不确实，将来一经本府查出，只有依靠政务人员惩戒办法给以一定的处分"④。边区政府在1943年4月颁布的《陕甘宁边区政纪总则草案》中也

---

① 参见《参议员批评政府工作》，《解放日报》1941年10月17日第4版。
② 谢觉哉：《谢觉哉文集》，人民出版社1989年版，第357页。
③ 西北五省区编纂领导小组、中央档案馆：《陕甘宁边区抗日民主根据地（文献卷·下）》，中共党史资料出版社1990年版，第76页。
④ 陕西省档案馆、陕西省社会科学院：《陕甘宁边区政府文件选编》（第6辑），档案出版社1988年版，第232—233页。

明确表达了同样的观点,即"各下级政府或政务人员,如接得人民向上级政府控告的诉状,特别是控告政务人员的诉状,须随时负责转呈上级政府,不得有任何阻难,亦不得置之不理",如有违背,"即认为违犯行政纪律,依其轻重的程度议处"①。1945年10月,《陕甘宁边区选举委员会关于乡选工作致各专员县市长的信》中强调:"放手发动群众,检查政府工作和人员",号召"敢于放手让人民批评政府的工作,敢于在人民面前承认自己的错误与缺点,不怕人民指责自己"②。1946年,《陕甘宁边区宪法原则》重申了人民对政府工作的检查权利。

有了制度上的保障,边区人民在享有广泛的民主自由权利基础上,对政府的监督也是空前的。人民监督政府在百姓中引起巨大的反响,都纷纷议论"现在的人胆子大了,连乡长也可以批评起来;过去是不敢这样的"③。对人民的控告边区各级政府向来十分重视,及时查处,绝不姑息迁就。在广大群众的监督下,边区政府对群众揭露出来的贪污腐化分子进行严惩,起到了教育和警示广大干部的作用,树立了政府的良好形象。

另外,政府还提供必要的渠道自觉主动接受群众批评。如延安市参议会设立的便民意见箱,群众踊跃投信向政府反映问题。投递意见者大多使用真实姓名,有的写明身份和通信方式,其中有商人、学生、公务员、战士、妇女等。事实表明,边区政府在人民群众的广泛监督下,成为廉洁自律民主政权的典范。

(三) 政府内部监督

廉政建设是一项长期系统工程,除了凭借强有力的思想政治工作进行教育之外,更离不开制度层面的制约作用。边区政府通过建立严格的内部监督检查制度,防止政府权力的滥用。1943年5月8日,边区政府公布了《陕甘宁边区政务人员公约》,要求政务人员自觉遵守,互相监督。其中第五条规定:公务员要"公正廉洁,奉公守法"。"这是政务人员应有的品格,要在品行道德上成为模范,为民表率。要知法守法,不滥用职

---

① 陕西省档案馆、陕西省社会科学院:《陕甘宁边区政府文件选编》(第7辑),档案出版社1988年版,第189—190页。

② 陕西省档案馆、陕西省社会科学院:《陕甘宁边区政府文件选编》(第9辑),档案出版社1990年版,第259—260页。

③ 左健之:《陕甘宁边区民主政治的特点及其在乡的具体实施》,《解放》1940年第104期。

权,不假公济私,不耍私情,不贪污,不受贿、不赌博、不腐化、不堕落。"①

边区政府为了对政府各部门实施有效的监督,建立了行政督察专员公署制度。行政督察专员公署作为边区政府的派出机关,除了贯彻、落实边区政府的政策法令,帮助和指导所辖区域内的行政工作外,行政监督也是其非常重要的一项任务。依照《修正陕甘宁边区行政督察专员公署组织条例》的规定,专员公署"统一领导督察该分区所辖各县之一切行政事宜","监督和指导驻在该行政分区的边府各种附属机关"②。根据1941年《陕甘宁边区行政督察专员公署组织暂行条例》的规定,行政督察专员有监察、指导辖区内地方政府的职责。因此,专员公署制度作为一种行政监察制度,具有对所辖区域内的政府工作部门进行行政监督的权力。

另外,边区还建立了政府工作的自我检查制度。一方面,各级政府每隔一段时间,都要召集大家做一次检查,形式多样,开小型座谈会或个别谈心均可。通过善意的相互批评,相互听取意见,取长补短,达到改进工作和共同提高的目的。对于正确的意见或建议,边区政府欣然接受,照此办理。对于不正确的意见,领导亲自出面进行解释和说明,诚恳指出不足。此举毛泽东也非常赞同,认为"议论和批评对我们总是有帮助的,不符合事实的可以借鉴。凡是对的意见,我们都要研究解决"③;另一方面,上级政府对下级政府实施具体的、经常性的、系统的检查。它大多是在各级政府自身检查的基础上进行的,通过这种经常地系统检查,寻找和发现成绩与不足。对于好的经验加以表扬和推广,错误之处则及时予以纠正。

四 合作一致的协调机制

协调就是对组织内外各种关系的正确处理,为组织正常运转创造良好的条件和环境,以促进组织整体目标的实现。协调机制的存在是任何组织实现有效运行的必要条件。政府作为社会公共事务的管理机构,是一个纵

---

① 陕西省档案馆、陕西省社会科学院:《陕甘宁边区政府文件选编》(第7辑),档案出版社1988年版,第223—224页。
② 同上书,第106页。
③ 杨永华:《陕甘宁边区法制史稿》,陕西人民出版社1992年版,第520页。

横交错的组织系统,协调机制作为政府权力运行的主要组成部分,是政府运作的重要环节。在专业分工的体制下,不同的政府部门在部门利益、组织结构、政策目标和工作方式等方面有很大差异,这些差异决定了不同的部门之间存在着潜在的对立和冲突,由此容易出现各自为政,互相牵制掣肘,扯皮推诿,导致工作效率低下,增大政策的执行难度,也有损政府形象。

政府部门协调主要可以分为垂直式、水平式两种形式。垂直式协调是指将政府组成人员以及政府部门分成地位、权能高低互不相同的各种类型,即将政府部门等级化,从体制上保证政府机构之间的从属关系,从而使其在行政行为中形成以等级化为纽带的良好的协作关系。垂直式部门间协调是建立在科层制基础上的,是一种等级制的命令与服从关系。水平式部门间协调是指部门间水平方向上的合作,这种协调机制涉及的部门之间没有行政隶属关系,也不存在层级上的高下之别,与垂直式相比协调难度大。①

就横向而言,陕甘宁边区内部平行政府间在工作中存在因大量的交流与合作而产生的关系。为了加强沟通与合作,边区经常召开各种联席会议,如县长县委书记联席会议、区长联席会议等,使各地区政府之间可以就共同关心的问题和分歧进行对话和交流,从而达到协商并解决问题的目的。在边区一级,经常召开的联席会议有专员县长联席会、县长县委书记联席会、区长联系会等。这种联席会议,能够较好地发挥协调沟通作用,是边区政府讨论决策、实施领导行为的重要方式。1940年1月,安定县召开了布置征粮和扩兵宣传的区长、营长等联席会议,为了使区、乡的意见达成共识,特意安排将各区的会议报告讨论两天,各乡的讨论一天,从而为按期完成征粮和扩兵工作奠定了坚实的基础。1940年3月2—17日,边区召开了"陕甘宁边区党政联席大会",是边区政府成立以后,最重要、规模最大的一次县长和县委书记联席会议。会议着重围绕征粮和扩军工作进行总结,并讨论了边区所面临的新民主主义的政治和经济建设任务。② 1944年6月,边区政府召开合作社主任联席会议,通过《陕甘宁边

---

① 李积万:《我国政府部门间协调机制的探讨》,《汕头大学学报》(人文社会科学版) 2008年第6期。

② 宋金寿、李忠全:《陕甘宁边区政权建设史》,陕西人民出版社1990年版,第176页。

区合作社联席会议决议》《合作社公约》等文件。会议明确了合作社的办社宗旨为：集合民资民力，替群众盘算，担负起"组织人民生产，贯彻民办公助，依靠群众发展，为群众谋利益"的重任，这次会议的召开，为边区合作事业的健康发展指明了方向，使边区合作社在数量和质量上都得到迅速的发展与提升。通过召开各种联席会议，为横向的平行政府（部门）之间建立良好的合作关系，共同协商解决问题，提高办事效率，提供了一个较好的平台。

五 规范灵活的用人机制

政府和社会事务总是要由一定的机构和人员来管理，其中政府各级组织的构成人员素质的高低是能否善政的关键。在抗日战争时期，边区就已初步形成育人、选人、用人的制度化、规范化、程序化和法制化。1939—1949年，边区先后制定了一系列干部管理法规。如《陕甘宁边区各级政府干部管理暂行通则》《陕甘宁边区各级政府干部任免暂行条例》《陕甘宁边区各级政府干部奖惩暂行条例》等法规，明确了对干部的管理权限与管理形式以及干部任免与调动、教育与培训、考核与奖惩的办法，使干部管理能够有法可依，有章可循。

在1943年4月，陕甘宁边区政府发布了《陕甘宁边区各级政府干部任免暂行条例》，对干部的任免标准、权限和方式做了原则的规定。《条例》第三条明文规定干部标准是："一、拥护并忠实于边区施政纲领；二、德才资望与其所负职务相称；三、关心群众利益；四、积极负责，廉洁奉公。"① 《条例》规定，各级行政工作人员的任免有两种形式：一是，经过各级权力机关选举而任职。当时边区政府主席、副主席和政府委员，县（市）长和县（市）政府委员，以及乡（市）长，均由同级参议会选举。他们随参议会每届任期的变更而改变，得连选连任。如在任期内有违法失职或不胜任职务，参议会也有权随时罢免。经过选举而任职的行政人员，要报经直接上级政府加委。在任职期内有违法行为，或因工作需要调动，上级政府可以撤换或调动。但必须履行法定程序，向参议会说明理由和情况，并由参议会决定，或者重新选举，或者递补人员。在参议会休会

---

① 陕西省档案馆、陕西省社会科学院：《陕甘宁边区政府文件选编》（第7辑），档案出版社1988年版，第197页。

期间，不能立即补选时，上级政府得派人暂行代理。一是，由有任免权的行政机关，按照法定权限直接任命。在陕甘宁边区，按照条例的规定，边区政府各厅、处、院长官，行政督察专员和大学校长，由政府主席任命；边区政府各厅、处、院的秘书、科长，以及主要直属机关负责人，由主管行政首长提交民政厅审查合格后，呈请政府主席委任；各厅、处、院以及直属机关科长以上干部，由各主管行政首长遴选委任；专员公署科长级干部，由边区政府委派，或由专员遴选，提请边区政府主席委任，其余干部由专员委任；县政府科长、区长，由边区政府民政厅委派，或由县政府提请民政厅委任，其余干部，如县政府科员、区助理员、乡文书，由县长遴选委任。干部如因故出缺，有关行政负责人可以指派适当人员代理。但代理有一定期限，如陕甘宁边区规定为 3 个月，以防止无限期的临时指派，取代干部正式委任原则。1943 年 3 月《陕甘宁边区政务人员交待条例》具体规定了干部调动时的交接手续和要求。

边区重视对干部的教育工作，在职干部教育主要有两种形式：一是，干部不脱离工作岗位，以不妨碍业务，特别是不妨碍战争为原则，坚持经常的、固定的学习，这是当时在职干部教育的基本形式。二是，抽调干部入校学习，进行系统的教育。抗日战争时期，党中央和各根据地政府，创办了许多培养干部的学校，如设在陕甘宁边区的就有 20 多所，其中著名的有：中共中央党校、抗日军政大学、军事学院、陕北公学、中国女子大学、鲁迅艺术学院、民族学院、延安大学、中央研究院、自然科学院等。这些学校，有的以培养高中级干部为主，有的重点培养县区级干部，有的是培养科学技术专门人才。另外，边区还在中等学校附设地方干部训练班，培养区乡干部。这些干部学校坚持"抗日高于一切，一切服从抗日"的教育方针，在学制上适应前线和后方抗战干部的急需，学习期限一般很短，多为 3—4 个月或半年，最长不超过 1—2 年。教授的课程一般为三类，即文化课、政治课、专业课。教学实行启发式，废止注入式。讲课有的放矢，理论结合实际，把教员的指导、学员的自习、集体的讨论有机地结合起来。通过上述形式的干部教育、训练和培养，边区造就了 4 万多名政治军事干部，以及成千成万的文化技术干部，他们成为打败日本帝国主义，夺取解放战争胜利的骨干力量。

边区政府为了充分调动各级干部的积极性，鼓励进步，反对落后，确保政府各项政策、法令的贯彻执行，还制定了干部考核奖惩条例。考核的内容主要包括：政治的原则性，思想的纯洁性，执行政策法令的坚定性，工作的积极性，业务的熟练性，作风的民主性，个人品德的优良性，以及学习的进取性。陕甘宁边区政府自成立以来，一直保持着对干部队伍建设的高度重视。从教育、培训、选拔、任用、考核、奖惩等方面不断改进和完善，逐步形成了一套较为系统的干部管理体系。

第五章

国统区地方政府与陕甘宁边区政府施政体制之比较

国统区的地方制度是随着南京国民政府逐步取得对全国的统治权而逐步建立起来的。国民政府初期，未建立地方议会制度。抗日战争爆发后，在全国人民的强大压力下，南京国民政府被迫在各省成立临时参议会作为咨议机关，行使参议会的部分职权。临时参议员由国民党地方组织和地方政府协商产生。抗战胜利以后，国民党召开国民大会，颁布了《中华民国宪法》，确立宪政时期的地方国家政治制度和国家管理制度，临时参议会于1946年被民选产生的参议会（省的立法、议决机关）取代。由于经费不足、人才短缺等原因，国民政府设立的地方各级法院并没有普遍建立。为了便于对基层政权的控制，南京国民政府时期废除了北京政府时期的道级地方行政建制，省直接辖县的省、县二级制成为南京国民政府时期主要地方行政体制。鉴于陕甘宁边区共产党政权与南京国民政府政权同时并存，分析和比较两者的差别有着重要的理论价值。从动态发展的视角来审视陕甘宁边区政府体制，它从全国抗战的实际出发，在借鉴国民政府机构形式和继承中华苏维埃政府体制的基础上，形成了自己特有的施政体制和方式。在与同时期存在的南京国民政府的两种不同政权比较中，获得了边区人民的认可和国内外的普遍赞誉，形成了"国共两重天"的比较优势。

第一节 国统区的地方政府体制

1927年4月18日，南京国民政府正式成立。随着对全国的统治权逐步加强,南京国民政府开始在地方政府体制上进行探索,逐步修订了北京政府时期许多不合时宜的制度。如北洋政府时期的省、道、县三级地方制度陆续被废除,代之以省、县两级制;实行城乡分治,在中央设院辖市,在地方设省辖市;强化基层政府组织,省下设行政督察专员公署作为派出机构,在县以下设区、乡(镇)、保、甲等基层组织。而且,进入抗战时期后,开始试图建立代表民意机关——国民参政会和地方各级参议会;在司法方面也进行了效仿资本主义三权分立的司法、审判独立的尝试。但限于当时政治、经济和社会的诸多因素,尽管从理论上看政府的法律、法规日益健全,而表现在实践上却远未达到预期的效果。

一　名不副实的地方民意机关

1914年孙中山在《中华革命总章》中正式提出民主建设需经过"军政、训政、宪政"三个阶段。在"军政"时期强调在国民党的领导下,先建立资产阶级共和国,再以武装革命的方式彻底打垮军阀势力,使国家实现独立和统一。统一全国之后,进入"训政"时期,仍需要通过国民党的领导,培养广大民众的民主意识,达到开启民智的目的。经过训练和考试合格的人员由政府派往各县推行地方自治,在享有自治权的同时也管理地方行政事务。当一省之内的所有县均实行自治之时,便可进入宪政阶段,强调"还政于民"。依据此方略南京国民政府成立之初,并未建立代表民意的地方议会制度。直到1938年3月,南京国民政府才于召开的国民党临时全国代表大会上决定成立国民参政会。与之相配合,1938年9月26日,国民政府公布了《省临时参议会组织条例》,通令各省成立临时参议会。同期还颁布了《市临时参议会组织条例》。同年8月9日颁布了《县参议会组织条例》,并规定该条例从1943年5月5日开始生效。据此,南京政府各级民意机构才陆续得以建立,但由于各级参议会的职权甚微,社会基础有限,代表性不足,在地方政治生活中并没有发挥出应有的作用,使得议决权成为一种象征。

(一)省临时参议会

按照规定,省临时参议员名额为20—50人,其产生基本条件为:"中华民国之男子或女子年满二十五岁,曾受中等学校教育(或同等教育)及有下列资格之一者,得为省临时参议会参议员:(甲)具有各该省之籍贯,并曾在各该省所属之县(市)公私机关或团体服务二年以上,著有信望者，（乙）曾在各该省重要文化团体或经济团体服务二年以上，著有信望者。"议员产生方法和比例为："由各该省属县（市）住民中遴选十分之六（每一县或市所选出此项参议员，至多不得过一人，但所属之县数少于二十县者，不受此限制），由各该省重要文化团体或经济团体服务人员中遴选十分之四。"并且规定，由当地居民选出的议员候选人，须先由各县（市）政府于征询该县（市）党部及地方团体意见后，提出候选人二人于省政府待定。由该省文化团体，经济团体人员中遴选者，其候选人先由各该省政府及省党部联席会议就各该省区内文化团体或经济团体人员中提出加倍候选人。以上候选人名单汇齐后，由省政府呈送行政院转呈国防最高会议最后决定参议员名单。同时，国防最高会议选定省参议员时，还可以在各省所上报的参议员候选名单以外再添加比例不超过该省参议员总额十分之二的候选者。省临时参议会的职权主要为："（一）省政府重要之施政方针于实施前，应提交省临时参议会决议；（二）省临时参议会对于省政兴革，得提出建议案于省政府；（三）省临时参议会有听取省政府施政报告之权；（四）在开会时，有依议事规则向省政府提出询问之权。"①

另外，国民政府省临时参议会设议长、副议长各1人。其产生过程不是由议员中直接选举产生，而是首先由行政院在参议员当中挑选，再报送国防最高委员会批准决定。直到抗日战争胜利后，临时参议会改为参议会，正、副议长才改由参议员选举产生，并且参议会才增加"议决省单行法规""审议地方预决算"两项职权。另外，参议会休会期间，设置省临时参议会驻会委员会，由参议员互相推选产生，人数一般在5—9人之间。其并不掌握省临时参议会的全部职权，它的主要其任务是以听取各种报告省政府和观察省临时参议会决议案的实施情况。

（二）市临时参议会

由于南京国民政府采用城乡分治的地方行政制度，因此，其对于市级行政单位单独制定有《市临时参议会组织条例》，其议员的产生基本条件与省临时参议会议员条件相同。议员产生方法和比例为："市临时参议会之议员，定额为二十五名，由各该市政府及市党部联席会议，就市政府及

---

① 中国人民大学法律系法制史教研室：《中国近代法制史资料选编》（第2分册），中国人民大学法律系法制史教研室出版社1980年版，第526页。

市党部联席会议，就各该市住民中，或各该市区内文化团体或经济团体人员中，提出加倍候选人。由市政府呈送行政院，转呈国防最高会议决定之。"同样，国防最高会议，选定市临时参议员，得于各该市所呈送参议员候选人名单以外选定若干参议员，比例不超过各市参议员总额十分之一。同时，规定市参议员不得兼任本市市政府及其所属机关职员。市参议员按规定享有罢免权、创制权和复决权。市参议会的职权与省参议会相近，"（一）在抗战期间，市政府之重要施政方针，于实施前，应提交市临时参议会决议；（二）市临时参议会，对于市政兴革，得提出建议案于市政府；（三）市临时参议会，有听取市政府施政报告之权；（四）市临时参议会参议员，于开会时有依议事规则向市政府提出询问之权。"在市参议会休会期间，组成的市临时参议会驻会委员会，其任务也以"听取市政府各种报告，及决议案之实施经过为限"①。

（三）县参议会

按照国民政府1943年5月正式实施的《县参议员选举条例》和《县参议会组织条例》的规定，县参议会是全县人民的民意机关。县参议员名额7人，其来源可以分为居民选举产生和职业团体选举产生两种方式：一是，由居民选举产生的，其选举组织为乡镇民代表会，一般每乡选举参议员一人；一是职业团体选举产生的，推选人数不超过总额的3/10。在总比例上，不足七个乡的县，仍要选出议员七人。县参议会有议决权，包括"议决地方自治事项""县预算""县税""单行规章""县公债""县有财产经营及处分""县长交议事项"等，同时还拥有"县政兴革"的建议权，以及"听取县政府施政报告及向县政府询问权"等。另外，县参议会与县政府发生争执时，由省政府裁决核办。如果省政府认为县参议会的决议"有违反三民主义或国策情事者，得开明事实，咨由内政部转呈行政院核准后"②将县参议会解散重选。这样，行政权力对参议会有较大的限制和制约，严重弱化了县级参议会的议决和监督权力。

在县以下的乡设有乡镇民代表会，由本乡的保民大会各选举代表两名组成。按照1941年8月9日颁布的《乡镇组织暂行条例》，其职权为：

---

① 中国人民大学法律系法制史教研室：《中国近代法制史资料选编》（第2分册），中国人民大学法律系法制史教研室出版社1980年版，第529—532页。

② 同上书，第534页。

"（一）议决乡（镇）概算，审核乡（镇）决算事项；（二）议决乡（镇）公有财产及公营事业之经营与处分事项；（三）议决乡（镇）自治规约；（四）议决本乡（镇）与他乡（镇）间相互之公约；（五）议决乡（镇）长交议之本乡（镇）内公民建议事项；（六）选举或罢免乡（镇）长；（七）选举或罢免本乡（镇）之县参议员；（八）听取乡（镇）公所工作报告及向乡（镇）公所提出询问事项；（九）其他有关乡（镇）重要兴革事项。"①

二　颇具变化的地方行政机构

为了便于对基层政权的控制，南京国民政府时期废除了北京政府时期的道级行政建制，将地方行政体制改变为省、县二级制。依据孙中山民主建国三个阶段（军政、训政、宪政）的设想，南京国民政府规定：在军政时期，地方政权由国民党创设，并接受国民党中央及其地方组织的指导；训政时期，省、县为地方自治单位，享有自治权，同时管理地方行政事务。但地方各级政府组织必须接受国民党中央及地方党组织的指导。自南京国民政府成立后，省、县行政制度与自治制度均有些新的变化。

（一）省政府

按照1931年3月23日颁布的《修正省政府组织法》的规定，省政府的职权为："（一）省政府依国民政府建国大纲及中央法令，综理全省政务。（二）对于省行政事项得发省令并得制定省单行条例及规程。（三）省政府对于所属各机关之命令或处分认为有违背法令、逾越权限或其他不当情形时，得停止或撤销之。"② 省政府的核心机构是政府委员会，其委员七人至九人，简任，通过组成省政府委员会行使职权。省政府设主席一人，为了防止地方实力派把持省政，起初省政府主席由省政府委员会推选，后改为国民政府从省政府委员中选任。同时，特别规定省政府主席及委员不得兼任他省的行政职务；现任军职者不得兼省政府主席或委员，试图达到对省政府的控制。在省直属机构设置上，有秘书处、民政厅、财政厅、教育厅、建设厅，必要时可设置以管理农业、工商业等为主要职能

---

① 中国人民大学法律系法制史教研室：《中国近代法制史资料选编》（第2分册），中国人民大学法律系法制史教研室出版社1980年版，第503页。

② 同上书，第484页。

的实业厅。各厅设厅长一人，由行政院就省政府委员提请国民政府任命。各厅以下，设科办事。各科设科长一人，科员4至12人，必要时可设技正、技士、技佐及视察员。

（二）市政府

按照城乡分治的原则，1928年，南京国民政府公布了《特别市组织法》和《市组织法》，将市制划分为特别市和普通市两种组织形式。县所辖地区的城镇不设市而设镇。因此，乡、镇成为农村基层政府单位，市则成为城市地区的地方政府单位。1930年2月，国民党中央执行委员会政治会议第216次会议通过《市组织法原则》，并以此为依据制定《市组织法》①，同年5月明令公布实施。《市组织法》将市分为行政院辖市和省辖市两种。院辖市的行政地位一般相当于省，其设置条件为：（1）首都所在地；（2）人口在百万人以上者；（3）在政治、经济、文化上有特殊情形者。但是，即使具备上述（2）、（3）两项条件之一却为省政府所在地的城市，则应隶属于省政府，为省辖市。如北平、广州等市虽符合设置院辖市的条件，但当时为省治所在地，根据设市条件的补充规定，北平②、广州等市只能屈为省辖市。省辖市的行政地位大致与县相当，其设置条件为：（1）人口在30万以上者；（2）人口在20万以上、其所收入的营业税、牌照税、土地税，每年合计占该地总收入1/2以上者。抗战时期，南京政府适当放宽了设置省辖市的条件，人口在10万人以上且在政治、经济、文化等地位重要者以及省政府所在地，无论人口多少，经济实力厚薄，均可设市。然而，设市后相应的行政经费也随之剧增，致使省政府不愿负担，因此，省辖市在数量上增加并不多。

市设市政府，依法管理市行政事务并监督所属机关及自治团体，执行上级政府的委办事项，在不抵触中央和上级政府法令的范围内，可发布市令与制定市单行规则。市政府设市长1人，综理全市政务，并指挥、监督所属职员。市政府下设社会、公安、财政、工务等局，如认为有必要时，经上级政府核准，可以增设教育、卫生、土地、公用、港务等局，但在首都或省政府所在地之市均不得设立公安局，其公安事务由"首都警察厅"

---

① 后来虽经国民政府于民国三十二年（1943）、民国三十六年（1947）两次修改，但基本精神仍未改变。

② 后河北省治迁址，北平改为院辖市。

或省会警察局直接掌理。省辖市，应设各局。如有缩小范围之必要时，除公安局外，其他各局可改为科。所设各局或各科，各设局长或科长1人，科员若干人。院辖市置秘书长1人，参事1—2人；省辖市置秘书主任。此外，市政府因事务的需要，得置专门技术人员。市政府设市政会议，由市长、秘书长或秘书主任、参事、局长或科长、主办会计人员组成。市政府会议议决如下事项：（1）提出于市参议会之案件；（2）市政府所属机构办事章则；（3）市政府所属机构间不能解决之事项；（4）市长交议之事项；（5）其他有关市政之重要事项。市政会议的设立并不表明市政府采取了合议制，实际上还是实行由国民中央政府和省政府任命的市长对全市政务总其成的独任制。

（三）行政督察专员公署

按照孙中山《建国大纲》的主张，国民政府地方行政制度实行省、县两级制。但受到历史和现实因素的多重影响，1936年3月25日，国民政府在1932年行政院颁布的《行政督察专员暂行条例》基础上，开始在各省推广设置行政督察专员公署。将其作为省政府辅助机关，不为一级实际的行政层级。按照《行政督察专员公署组织暂行条例》规定行政督察专员公署设专员一人，由行政院院长或内政部部长提出呈请国民政府简派。其职权为："关于辖区内各县市行政计划或中心工作之审核及统筹事项；关于辖区内各县市地方预算决算之审核事项；关于辖区内各县市单行法规之审核事项；关于辖区内各县市地方行政及自治之巡视及指导事项；关于辖区内各县市行政人员工作成绩之考核事项；关于辖区内各县市行政人员之奖惩事项；关于召集区行政会议事项；关于处理辖区内各县市争议事项；关于省政府交办事项。"[①]

在实际上，由于行政督察专员在一般情况下还兼任驻在地的县长，并兼任该区保安司令，有权指挥辖区内各县市保安队、警备队和水陆警察及一切武装自卫的民众组织。因此，其实力和地位不断提升，其监督权力有向实体权力转化的趋势。同时，行政督察专员公署设秘书一人，由行政督察专员遴选合格人员呈请省政府咨由内政部转请荐任；另外，公署有科长二至四人，视察一人，由行政督察专员遴选合格人员呈请省政府委任，准

---

① 中国人民大学法律系法制史教研室：《中国近代法制史资料选编》（第2分册），中国人民大学法律系法制史教研室出版社1980年版，第484页。

以荐任待遇；一般公署还设有技士一至二人，科员二至四人，事务员三至六人。行政督察专员对于辖区内各县市地方行政，除随时派员考察外，应每半年轮流巡视辖区内各县市一周。行政督察专员对于辖区内各县市长之命令或处分，认为违法或失当不及呈报省政府核办时，得以命令撤销或纠正之，但仍须补报省政府查核。行政督察专员对于辖区内各县市长及所属工作人员成绩，应每年举行考核一次，拟定奖惩意见呈报省政府；如所属各县市长有违法失职行为，应随时密呈省政府核办。

（四）县级政府

1939年9月，国民政府继裁撤县政府下设各局后，正式在1929年的《县组织法》基础上，颁布了新的《县各级组织纲要》，标志着南京国民政府开始重视和加强县级行政制度建设。依照规定，国民政府的县，依据面积、人口、经济、文化、交通等状况分为三等至六等。县政府设县长一人，职权为："（一）受省政府之监督，办理全县自治事项；（二）受省政府之指挥，执行中央及省委办事项。"[①] 县政府设民政、财政、教育、建设、军事、地政、社会各科。县政府人员由秘书、科长、指导员、督学、科员、警佐、技士、技佐、事务员、巡官等组成。县政府设置县政会议，每星期开会一次，确定提交给参议会讨论的事项，以及其他县政重大事项。

另外，在国民政府的县级地方行政组织中设有名为"设治局"的政府单位，其主要设立在边疆省份或少数民族聚居区。其是为应对政治、经济落后，不能实行县治的地区专门设立的政府机关。其前身是各省设立的名称各异的县级特殊组织，如新疆、贵州的"分县"，广东的"化瑶局""化黎局"，云南的"临时行政委员"、东北、西北各省的"蒙旗招垦局""屯田局""设治局"，西南各省的"土县""土州"等。1931年6月国民党政府为统一行政，颁布了《设治局组织条例》，规定在符合上述情况的地区统一设置"设治局"管理地区政务。[②] 到1944年，全国共有设治局60个，其中，云南15个，新疆11个，黑龙江10个，四川4个，察哈尔3个，青海3个，西藏2个，宁夏2个，

[①] 中国人民大学法律系法制史教研室：《中国近代法制史资料选编》（第2分册），中国人民大学法律系法制史教研室出版社1980年版，第492页。

[②] 谢振民：《中华民国立法史》（上册），中国政法大学出版社2000年版，第468—469页。

甘肃2个，热河2个，绥远2个，河北2个，吉林1个，陕西1个。①设治局虽与县同级，但其机构较县政府简单，《设治局组织条例》规定设局长一人，置佐理员并酌用雇员。由于设治局设立的初衷是将其作为过渡组织看待的，因此，其不设自治机关，拟待区域经济文化发展到一定阶段时改为县治。

（五）县以下各级组织

国民政府在县级政府以下设置乡（镇），县的面积过大或有特殊情况者，可以设置区。区一般由15—30个乡镇组成，区为县政府辅助机关，代表县政府督导各乡镇办理各项行政事务。区设区长一人，指导员二至五人，分掌民政、财政、建设、教育、军事等事项。区署所在地设有警察所，受区长的指导，执行地方警察任务。区可以设建设委员会，由区长担任主席，一般聘请区内声望显著人士担任委员，是区内乡村建设的研究设计、协助建议机关。

区下设乡（镇），乡镇管辖范围一般介于6—10保之间。乡（镇）设乡（镇）公所，置乡（镇）长一人，副乡（镇）长一至二人，由乡（镇）民代表会选举产生，乡镇长可以兼任乡镇民代表会主席。乡（镇）公所设民政、警卫、经济、文化四股，各股设主任一人，干事若干人。乡（镇）自行举办的事项，应经过乡（镇）务会议议决后才能施行。乡的下级单位为保，保下辖6—15个甲。人口稠密的地方，一村、一街为自然单位不可分离时，可以联合设立国民学校合作社及仓库等机关，推举保长一人。保设置保办公处，有正副保长各一人。一般而言，保办公处还设有干事二至四人，分别管理民政、经济、文化、警卫等各项事务。保民大会每户出席一人。保下设甲，甲下辖6—15户，置甲长一人，由户长会议选举产生。②

三　逐渐失调的地方司法机构

司法院是国民政府最高司法机关，负责民事、刑事、行政诉讼的审判和公务员的惩戒。"司法院设最高法院、行政法院及公务员惩戒委员会。

---

① 徐矛：《中华民国政治制度史》，上海人民出版社1992年版，第414页。
② 中国人民大学法律系法制史教研室：《中国近代法制史资料选编》（第2分册），中国人民大学法律系法制史教研室出版社1980年版，第498页。

最高法院院长得由司法院院长兼任。公务员惩戒委员会委员长得由司法院副院长兼任。"① 司法院本身并不负责实际的审判或决议事项，按照规定最高法院是司法的终审机关，其依据法律独立行使职权。因此，司法院对各法院的判决并无事前指挥或事后复核变更撤销的权力。② 国民政府的法院分为最高法院、高等法院、地方法院三个层次，分别履行初审、再审和终审职权。地方司法机构主要有高等法院（高等法院分院）、地方法院和县司法处。由于经费不足、人才短缺等原因地方各级法院实际上并没有普遍建立。即便有法院，但也普遍存在行政权干预检察权、组织机构不独立等严重问题，从而导致法律监督不到位、惩戒不力、防腐功能弱化等不良后果。

（一）检察机构

南京国民政府的检察机构或检察官员设在各级法院中，是附属于各级法院的半独立机关。在最高法院内设立检察署，有检察官若干人，以 1 人为检察长；高等法院和地方法院及其分院各设检察官若干人，以 1 人为首席检察官，若仅有 1 名检察官，则不称首席检察官。国民政府检察机关实行垂直领导，各级检察官是上下级关系，所有检察官均受上级检察机关或官员的监督，并共同接受司法行政部的监督。按照规定，检察官虽然设置在法院之内，但其独立行使职权，不受法官干预。检察官主要职权为：实施侦察、提起和实行公诉、协助和担当自诉、指挥刑事判决的执行。由于国民政府审判和检察机构合一，法律规定的检察权难以独立行使，常常出现审判和检察相互勾结、利用的现象，丧失了检察制度制约和监督审判功能。1947 年 11 月，全国第二次司法行政检讨会上，曾经提出加强检察机构，采取审判和检察分立制的问题，但最终未能具体落实。

（二）省司法机关

国民政府省级司法机关为省高等法院。在区域辽阔的省或特别区域，设立高等法院分院。按照 1932 年 10 月 28 日公布的《中华民国法院组织法》的规定："高等法院管辖事件范围是，（一）内乱外患及妨害国交之刑事第一审诉讼案件；（二）不服地方法院及其分院第一审判决而上诉之

---

① 周定枚：《公文程式详解》，上海法学编译出版社 1946 年版，第 454 页。
② 彭怀恩：《中华民国政治体系》，风云论坛出版社 2003 年版，第 245 页。

民事、刑事诉讼案件；（三）不服地方法院及其分院裁定而抗告之案件。"① 高等法院设院长一人，由简任推事兼任，总理全院行政事务并监督所属行政事务。高等法院下设民事庭、刑事庭。各庭置庭长一人，除由简任推事充任者外，其余从其他推事中遴任。高等法院分院管辖事件与高等法院相同。另外，高等法院还设置有书记官长、书记官、检验员、执达员、庭丁等。

（三）县司法机关

县司法机关称为地方法院，仅有少部分县设置。1935年，时任司法行政部部长王用宾曾说："查我国现实司法状况，除通商巨埠设置法院外，其余各县均由县长兼理司法。现时统计，县长兼理司法区域计一千六百余县。以全国县治一千九百三十四县，已设法院地方，仅占六分之一强。"② 到1945年，抗战胜利后，在县设立法院的仅600余，尚有1300余县未设正式法院。可以说，全国大部分县未设地方法院的状况基本贯穿整个抗日战争始终。按照1932年《中华民国法院组织法》规定："县或市各设地方法院，但其区域狭小者，得合数县、市设一地方法院，其区域辽阔者，得设地方法院分院。"地方法院设置院长一人，由推事兼任，总理全院行政事务。地方法院分院管理事项与地方法院相同。地方法院审判案件，以推事一人独任行之，但案件重大者，得以三人之合议行之。

当时，未设地方法院的县占据大多数，一般而言，这种县都由县长兼理司法，另设置承审员协助县长审理案件。1936年，国民政府为完善县级司法机构，逐步推行半独立的司法处制度，即在县政府中设立县司法处，其中设审判官独立行使审判权，检察事务由县长兼理。但因1937年抗日战争的全面爆发，导致县司法处制度未能全面实行，直到1946年抗战胜利后，全国才基本结束承审员协助县长审理案件的制度，而地方法院制度因为解放战争中国民党政权的迅速溃败，一直没能普遍实施。

---

① 成都市地方志编纂委员会：《成都市志·审判志》，四川大学出版社1996年版，第250页。
② 张仁善：《司法腐败与社会控制》，社会科学文献出版社2005年版，第15页。

第二节 国统区地方政府体制与陕甘宁边区政府体制的区别

由于政权性质不同，国统区地方政府体制与陕甘宁边区政府体制呈现出较大的差异，主要体现在两个方面：一是赋予民意机关的权限不同；二是实际实施的效果有所不同。

一 民意机关的权限不同

将第四章中边区政府各机构的设置情况、权限、职能、人员与国统区的地方政府体制对比来看，两者都有代表民意的机构——参议会；政府各机构都在政党的领导下运行；行政层级中都设置有准层级单位"行政专员公署""区公署"；司法审判机构都不具备完全独立的性质。可以说，单就制度设计而言，国统区和边区在行政机关和司法机关的权限上是相近的，其主要差别主要集中在代表民意机关方面。概括下来主要有三点：

第一，参选条件的区别。以国民政府县级参议员为例，必须具备"在县区域内居住六个月以上或有住所达一年以上"和"年满二十岁"的条件才有依法行使选举、罢免、创制、复决的权力。而边区参议会的参选条件为："凡居住边区境内之人民，年满18岁，不分阶级、党派、职业、男女、宗教、民族、财产和文化程度的差别"都有选举权和被选举权，明显较国民政府的规定范围要大。同时，国民政府选民在选举权和被选举权上是割裂的，即并不是拥有选举权的都拥有被选举权。在国民政府省临时参议会议员候选人条件中同时必须具备："具有各该省之籍贯，并曾在各该省所属之县市公私机关或团体服务二年以上，也有信望者"，或者"曾在各该省重要文化团体或经济团体服务二年以上，著有信望者"的附加条件。在国民政府《市临时参议会组织条例》中也有这样的附加条件，使得议员的代表范围比边区小了很多。

另外，从通过选举产生的国民政府基层公务人员选拔条件来看，"县各级组织纲要"第31条规定乡镇设乡公所，置乡镇长一人，副乡镇长一人至两人，由乡镇民代表会就公民中具有下列资格之一者选举产生："（一）经自治训练合格者。（二）普通考试及格者。（三）曾任委任职以上者。（四）师范学校或初中以上学校毕业者。（五）曾办地方公益事务著有成绩者。"再如，保长的资格为："（一）师范学校或初级中学毕业或有同等之学历者。（二）曾任公务人员或在教育文化机关服务一年以上著有成绩者。（三）曾经训练及格者。（四）曾办地方公益事务者。"① 这样使得有被选举权者范围大大缩小，当选者除了政府训练过的官吏和少数知识分子以及"办过公益"的地主富绅外，广大下层群众根本没有当选的可能。这不仅大大影响了民众参与政治的积极性，也使得各级参议会被只代表少数人利益的阶层所把持。而边区的参议员中既有共产党人、国民党，其他抗日党派团体的代表，又有工人农民、官吏士绅，既有前清的举人，又有劳作的妇女，比起国民政府各级参议员明显具有更加广泛的社会基础。同时，边区的各级政府领导人均由参议会直接选举产生，并不存在选举权与被选举权分离的情况，使得政府组织中工作人员的来源也比国民政府要广泛得多。

第二，参议员产生过程不同。以国民政府省临时参议会议员的产生为例，其参议员是由两部分构成的。一是，由省属县（市）住民中遴选60%，二是，由各该省重要文化团体或经济团体服务人员中遴选40%。但在议员产生方面又设置了很多限制性的程序，如由当地居民选出的议员候选人（每一县或市所处此项参议员不得超过1人），须先经各县（市）政府征询该县（市）党部及地方团体意见后，提出候选人二人于省政府待定。而由该省文化团体、经济团体人员中遴选的候选人，也要先由各该省政府及省党部联席会议就各该省区内文化团体或经济团体人员中提出加倍候选人，然后将以上候选人名单汇齐后，由省政府呈送行政院转呈国防最高会议最后决定参议员名单。这些补充条款使得居民产生或各团体选举产生的候选人，经过省、县政府两级政府关卡和"掺沙子"后，真正民选的候选人寥寥无几。此外，国民政府省参议员产生的条件中还规定，国防最高会议在最终选定省参议员时，还可在各省所呈送参议员候选人名单，即已经扩张了两倍的候选人名单以外再指定20%参议员，这样将参议员的产生牢牢控制在政府手中，能够反映民意的普通群众代表基本上被洗刷殆尽，参议会上当然难以听到广大群众的呼声。

而边区参议员的产生过程，在吸取了第一届边区参议会共产党员占了

---

① 孙彩霞、闻黎明、章伯锋：《抗日战争（第3卷）政治上》，四川大学出版社1997年版，第425—426页。

大多数，特别是常驻会议员都是共产党员的经验教训后，第二届边参会认真落实《五一纲领》中共产党员、非党员的左派进步分子、中间分子各占1/3的"三三制"原则。边区参议会所代表的社会阶层范围大增，抗日各阶层的利益在参议会能得到自由的表达。1941年11月15日，在第二届边区参议会常驻议员和政府委员的选举中，共产党员人数较多，于是谢觉哉、马文瑞等12名党员自动要求退出政府委员候选人，萧劲光等6名党员退出常驻议员候选人，后经无记名秘密投票方式从39名候选人中选出18名政府委员，其中共产党员占7名，略超过1/3。此时，著名共产党人徐特立当即声明退出，经大会通过，以党外人士白文焕递补。边区政府用实际行动将"三三制"原则落到实处，严格执行共产党员在边区参议会常驻会和政府委员会只占1/3的规定，尽最大可能地保证了各阶层的民主权益。不仅如此，边区参议会还明确规定："共产党员应与党外人士，实行民主合作，不得一意孤行，把持包办。"① 这使得非共产党人士在政府体制中能够真正掌握并行使人民赋予的权力。

第三，参议会的性质和职权不同。从国民参政会的性质来看，名义上它是代表全中国民众的"民意机关"，而实际上它的代表性和实际职权很弱，并且从其设立之初就没有打算赋予其最高权力机关的地位。因此，国民参政会对国家政治生活的实际影响非常微弱，在政府序列中仅是处于与总理陵园管委会、国史馆筹委会等平级的政府下属机关。就其实际地位而言，"仅为中枢政府之咨询机关"②。最高等级的参政会如此，国民政府各地方参议会也是这样。按照规定，国民政府各级参议会有议决权、听取政府报告和询问权、提案建议权、调查权，但这些权力在实际操作中都变成了非强制性的职权。而边区参议会的职权恰恰相反，其不仅仅是民意代表机关，而且是实实在在的最高权力机关。1941年4月颁布的《陕甘宁边区政纪总则草案》中第一条就明确规定："各级参议会为各级政权的最高权力机关，各级政府服从各级参议会之决议。"③ 边区参议会拥有"选举和罢免边区政府委员以及正副政府主席和高等法院院长的权力""监察及

---

① 陕甘宁边区政权建设编辑组：《陕甘宁边区参议会资料选辑》，中共中央党校科研办公室1985年版，第190—191页。
② 宋庆龄：《抗战的一周年》，《新华日报》1938年7月7日第6版。
③ 中共庆阳地委党史资料征集办公室：《陕甘宁边区时期陇东民主政权建设》，甘肃人民出版社1990年版，第1页。

弹劾各级政府机关公务人员的权力""创制及复决单行法规权""批准政府各项计划权""通过和审查政府预决算权""决定增废捐税""发行地方公债权""议决边区政府主席、政府委员会等提出的审议事项权""督促及检查政府执行边区参议会决议权"等广泛全面的职权。因此，边区各级参议会是人民直接选举产生的，居于政府之上，有权产生政府、支配政府的真正的权力机关。反观国民政府各级参议会的职权，在政府领导人的产生上，按照1931年3月23日公布的国民政府已修正的"省政府组织法"的规定，省政府采用委员会制，委员概由中央政府简任；省政府主席由国民政府就省政府委员中任命。1939年9月19日颁布的《县各级组织纲要》中，县级参议会没有权力选举产生县长。就连县以下的区长，非甄选训练合格人员不得委用，未设区署的地区，则直接由县政府派员指导。在国民政府的指定任命方式下，各级参议会与政府领导人员的产生没有任何关联。

从字面表述上，国民政府省、县参议会虽然对政府重要施政方针有决议的权力。但事实并非如此，国民政府的各级参议会并未真正享有监督政府所需的"通过和审查政府预决算权""决定增废捐税""发行地方公债权"等权力。曾经也有议员提出，省临时参议会应该具有议决财政预决算的权力，但国防最高委员会的答复是省临时参议会原属临时性质，其职权原有规定，不必再作规定。再后来，行政院将省预算编入国家预算之中，就更不属于省临时参议会议决的范畴了。从1939年的《县各级组织纲要》来看，国民政府县参议会也没有决议县预算及决算的权力。预决算一般先由县参议会讨论，再由县长呈送省政府核定；但必要时得由县长先呈送省政府核准施行，再送县参议会。因此，国民政府各级参议会的议决权完全成为虚设。尽管1942年3月后，国民政府省临时参议会增加了选举本省出席国民参政会参政员的权力，但在实际权力方面并无任何改变。因此，国民政府没有赋予各级参议会实际的权力，致使它始终未能成为真正的民意机关和权力机关。

另外，在国民政府参议会与政府的关系中，政府完全处于强势地位，参议会几乎无法对其形成制约。按照规定，国民党省政府如果认为省临时参议会提出的建议不能执行时，可以要求召开临时参议会进行复议，如果复议后，省政府仍然认为无法执行时，可以书面形式呈报行政院核准免于执行。① 在《县各级组织纲要》中还规定,当县参议会与县政府的争执由省政府核办。省政府如认为县参议会的决议"违反三民主义或国策",可咨文内政部转呈行政院核准,将县参议会解散重选。1944年12月5日,国民政府重新修订的《省参议会组织条例》中,省参议会又失去了对"重要施政方针"的决议权。同时该条例中增加了行政院可对省参议会进行限制条文,"行政院院长对于省参议会之决议案,认为有违反三民主义或国策情事,得提经行政院会议通过,呈请国民政府予以解散,依法重选"。这些规定使得国民参议会完全丧失了应有的权威性,沦为行政机关的附属。

二 实际运行的效果不同

单纯从国民政府和边区政府立法、司法、组织运行的制度条文来看,似乎只是些规定和管理方式的差别而已,并不能反映制度运行中的实际效果。而从现在留存的一些资料和统计数据来看,两者的施政效果确有巨大差别。主要表现在以下几点:

第一,政府行政效率不同。南京国民政府虽然名义上统一了全国,但实际上并没有消除各地方实力派的存在和影响,造成各地方军阀山头林立。因此,在中央政令到地方后,地方实力派以保护自身利益为目的,有意放大政令中对己有利的部分,曲解或消极应付对己不利的部分,使得政令执行和落实十分困难,而有的政令根本就没有执行。以各省政府主席职权为例,如果是由地方实力派兼任的省主席,其所拥有的权力会凌驾于任何下属部门之上,并且不受限制。而中央派至地方的文人作为省主席的,往往下属各厅不予重视,各自为政,政令难以统一。加之,因地方政府机构设置不合理,普遍存在地方政府纵向层次混乱不顺,横向职权错综复杂的严重问题。以县政府的上级机关数量为例(即直接命令县政府的机关),就有约20个。包括省政府、民政厅、财政厅、建设厅、教育厅、全省保安司令部、全省保安处、国民军训处、绥靖公署、监察室署、专员公署、区保安司令部、军管区司令部、师营区司令部、团管区、驻防军最高司令部、驻防军军司令部、驻防军师司令部、驻防军旅司令部、禁烟特

---

① 中国人民大学法律系法制史教研室:《中国近代法制史资料选编》(第2分册),中国人民大学法律系法制史教研室出版社1980年版,第325页。

派员公署等，① 这还不算临时机关在内。尽管1936年10月省政府开始大规模实行了合署办公，但省、厅、处仍有很多直接给县府的公文，有些公文甚至在内容上明显相互抵触，使得县政府无法适从。同时，与县政府平行的县党部、警察局等机构往往自成体系与政府难以协调，并常常掣肘。平时，还得同各种社团打交道，使得县级政府穷于应付。

就文书处理的过程而言，合署办公后文书处理过程中无形陡增的环节，不利于文书处理效率的提高。以四川省为例，县政府与省政府民政厅的文书往来在合署办公前，文书周转环节为：县政府——省政府民政厅——县政府，合署办公后，文书周转环节变为：县政府——省政府秘书处——省政府民政厅——省政府主席——省政府秘书处——县政府。由于所有的文书都由秘书处总收总发，各厅处的对外行文都要由省政府主席核判后由秘书处逐一放行，使得秘书处的事务空前繁忙，事积如林。抗战时期曾任广东省政府秘书长的郑彦棻对此境况进行描述："那时实行省政府合署办公，各厅、处的重要公文都要送主席核判，虽然这些公文大部分都先由秘书处的秘书代为核判，但每天送给我看请我核判或由我转呈主席核判的文件，还是相当多。我对公文程式不如那些老练的秘书熟悉，对省级机关的系统，也不尽了解，因此，核阅每感困难，而给我看的公文都是较为重要和复杂的，又值战时，往往事机急遣，所以我常常工作到深夜都还不能把当天的公文处理清楚。"② 由此可知，合署办公并未改变各厅、处各自为政的格局，提高行政效率的目标自然无法保障。

尽管国民政府制定的法令不少，不可说不完备，但不少法令，只是单一凭借公文的推动，很少过问下级执行程度如何，人民反应如何和实施后的效果。一道政令从中央至基层政府层层打折扣，往往到最后就不了了之或草率敷衍。与之相比较，边区政府的运行不存在政令不统一问题，这得益于边区党政军各级组织间的团结协作与密切配合。同时，由于行政层级是与地方政府单位的有效管理幅度直接相关的，在行政层级设置上，边区因地制宜，根据辖区山地多，交通不便，部分地区人烟稀少的实际情况，适当增加了行政层级，保证了各级行政组织的顺畅运行。边区作为只管辖

---

① 延安时事问题研究会编：《抗战中的中国政治》，上海人民出版社1961年版，第33页。
② 中国人民政治协商会议广东省委员会文史资料研究委员会：《广东文史资料》（第66辑），广东人民出版社1991年版，第160页。

二十余个县的省级政权，就建立了边区、专员公署、县、区公署、乡的"三级两辅"地方层级结构，其层级数量与南京政府全国层级数量基本相当。而国统区在实行高度中央集权和经济技术落后的情况下，生搬硬套孙中山先生的省县两级制，导致县政府负担过重，基层政府出现中间断层、行政不畅，严重影响了行政效率的提高。

第二，行政成本不同。所谓行政成本，即政府行使其职能必须付出的代价或必要支出，其中基础成本（机构众多、人员臃肿）、无形成本（行政效率低下）、运行成本（投机钻营）是三个主要的指标。以国民政府基层组织和公务人员开支来看，一方面，行政组织结构上大下小，为倒金字塔结构，公务人员中"伴食高官之人员太多而深入民间之人员太少"，高层人浮于事，下层行政积压，并且正式人员不愿从事具体工作，因而，公务机关中使用役工现象十分普遍。据统计，在20世纪30年代"大约每1.6位公务员中即须用工役一人。"另一方面，国民政府所属县长每月薪俸达数百元，区长薪俸达百数元。以四川省中等县为例，县政府每月经费支出达一千八百元，区公所每月经费支出达三百余元，乡镇公所每月支出达七八十元（甲等乡镇86元，乙等71元，丙等61元，丁等54元），乡镇长薪俸达二三十元，脱离生产者至少五人。① 不仅等级差别悬殊，而且人员数量也远超边区同级政府。特别是，在国民政府地方财政支出结构中，维持人员的生活费占了大头，而行使职权的事业费太少，成为一种典型的"吃饭"财政。以20世纪40年代后期山西国民党统治区的县级财政为例，公务人员生活费所占比例多在80%以上，个别甚至达到90%以上。而所剩的其他业务经费中投入公共事业的经费更少，仅为5%左右，导致县政府几乎无事业费可用，造成无形成本极高。②

与之形成鲜明对比，边区政府从政府主席到乡长均实行最低津贴制度，主席每月津贴五元，乡长每月津贴一元五角。乡政府每月的办公费只有1元，整个乡政府，只有乡长一人脱离生产，并无薪金，除津贴1元五角外，每天公粮一斤四两，菜钱四分。除乡长外，其他委员、行政村主任、村长，都是没有任何薪俸和津贴的。而且，1937年8月，陕甘宁边

---

① 陈之迈：《中国政府》（第2册），商务印书馆1947年版，第64页。
② 南开大学中国社会史研究中心：《中国社会历史评论》（第10卷），天津古籍出版社2009年版，第320页。

区政府的前身中央临时政府驻西北办事处就曾作出决定，政府办公费实行最节俭的原则。"县政府办公费每月规定 30 元，即便是在行政专员驻在地，其办公费得酌量增加的情况下，每月最多也不得超过 50 元。至于区一级政府办公费每月规定为 3—4 元，乡政府经费，则每月边区政府津贴 6 元，办公费包括在内，且乡长不另支伙食、鞋袜费。"① 因此，边区政府用于维持公务人员生活费用的开支远低于国民政府。另外，在实行基层政府部分生产自给后，事业费所占的比例得到进一步提高，使得边区基层政府成为一个愿意为民众办事，并且有能力为民众服务的政府。以 1945 年的边区 27 个县不完全资料统计来看，各县财政中（平均值）办公费占 5.35%，生活费占 59.19%，杂费占 14.9%，事业费占 17.96%，其他占 4.78%。而从另外八个县的完全材料统计，事业费平均占总支出 26.3%—28.03%，与国统区相比较，边区政府不仅保证了公务人员的基本生活，而且也有较为充足的事业费为人民服务，促进了地方事业的发展。②

第三，廉洁程度不同。行政腐败是指"国家政府机关及其工作人员，尤其是各级官员，没有履行被授予权力相应职责，为谋取私利或所在小集团的不正当利益，非法用权的行为，危害了社会公共利益"③。行政腐败直接危及政治稳定、阻碍经济发展、败坏社会风气，危害巨大。南京国民政府自建立起，各级官员腐败问题便日趋严重。针对这种情况，抗战之初，蒋介石就曾发表通电："现值抗战期间，整个国家民族生命在呼吸存亡之中，所有文武各级官佐，务应激发忠诚，廉洁奉公，倘有贪污不法，舞弊营私或侵渔公款或克扣军饷，或藉端剥削索诈民财者，一经查出，悉以军法从事，无论职位高低，皆必严加惩处，除由本会随时派遣要员分赴各地密查外，各主管长官尤应认真纠察，破除情面，随时检举，以肃贪风，而惩顽墨。"④ 表明了清廉吏治的态度。但国民党政权在政治上专制独裁，在经济上竭力维护自身垄断资本的利益，因此，虽然在制度上提出

---

① 龚晨：《陕甘宁边区构建节约型政府的经验及其启示》，《江苏省社会主义学院学报》2007 年第 4 期。
② 陕甘宁边区财政经济史编写组：《抗日战争时期陕甘宁边区财政经济史料摘编》（第 6 编），陕西人民出版社 1981 年版，第 638—640 页。
③ 金太军：《行政腐败解读与治理》，广东人民出版社 2002 年版，第 7 页。
④ 《严惩贪官污吏》，《新华日报》1938 年 1 月 24 日第 2 版。

和采取了一些治吏措施，但一直没有明显的实效。特别是在战时的特殊环境下，政府始终没有建立有效的他律机制和自律机制，使治理腐败成为空谈。"根据有关史料显示，1941年6月，美国政府曾冻结中国私人及公司、银行在美国的存款，其中私人存款约为一亿一千八百万美元。1948年3月30日，在美国参议院外交委员会发表的援华报告中，美国人估计中国私人所有的外汇黄金、外币约合五亿美元，当时在美国的中国私人外汇存款在三亿美元左右。这样数量巨大的私人存款，而且是集中在一小部分人手中，其来源很明显，有相当大一部分是贪污受贿、操控图利所得。"① 上层官僚视法律为一纸公文，利用特权操纵公债、走私贩运等大发国难财；中层官员则巧立名目、欺下瞒上，利用额外捐派，将民众的血汗据为己有；而基层官员人数众多，凭借天高皇帝远的优势，明目张胆地贪污，榨取民脂民膏。在国民政府各级官员的各种巧取豪夺下，国统区呈现出民不聊生的悲惨境地。

而与之相比，边区政府一直非常重视公务人员廉政建设，在《陕甘宁边区政务人员公约》中就明确规定："严惩公务人员之贪污行为，禁止任何公务人员假公济私之行为，共产党员有犯法者从重治罪。"② 1938年8月陕甘宁边区政府制定《惩治贪污暂行条例（草案）》，使反腐败有了正式法律依据。更为重要的是，由于边区政府实行民主行政，边区民众不仅有参政和议政权力，而且也拥有监督政府和行政人员的权力，建立了一道反腐败的牢固阵线，找到了一条跳出中国历史上由盛而衰的"历史周期律"的根本道路。在国统区，尽管国民政府为保证抗战的胜利和维护自身统治，也采取了一定的措施打击腐败行为，但是由于政治上缺乏民主，权力上缺少制衡，监督上缺乏有效制约，追逐自身利益驱动难以遏制，最终造成积重难返的体制性腐败，动摇了政权合法性基础。两者相比较，正如毛泽东曾说："利用抗战发国难财，官吏即商人，贪污成风，廉耻扫地，这是国民党区域的特色之一。艰苦奋斗，以身作则，工作之外，还要生产，奖励廉洁，禁绝贪污，这是中国解放区的特色之一。"③ 形成

---

① 邱涛：《殷鉴不远——民国时期的反腐败史话》，兰州大学出版社2005年版，第29—30页。
② 中共盐池县党史办公室：《陕甘宁边区概述》，宁夏人民出版社1988年版，第16页。
③ 《毛泽东选集》第3卷，人民出版社1991年版，第1048页。

了巨大的差异。

第四，民众负担不同。由于国民政府是代表大地主、大资本家的利益集团，这决定了国统区民众长期处在被剥削和压迫的困苦当中，难以真正改变生活状况。特别是抗战爆发后，农民的田赋、劳役和其他捐派等负担明显加重。1941年下半年，国民政府实施田赋征实、征购和征借以后，农民的负担日益加重。据统计，四川农民每亩收获谷物的59.5%被政府征收，湖南每亩约征收52.79%，云南约49%，仅明征实物已经超过农民收获量的一半以上。更为严重的是，征收不是按照累进制进行的而是采取了比例制，因此，相对于负担能力强的地主而言，缴纳田赋是比较容易的，而对于普通农民交纳一半以上收获物后，几乎难以维持正常的生活了。加之，在征收的过程中，政府基层人员县长、区长、保甲系统的摊派、侵吞，使得实际交纳的负担增加了一倍，农民的生活更到了难以为继的地步，民众与政府的矛盾日益激化。①

而边区政府则充分利用边区相对和平的环境，大力发展经济，改善人民生活。在新民主主义经济政策下，减租减息、废除苛捐杂税、调动农民生产积极性，推动农业发展，取得了巨大的成绩。特别是1941年，边区发起了大规模的生产自救运动后，机关、部队、学校都进行了生产自给，人民负担逐年下降。以边区绥西瓜园区沙坪村与距离极近的国民政府横山县油房联保第一保磨口沟村的农民负担为例，可以明显地看出这一点。如表5—1和表5—2，分别是1942年沙坪村和磨口沟的农民收入和负担表。

表5—1　　　　　　　　　沙坪村农民负担

层次	户数	人口	耕种土地（垧）	收入（石）	负担（石）	负担占收入比%
富农	3	30	148	36.34	3.48	9.5%
中农	4	19	87.5	19.54	0.99	5.05%
贫农	5	32	96.5	23.13	0.97	4.2%
合计	12	81	332	79.01	5.44	6.9%

此表数据摘自陕甘宁边区财政经济史编写组等《抗日战争时期陕甘宁边区财政经济史料摘编》（第9编），陕西人民出版社1981年版，第68页。

---

① 杨荫溥：《民国财政史》，中国财政经济出版社1985年版，第121—124页。

表5—2　　　　　　　　　磨口沟农民负担

层次	户数	人口	耕种土地（垧）	收入（石）	负担（石）	负担占收入比%
一	3	28	120	24.31	8.61	35.4%
二	8	44	150.5	30.58	13.39	43.8%
三	3	24	51	9.8	3.13	31.9%
四	2	7	16	3.6	1.27	35.3%
五	3	11	21	4.4	0.39	8.9%
合计	19	114	358.5	72.69	26.79	36.9%

此表数据摘自陕甘宁边区财政经济史编写组等《抗日战争时期陕甘宁边区财政经济史料摘编》(第9编)，陕西人民出版社1981年版，第69页。

从表中可以看出：国民政府的磨口沟人口按成分可以分为五层（地主、富农、中农、贫农和雇农），其农民负担中相当于中农的第三层次为31.9%是沙坪村中农5.05%的6.3倍，相当于贫农的第四层次负担为35.3%是沙坪村贫农4.2%的8.4倍。[①] 到1944年，边区机关部队、学校财政收入取之于民者仅占全部财政收入的31%。[②] 部队的粮食、衣被和其他一切物资，到1945年已基本上达到自给，陕甘宁边区党政军人员的粮食自给量约占公粮的60%以上。[③] 而"取之于民"的比例逐年减少，"边区1943年征收救国公粮18万石，1944年16万石，1945则下降到12.4万石"[④]，已经完全消除了饥荒现象，人民生活丰衣足食，与国统区民众的负担形成了鲜明的对比。

第五，相同制度的实施能力不同。"制度是人类社会赖以形成秩序的保障，社会需要稳定，就必须形成一定的组织，并在组织的规制下，以一定的、为绝大多数成员认可的方式或规则进行各种层面的交流与交换。"[⑤] 制度能力是国家能力体系的核心，包括制度选择、制度实施、制度监督、

---

① 陕甘宁边区财政经济史编写组等：《抗日战争时期陕甘宁边区财政经济史料摘编》(第9编)，陕西人民出版社1981年版，第68—69页。
② 《边区展览会开幕各项建设大有进步》，《解放日报》1944年12月27日第1版。
③ 赵棣生：《边区财政经济的新面貌》，《解放日报》1945年1月4日第2版。
④ 黄正林：《抗日战争时期陕甘宁边区的财政来源》，《固原师专学报》1998年第2期。
⑤ 汪洪涛：《制度经济学：制度及制度变迁性质解释》，复旦大学出版社2003年版，第1页。

制度裁决方面的能力。① 其中制度实施能力直接事关制度的实施效果、实现程度及社会治理的进程。

行政督察专员公署制度是 20 世纪三四十年代南京国民政府和陕甘宁边区政府曾共同采用的一项行政制度。南京国民政府设立行政督察专员公署（1932—1949）主要基于以下原因：一是为了在军事上围攻革命根据地，达到"剿共"和"清乡"的目的；二是为了满足行政管理的客观需要。中国幅员辽阔，从公元前 221 年至 1912 年中华民国成立，中国地方政府的层级采用的是二级制或三级制。采用二级制的时间不长，大部分是在早期与封国并存的时期，自唐代以后地方层级多实行三级制。中国地方政府层级在封建帝制时期的历史发展表明：在省县之间设置一个层级十分必要，符合中国国情。三是为了增进行政效率。② "行政院为整顿吏治、绥靖地方、增进行政效率起见，得令各省划定行政督察区，设置行政督察专员公署为省政府辅助机关"③。由 1936 年 10 月 15 日行政院修正公布的《行政督察专员公署组织暂行条例》可知，行政效率是设立行政专员公署的重要因素之一。

陕甘宁边区的行政专员公署设立于 1937 年，一方面出于国共合作的需要。为了维护抗日民族统一战线，在边区政府与县政府之间设置专员公署，表明中共接受国民政府的地方行政制度，承认南京国民政府的领导地位，从而达成全民族团结抗战的目标；另一方面，边区设置行政专员公署源自行政管理的客观需要。在具体管理实践活动中，鉴于当时通信、交通不发达，由边区政府直接领导与管理各县颇为困难，在边府下面设立行政专员公署，以弥补行政层级上的缺陷是非常必要的。

设立行政专员公署虽非陕甘宁边区政府首创，但边府并没有对其照搬照抄，而是根据实际情况，赋予该制度新的内容，并灵活加以运用，从而展现出截然不同的制度实施能力。从领导体制上看，陕甘宁边区的大部分专署都设置有副专员，实行正、副专员配置，"分区行政专员及副专员，由边区政府派任，或令驻本分区军事长官兼任，或令本分区县长

---

① 董海军：《转轨与国家制度能力：一种博弈论的分析》，上海人民出版社 2007 年版，第 5—6 页。
② 翁有为：《专区与地区政府法制研究》，人民出版社 2007 年版，第 45—55 页。
③ 中国第二历史档案馆：《国民党政府政治制度档案史料选编》（下册），安徽教育出版社 1994 年版，第 492 页。

一人兼任"①。这样,既解了干部人才缺乏的燃眉之急,也更有利于应付一些突发事件。如"重大问题,由专员公署政务会议讨论决定。发生分歧时,专员有决定权。"② 因为在革命与战争的环境下,作为行政首长往往要求具备独立负责的权力与能力,行政专员公署制度无疑为行政首长负责制提供了理论依据,为该制度能够充分发挥提供适宜环境。而国民政府的专署只设专员1人,以突出专员之权,革除国民政府官僚机构效率低下的弊端。但事实并非如此,国民政府与地方矛盾重重,导致国民党的专员要么大权独揽,要么不管不问,并未改变行政效率低下的痼疾。

从实施的范围和深度上看,国民政府对该制度在空间和时间上有所保留和刻意控制,如最初只在其划定的"剿匪"区的省份进行,专门对付中共,抗战胜利后又不让此制在收复的东三省实施,而在该地区推行"缩小省区制",这便意味着地方政制的改革有可能不再沿着行政专员公署的轨迹向前,并将其延续下去。而陕甘宁边区政府在吸纳国民政府行政专员公署制度的基础上,没有采取措施对其在时间与空间上加以限控,从而使其得到充分的发展和运用,规模不断扩大,成为中国共产党政权体系内部不可或缺的行政单元,对新民主主义革命的政权建设和新中国的地方制度建设产生了较为深远的影响。

从行政执行力角度看,国民政府的专署是一个行政组织单元,在军事上一般不属于战略区单位,在政治上也没有党务系统的有力支持,故执行力度偏弱。而陕甘宁边区的专署在行政上既是一个行政单元,军分区也在此处连接。另外,专署必须受同级党委的领导。中共中央政治局在1942年9月1日通过《关于统一抗日根据地党委的领导及调整各组织间关系的决定》,强调党的一元化领导,并明确指出:党是无产阶级的先锋队和无产阶级组织的最高形式,它应该领导一切其他组织,如军队、政府与民众团体。在抗日根据地,党的委员会统一领导一切,为该地区最高领导机关。③ 在党政军三大系统的合力作用下,从而能够将所属的各县力量凝聚到一起,有力推动当地政治、经济、文化教育的发展,效果显著。

---

① 陕西省档案馆、陕西省社会科学院:《陕甘宁边区政府文件选编》(第5辑),档案出版社1988年版,第8页。
② 华小勇:《陕甘宁边区行政督察专员制度初探》,《延安大学学报》2005年第5期。
③ 参见杨圣清《新中国的雏形——抗日根据地政权》,广西师范大学出版社1994年版,第260—261页。

从府际关系上看,"中共政治体系内的专署上下层关系也相对简单,往上只对上一级的边区政府或行政公署负责,向下则能够对所属各县实施强有力的领导,而不受非制度性因素如地方实力、派系私见、特权与恶黑势力利益之干扰,为专署首长制功能的有效发挥,提供了最为可靠的现实保障"①。通过比较可知,同样的制度在不同性质的政权作用下,由于实施能力不同会产生较大的差别。

第三节　两种体制存在差异性的原因

政府体制实际的运行效果,不是仅由制度设计单一因素决定的,而是在外部因素,如政党性质、人事制度以及历史背景等因素,内外相互作用的结果。特别是外部因素可能会对内部制度的缺陷造成放大效应,从而使制度设计中的一些瑕疵成为致命错误。当然,这些外部因素处理得当也可能使得制度设计的缺陷得到修正。同样处于战争时期,都处于制度逐步完善期,相比较陕甘宁边区,南京政府在政府体制实际运行中存在的问题经过外部因素的放大和叠加后,就造成了严重的后果。究其原因,主要表现在以下三点:

第一,政权性质不同。在国民党统治区域里,实行的是中国大地主大资产阶级的联合统治,为了既得利益,不愿改变中国半殖民地半封建社会的性质。日本投降之后,蒋介石开始推行内战、独裁的方针,与美国在1946年11月4日签订《中美商约》,使美国企业拥有在华的各种特许待遇,把中国变成其独占的殖民地市场。在此环境下,国统区民众忍受着沉重的压迫。以云南省的田亩征实为例,"每亩约纳稻谷四斗五升至六斗二升余,每亩平均约纳稻谷三斗六升至五斗余升,(以每亩平均纳原税银八角计算)滇省素号山国,土质欠佳,生产不丰,清丈以后,计各县可能生产粮食之耕地亩积,共仅二千二百余万亩,每年约生产稻谷七百余万石,及杂粮(苦荞苞谷两种)一千四百余万石,平均耕地一亩生产粮食尚不足一市石。且地居高原,难兴水利,每岁多有灾歉。实际每亩仅能收获八斗左右,而杂粮又约占三分之二,故每亩耕地应纳赋粮,多数均达每亩总产量之半数以上。下余粮食,多者不过四斗四升,少者仅有二斗零四

---

① 翁有为:《行政督察专管员区公署制研究》,社会科学文献出版社2012年版,第437页。

合之谱。自耕农耕地收益,除上纳赋粮外,所余粮食,尚不足偿还来本。地主则多数收租不敷纳粮,在此数年中,滇省农民万分痛苦。……在抗战紧张之际,人人咸知救国,忍痛上纳,在所不辞。现战事胜利结束,……但负担过重民力不胜的严重问题,必须予以解决,……,亦不宜竭泽而渔,斯为明智之举"①。由此可知,身处国统区农村粮户的沉重负担。而居住在城市的广大民众也备受物价飞涨和商品奇缺的煎熬,生活艰辛。成都的小学教师,每月工作约250小时,拿不到100万元,平均每小时只有4000元,而当时寄一封平信却要5000元,喝一碗茶水也要12000元。成都8000多名小学教师不得不忍饥罢课,上街请愿。② 尤其城市中工人、下层手工业者在资本家和各级官僚组织的层层剥削下,生活艰辛,难以为继。正如蒋经国曾经在上海所言"广大的老百姓还居住在破烂不堪的工棚和小茅房里,更有成千上万的人无家可归,流浪于街头巷尾,沦落在芒野沟洫之中……。"③

在陕甘宁边区,边区之前的土地革命中部分地区已经进行了土地改革,地主和资本家把持的政权已经被摧毁,而实行抗日统一战线后,边区明令地主不得索要农民已经分得的土地,从而保证了农民的利益。在没有实行土地革命的地区,边区大力推行减租减息,对地主和资本家以往的高额盘剥进行了限制,保证了底层群众的基本利益。因此,边区事实上已经打破了原有的地主和资本家的统治,建立了包涵阶级范围广泛的新型的抗日民族统一政权。同时,边区在此基础上建立的民主政权和其施行的政治、经济、文化等方针政策,也确实为广大民众带来了直接可见的利益,使人民看到了希望。这种政权性质的差别是根本性的,政府体制运行情况是在政权性质的大环境下进行的,而不是仅靠政府体制运行的改良就可以改变的。

第二,党的执政方式不同。从党的领导角度看,尽管国民党和共产党相对于政府组织而言都处于执政地位和领导地位,但在两者的领导方式上有着本质的区别。1928年,国民党开始实施的"训政",实质是绝对的集

---

① 段克昌:《田赋征实的几个严重问题》,《财政评论》1947年第2期。
② 尹书博:《解放战争时期国统区"官倒"盛行与经济崩溃》,《文史研究》1995年第2期。
③ 吴金良、朱小平:《蒋氏家族全传》,中国文史出版社2002年版,第261页。

中制,是一党专政,也是大地主大资产阶级独裁统治的必然结果。特别是在抗战爆发后,利用处于战争状态的特殊情况更强化了这种法西斯式的专政。尽管其在国内和国外民主要求的压力下做了一些政治制度改革的姿态,比如设立了国民参政会、地方各级参议会,但并没有打算对一党专政进行变革。因此,如前文所述,在制度设计上就将国民参政会和参议会限制在咨询机关角色中,并没有赋予其最高权力机关和真正民意代表机关的地位。而共产党对边区各级政权的领导方式是原则的、政策的、大政方针的领导,不是事事干涉,代替包办的直接领导。在抗战时期,共产党也提出了加强一元化领导,但同时也明确规定了党的领导方式,即在选举中不是凌驾于边参会之上的,而是代表人民提出竞选纲领,通过民众对党的路线方针的认同去争取领导权;在政府工作中,党委无权直接命令边参会,而是通过党员的踏实工作,以党员的自身行动和表率作用去赢得其他人员的支持;在处理党与参议会的关系时,下级党组织必须服从边参会的决议,在党的意见未能通过时,必须少数服从多数,不得违反民主集中制原则。这是抗战时期,共产党领导方式的转变,使得边区成为全国抗日民主的模范。

第三,政府各部门用人机制不同。国民政府虽然专门设置了考试院来选拔官吏,但考试制度实际上有名无实。1931年有101人通过了高等级别的文官考试,可以受聘当官。三年后,他们中仅34人被任命以政府职位,16人却一直是见习生。到1934年只有8人得到其所想要的职位。[①]因此,国民政府大多数地方行政长官的任用多为用人徇私,公务人员的来源多数为私人引荐,致使整个机构中充满不合格的冗员。另外,公务员的任用,只重形式而不重实质,重文件而不重视才能。尽管对于公务员的任用国家有明确的要求,但同时又允许私人引荐的行为。在操作中,私人关系逐渐占据主导地位,并开始为了用私人,而不断排挤和压制考试选拔的人员。由于官场关系盛行,在处事中各级政府官员更加重视私人关系,只知媚上,从而缺乏为社会和国家服务的基本素质。这样,地方政权通常操纵在官吏和富绅手中,不可能真正代表民众的利益,所谓的地方"自治"实质都成了"官治"。同时,正因为这种私人关系,造成公务人员贪污行

---

① [美]易劳逸:《1927—1937年国民党统治下的中国流产的革命》,陈谦平、陈红民等译,中国青年出版社1992年版,第21页。

为成为常态，并且也难以受到惩戒。特别是，按照法律规定应该民选的基层公务人员，如区乡镇长并不是真正由民选产生的，一般都由县政府指定后，再经过民选，走一下形式。这种情况从上至下，一直到最基层的保甲制度。这种情况在地方实力派把持的地区尤为严重。虽然，国民政府为了防止地方实力人物对地方政务的专权，在制度设计上力图通过省政府委员这种集体决策机构来掌握地方行政的决策权，以便于控制地方和统一全国政令。在法律条文中似乎省政府委员会具有最高地方行政权力，而实际上由于国民党对地方实力派的妥协，除了国民党中央势力直接控制的省份外，地方行政事务是由地方军事实力派来决定的。并且由于省政府主席一职多半为地方实力派首脑担任，省主席能凌驾于其他政府委员之上，使省政府委员会的集体决策制度变成了省政府主席一人说了算的首长制，而省政府委员会的职权只停留在书面文字上。这种大的背景下，各级官吏的任免往往成为地方实力派的私事。而边区采取了民主的干部选拔方式，各级行政工作人员的任免采用了以下两种方式：一是经过各级权力机关选举而任职。如边区政府主席、副主席和政府委员，县（市）长和县（市）政府委员，以及乡（市）长，均由同级参议会选举；一是由有任免权的行政机关，按照法定权限直接任命。并且不论哪种人员都在民众的监督之下，干部的任免权始终掌握在人民手中，使边区干部队伍的素质、面貌、廉洁性都远超国民政府。同时，特别重视干部的学习和教育，创办了大量干部培养学校。讲课有的放矢，理论结合实际，把教员的指导、学员的自习、集体的讨论有机地结合起来，收到了良好的效果。通过学习、培训，造就了一大批政治军事干部和文化技术干部，成为各级政府的骨干。

  从比较中可以看出，在影响政府体制实际运转效果的因素当中，外部因素的执政党性质，即所代表的阶级利益是否代表了最广大的群众利益是关键。内部因素中保证机构之间权力相互协调的制度设计是非常重要的因素，并且它不是笼统的定性表达即可的，而是需要各权力之间通过具体的、严密的、精细的规定来完成的。同时，在执行过程中，政府机构组成人员的选拔和任用对施政有着极为重要的影响。另外，施政环境、历史背景、文化传统、民众素养等因素都会在当中发挥作用。

第六章

陕甘宁边区政府体制是马克思主义中国化的伟大创新

党的十六大报告指出，"创新是一个民族进步的灵魂，是一个国家兴旺发达的不竭动力，也是一个政党永葆生机的源泉"①。纵观中国共产党的发展历程，坚持理论和实践的不断创新是一条贯穿党史的主线，特别是将马克思主义普遍原理与中国具体实际相结合，中国共产党将马克思主义中国化，形成了适合中国实际的新思路和新成果，从而使马克思主义理论在中国获得了强大的生命力，成为指导中国人民进行新民主主义革命和社会主义革命、建设的行动指南，取得了举世瞩目的伟大成就。

陕甘宁边区时期是马克思主义中国化的辉煌时期，取得了一系列突破性的进展。1938年10月，在中共六届六中全会上，毛泽东创造性地提出了"马克思主义的中国化"这样一个命题，他说："共产党员是国际主义的马克思主义者，但是马克思主义必须和我国的具体特点相结合并通过一定的民族形式才能实现。"② 从而明确地提出了"马克思主义中国化"的要求，成为中国共产党马克思主义中国化认识史上的第一块里程碑。从历史上看，马克思主义的生命力，就是在于它在实践中能够不断创新，马克思主义理论的每一次重大突破，都是马克思主义基本原理与具体实践相结合进行理论创新的成果。陕甘宁边区时期，中国共产党将马克思主义原理结合中国国情进行创造性发挥，通过边区政府管理实践，在政府体制方面形成了一系列新的思想认识、理论突破和创新发展。

---

① 党的十六大报告学习辅导百问编写组：《党的十六大报告学习辅导百问》，党建读物出版社2002年版，第11页。

② 《毛泽东选集》第2卷，人民出版社1991年版，第534页。

第一节 "两权半"——马克思主义政权理论的中国化

任何类型国家的政治权力都由立法权、行政权、司法权三种基本权力组成，三种权力的关系称权力结构，也称政权组织形式，主要是指政府（广义的政府）机构的设置及其相互间关系。一般包括政府机关的设置、产生方式、组织形式、行使权力的期限及其各种机关相互之间的关系等。从根本上说，国家的阶级本质决定政权组织形式，但经济、文化发展水平、历史传统等因素也对政权组织形式起到一定的作用。正式提出将行政权与立法权、司法权分立的理论，并对现代西方国家政府体制确立产生深远影响的是法国启蒙思想家孟德斯鸠。他在《论法的精神》中论述了分权的必要性，"一切有权力的人都容易滥用权力，这是万古不易的一条经验。有权力的人们使用权力一直到遇有界限的地方才休止"①。"当立法权和行政权集中在同一个人或同一个机关之手，自由便不复存在了；因为人们将要害怕这个国王或议会制定暴虐的法律，并暴虐地执行这些法律。如果司法权不同立法权和行政权分立，自由也就不存在了。如果司法权同立法权合而为一，则将对公民的生命和自由施行专断的权力，因为法官就是立法者。如果司法权同行政权合而为一，法官便将握有压迫者的力量。如果同一个人或是由重要人物、贵族或平民组成的同一个机关行使这三种权力，即制定法律权、执行公共决议权和裁判私人犯罪或争诉权，则一切便都完了。"② 为了使这三种权力相互制约，达到权力的平衡，他还主张，"立法权代表国家的意志，应该由人民集体享有，拥有创制权和反对权，人民通过他们的代表制定法律，把立法机关分为贵族院和众议院，两院同时拥有立法权，使贵族和平民可以相互制止对方侵犯自己；行政权由君主掌握，行政权直接领导军队，规定召集立法机关会议的时间和期限，并有权制止立法机关的越权行为，通过'反对权'参加立法，但是不参与立法事项的讨论，甚至无须提出法案；法院专掌司法权，法院在每年一定时间由人民阶层中选出人员组成，法官按照法律规定行使权力，并给被告人

---

① ［法］孟德斯鸠：《论法的精神》（上册），张雁深译，商务印书馆1995年版，第154页。
② 同上书，第156页。

与法官同等的地位"①。依据分权学说建立的西方"三权分立"政体，其根本目的在于摆脱专制，让议会作为立法机关，政府成为最高行政机关，法院则是最高司法机关，三个机构分设，独立行使各自的权力，相互制约，保障个人的自由与权利。

在汲取西方"三权分立"学说，并结合中国传统政治文化的基础上，孙中山提出了"五权分立"的政权模式。他认为："就中国政府权的情形讲，只有司法、立法、行政三个权是由皇帝拿在掌握之中，其余监督权和考试权还是独立的。就是中国的专制政府，从前也可以说是三权分立的，……中国从前实行君权、考试权和监察权的分立，有了几千年。外国实行立法权、司法权和行政权的分立，有了一百多年。不过外国近来实行这种三权分立，还是不大完全。中国从前实行那种三权分立，更是有很大的流弊。我们现在要集合中外的精华，防止一切的流弊，便要采用外国的行政权、立法权、司法权，加入中国的考试权和监察权，连成一个很好的完璧，造成一个五权分立的政府。像这样的政府，才是世界上最完全、最良善的政府。"② 由此可知，孙中山是用中国的三权来比附西方的三权的，显然是混淆了两种截然不同的政体的性质，忽略了中国封建君主政体下君权至高无上的特性，基于此情形，考试权与监察权只可能是依附而不是独立于君权。1924 年在《三民主义》的演讲中再次谈到"殊不知道五权是属于政府的权，就他的作用说，就是机器权。一个极大的机器，发生了极大的马力，要这个机器所作的工夫很有成绩，便要把他分成五个做工的门径。……政府替人民做事，要有五个权，就是要有五种工作，要分成五个门径去做工。……政府有了这样的能力，有了这些做工的门径，才可以发出无限的威力，才是万能政府"③。可见，孙中山的"五权分立"注重的是五权之间的分工与合作，即要求国家权力职能部门（立法院、行政院、司法院、考试院和监察院）各尽其职，各司其事。五院的产生及分工如下："宪法制定之后，由各县人民投票选举总统，以组织行政院；选举代议士，以组织立法院；其余三院之院长，由总统得立法院之同意而委任之，但不对总统及立法院负责，而五院皆对于国民大会负责。各院人员失

---

① 范文：《中外行政体制理论比较》，国家行政学院出版社 2009 年版，第 22—23 页。
② 《孙中山选集》，人民出版社 1981 年版，第 800 页。
③ 同上书，第 800—801 页。

职，由监察院向国民大会弹劾之；而监察院人员失职，则国民大会自行弹劾而罢黜之。国民大会职权，专司宪法之修改及制裁公仆之失职。国民大会及五院职员、与夫全国大小官吏，其资格皆由考试院定之。"①

遵循孙中山的"五权分立"思想，1928年南京国民政府确立"五院制"的政府体制，但在实施过程中却无法真正实现权力上的分立。伴随着《中华民国国民政府组织法》的几次修正，国民政府主席的权力越来越大。1931年6月，修正通过的《中华民国国民政府组织法》突出了国民政府主席的权力，使国民政府委员会合议制名存实亡。国民政府主席是国民政府的对内对外代表，兼中华民国陆海空军总司令。国民政府五院院长、副院长、陆海空军副司令及直属国民政府的各院、部、会长，以国民政府主席提请，由国民政府依法任免。国民政府公布法律、发布命令，由国民政府主席依法署名行之。其后，虽经历了国民党内部的联合反蒋运动，迫使蒋介石宣布下野，孙科就任行政院院长，采用"责任内阁制"，国民政府主席又变为虚职元首，五院各自对国民党中央执行委员会负责，但历时短暂。1943年8月1日，蒋介石在林森去世后出任国民政府主席。9月在国民党五届中央执行委员会第十一次全体会议上，通过了《修正国民政府组织法案》，将国民政府主席恢复为实职元首，五院院长由国民政府主席提名，并对国民主席负责。1948年5月，南京政府开始实行总统制，五院院长对总统负责，五院成为总统下的办事机构，从而失去分权制衡的愿意，权力集中于总统，成为五院各司其职以辅佐总统的"分工辅政体制"，这与传统政治体制相差无几。②

边区"两权半"的政权组织形式是指陕甘宁边区时期所形成的，同时又在无产阶级政权组织形式基础上依据边区实际情况创新形成的边区立法、行政、司法三种权力配置关系。其中，边区各级参议会为人民直接选举产生的权力机构，行使立法权为"一权"；边区各级政府独立行使行政权，对参议会负责，接受参议会监督为"一权"；而边区法院独立行使司法审判权力，但因其司法行政权力附属于政府行政机构而为"半权"。因此，"两权半"中的"权"指的是边区立法、执行、司法机构在行使权

---

① 中山大学历史系孙中山研究室、广东省社会科学院历史研究所等：《孙中山全集》第7卷，中华书局1985年版，第62—63页。

② 韦庆远、柏桦：《中国政治制度史》，中国人民大学出版社2005年版，第640—642页。

力中的地位，既不是资本主义"三权分立"中的"权"侧重于权力产生的来源，以及权力之间相互制衡的含义，也不是孙中山推崇的以行政权居首，其余四权均围绕行政权并为其服务的具有无限威力的"万能政府"。

边区"两权半"的政权组织模式不是凭空产生的。由于无产阶级政权与资本主义政权性质的根本对立，因此，不少马克思主义者认为无产阶级政权组织形式应该是直接相对于资本主义"三权分立"而存在的。即认为无产阶级在打碎资产阶级国家机器、实行工人阶级专政的同时，应该建立起自己有别于资产阶级国家的政权组织形式，这种观点在最初的巴黎公社实践中就开始进行了探索和尝试。

1871年3月，法国无产阶级推翻了资产阶级的统治，建立了人类历史上第一个无产阶级政权——巴黎公社。夺取政权后公社随即进行了公社选举，选举产生公社委员会，由公社委员会接管国家机关，并确立了巴黎公社的民主体制。公社在普选的基础上，对所有公职人员实行全面的选举制和撤换制。不仅最高权力机关——公社委员会，而且国民自卫军各级领导人、司法部门的工作人员以及一些企业的领导人也都由选举产生。同时，公社将公社机关和公职人员置于人民群众的监督之下，对玩忽职守或损害群众利益的公职人员予以罢免和撤换。马克思曾对巴黎公社的实践给予高度称赞，将巴黎公社界定为"它实质上是工人阶级的政府，是生产者阶级同占有者阶级斗争的产物，是终于发现的可以使劳动在经济上获得解放的政治形式"[1]。在《法兰西内战》一文中，马克思指出："公社必须由各区全民投票选出的市政委员组成（因为巴黎是公社的首倡者和楷模，我们应引为范例），这些市政委员对选民负责，随时可以罢免。其中大多数自然会是工人，或者是公认的工人阶级代表。它不应当是议会式的，而应当是同时兼管行政和立法的工作机关。"[2] 可以说，马克思在巴黎公社的实践探索中已经为无产阶级专政的国家政权组织形式指明了方向。即无产阶级政权应当实行立法权和行政权的合一，由一个代表机构统一行使立法和行政权力；这个代表机构由人民直接选举产生，对选民负责，接受选民的监督，代表可以随时撤换；行政机构由代表机构产生，向

---

[1] 《马克思恩格斯文集》第3卷，人民出版社2009年版，第158页。
[2] 同上书，第222页。

其负责，接受其监督的政权管理模式。这种制度形式体现了人民主权的集中，与资产阶级的议会制有着明显的不同。

1917年11月俄国革命胜利后，在列宁领导下，建立了由马克思主义政党领导的第一个社会主义国家。列宁结合巴黎公社的经验，将国家政权组织形式确定为苏维埃制度。这是一种新型的同资产阶级议会制完全不同的代议制。正如列宁指出的那样，"苏维埃制度就是由一种革命发展为另一种革命的明证或表现之一。苏维埃制度是供工人和农民享受的最高限度的民主制，同时它又意味着与资产阶级民主制的决裂，意味着具有世界历史意义的新型民主制即无产阶级民主制或无产阶级专政的产生"[1]。列宁认为，无产阶级应该对资本主义议会制进行改造，而不是简单地废除议会制。其主要内容是，"为了建立共和制，就绝对要有人民代表的会议，并且必须是全民的（按普遍、平等、直接和无记名投票的选举制选出的）和立宪的会议"[2]。在这种理论的指导下，苏维埃实行"议行合一"的政府体制。按照苏维埃制度构架，苏维埃代表大会是国家的权力机构，由人民通过普遍、自由、平等的方式选举产生，并接受人民的监督。由苏维埃代表大会行使国家的立法权、决定权、任命权以及监督其他国家机关的权力，其他国家机关由苏维埃代表大会选举产生，接受苏维埃代表大会的领导和监督。但与巴黎公社不同的是由于苏联幅员广阔、人口众多，在实际政府运行中，立法机构和行政机构为同一机关是不切实际的，因此，在"议行合一"的基础上，全国苏维埃代表大会选举产生中央执行委员会，进而再产生人民委员会（后为部长会议）为执行机构，这种方式将巴黎公社由同一机构行使立法和执行权力改变为将立法和行政分别隶属于不同的机关来行使，这种模式成为以后各无产阶级国家参照的范本。需要强调的是，苏维埃制度并不是独立运行的，而是在苏联共产党的领导下来组织政府体制的。苏维埃代表大会及其他国家机关处于党的领导之下，党的权力成为政府实际上最高的权力。因此，执政党采取何种方式领导政权成为这种模式的关键，如果党的领导方式采用不当，党政不分、以党代政问题就会随之出现，将严重阻碍无产阶级政权民主制度的发展。

中国土地革命时期，随着工农民主政权的建立，在共产国际的指导

---

[1] 《列宁选集》第4卷，人民出版社1995年版，第566页。
[2] 《列宁选集》第1卷，人民出版社1995年版，第534—535页。

下，各革命根据地政权建设都采取了苏维埃的组织形式。1931年，在江西瑞金召开了第一次全国工农兵代表大会，大会宣布成立中华苏维埃共和国，通过了《中华苏维埃共和国宪法大纲》，选举产生中华苏维埃中央执行委员会，组织了人民委员会。由于所处的社会发展阶段不同，中华苏维埃与苏联的政权性质和任务有所不同，中华苏维埃的性质为无产阶级领导的反帝反封建的工农民主专政。"这个专政的目的，是消灭一切封建残余，赶走帝国主义列强在华的势力，统一中国，有系统的限制资本主义的发展，进行苏维埃的经济建设，提高无产阶级的团结力与觉悟程度，团结广大贫农群众在它的周围，同中农巩固的联合，以转变为无产阶级专政。"① 因此，工农兵代表大会为中华苏维埃共和国的政权组织形式的核心。工农兵苏维埃代表大会实行"议行合一"的原则，代表由人民民主选举产生，苏维埃代表大会既是议事机关，由它制定法律和议决大政方针，同时，又是执行机关，由其直接组织行政部门，贯彻执行其所制定的法律和作出的决议。1934年2月17日，中华苏维埃共和国第二次全国代表大会中央执行委员会颁布了《中华苏维埃共和国中央苏维埃组织法》（以下简称"中央苏维埃组织法"），依照规定，各级苏维埃代表大会选举执行委员会②为苏维埃代表大会闭会期间"最高政权机关"，执行委员会又推选主席团和主席团主席，为执行委员会闭会期间的"最高政权机关"。这样，苏维埃国家的权力，就由苏维埃代表大会集中到人数较少的执行委员会；又由执行委员会集中到人数更少的主席团；甚至又由主席团，集中到主席、副主席，形成了民主基础上的高度集权制。

1937年西安事变和平解决之后，为了促成全国一致抗日的局面，消除两个政权的对立，西北办事处开始着手实施苏维埃政府向抗日民族统一政府的转变工作。这种转变要求边区政权在形式上要与国民党政府组织形式保持一定的"形似"，在实质上则要继续坚持无产阶级政权的性质。因此，必须找到一个能够适合当时实际的政权组织形式。1937年5月12日，西北办事处行政会议通过了《陕甘宁边区议会及行政组织纲要》，确立陕甘宁边区的政府体制。按照规定："各级议会议员，由选民直接选举，各级行政长官——乡长、区长、县长、边区主席，由各级议会选举；

---

① 《中华苏维埃共和国宪法大纲》（1931年11月7日通过）
② 乡苏维埃代表大会除外，乡苏维埃代表大会直接选举产生主席团。

边区法院院长,由边区议会选举,边区政府各厅长的任命须得边区议会的同意。"另外,"各级政府直接对各级议会负责"①"边区法院审判独立,但仍隶属主席团之下,不采取司法与行政并立状态"②。从而确定了边区立法、行政、司法机构三者之间的关系,如图6—1所示③。这些规定表明了边区新创立的政权组织形式,一方面在名称上,采用了与国民省政府相近的称呼;一方面在实质上仿效苏维埃的政权架构。边区的权力机构为边区议会(参议会),政府行政机关和司法机关均由边区参议会选举产生,边区参议会不仅是由边区人民直接选举产生的反映民意的权力机关,又是同级政权的最高权力机关,在三权中处于核心地位。正如谢觉哉对议会和政府之间关系的比喻那样:"议会是人民直接选的,是主人,政府是议会选的,是佣人。主人对佣人有监督指挥的权利,佣人应接受主人的监督和指挥。"④边区"两权半"的新形式——即边区的参议会、边区政府机关形成了立法、行政各自不同的体系,但并未改变边区所有权力由民选的一个中心"参议会"产生,仍属于"议行合一"的性质。在权力行使过程中边区政府是边区最高行政机关,其行政事务是依法独立进行的,并对参议会有一定的制约权;边区高等法院是司法系统的最高领导机关和审判机关,其独立行使司法和审判权,但在行政序列上却属于同级政府的组成部分,日常行政、财务、人事管理工作也由边区政府负责。这样的权力分配方式,在后来的1939年第一届参议会通过的《陕甘宁边区各级参议会组织条例》和《陕甘宁边区组织条例》中均有类似的表述。

  边区的"两权半"政权组织形式中,司法机关的"半权"性质比较特殊。1943年颁布的《陕甘宁边区政府政纪总则草案》中规定:"司法机关为政权工作的一部分,应受政府统一领导,边区政府审判委员会及高等法院,受边区政府领导,各下级司法机关,应受各该级政府领导。"⑤ 所

---

① 西北五省区编撰领导小组、中央档案馆:《陕甘宁边区抗日民主根据地(文献卷·上)》,中共党史资料出版社1990年版,第189—190页。
② 陕西省档案局编:《陕甘宁边区法律法规汇编》,三秦出版社2010年版,第2页(前言)。
③ 此图为作者依据边区相关文献自行整理而成。图中边框为实线者的单位是正式层级,实线箭头连接两单位之间存在隶属关系。
④ 谢觉哉:《谢觉哉文集》,人民出版社1989年版,第236页。
⑤ 陕西省档案馆、陕西省社会科学院:《陕甘宁边区政府文件选编》(第7辑),档案出版社1988年版,第188页。

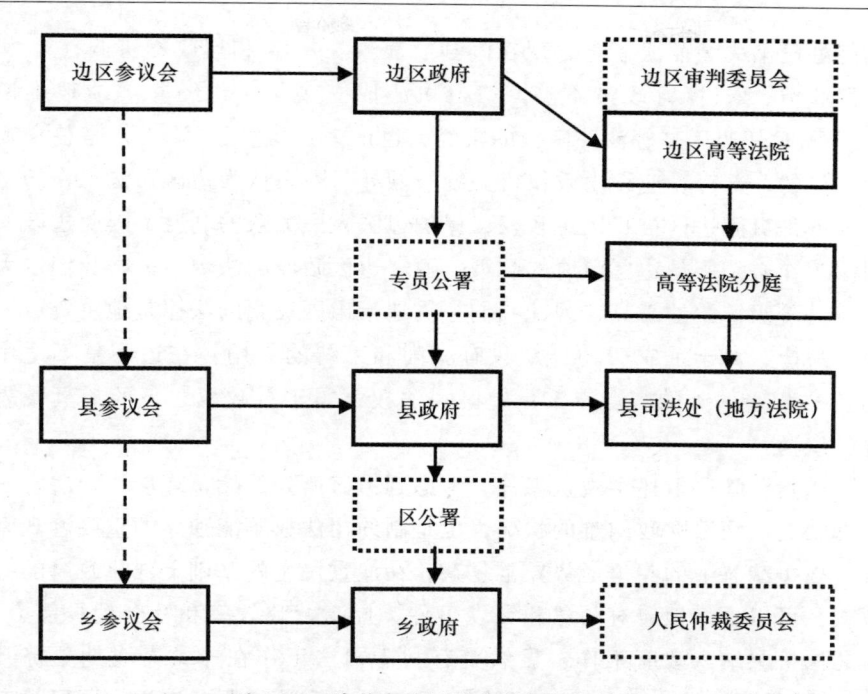

第六章　陕甘宁边区政府体制是马克思主义中国化的伟大创新　　139

图 6—1　陕甘宁边区政府组织机构关系

以，在诉讼程序上，高等法院虽为终审机关，但由于其受政府的领导，因此，重大案件的最后处置权实际上由法院、政府甚至党中央共同决定。并且在实际操作中，如果存在不服高等法院判决的情况，依旧可以向政府申诉。边区政府经过审查后，可以退回高等法院再审，也可以用批答、命令等方式直接进行处理。1943 年春，边区政府委员会第三次会议曾指出："边区政权既是人民自己的政权，则行政与司法的分立也就没有意义，司法工作应该在各级政府统一领导之下进行。……去年我们对司法制度有所改革，实行了专员兼高等法院分庭庭长、县长兼县司法处长，人民称便。又对司法工作进行了初步检查。'司法独立'倾向，已大体纠正……。"①

既然司法独立问题在边区存在争议，为何边区最终没有选择司法独立的方式。这个问题似乎在谢觉哉和雷经天的讲话中能找出些线索。谢觉哉曾经在其日记中谈道："司法独立在旧社会有好处，在新社会政权下独立

---

①　陕西省档案馆、陕西省社会科学院：《陕甘宁边区政府文件选编》（第 8 辑），档案出版社 1988 年版，第 22 页。

的好处已渐失去而成了害。现在闹独立表现在：1. 和行政不协调；2. 和人民脱节；3. 执行政策不够。……司法成立多年了，经验成绩很难说上。"① 时任边区高等法院院长的雷经天也认为："边区司法工作是整个政权工作的一部分，应该由政权机关统一领导。……认为边区司法工作的主要任务是巩固边区抗日民主政权，保护边区人民大众的利益，因此边区的司法工作必须服从边区政府的政策，遵守边区政府的法令。……我们以为法律是阶级统治的工具，因此我们一贯地指出国民党的法律是地主资产阶级的法律，对于工农劳动群众只有剥削和束缚的作用，在边区是不适用的。"② 以上两人的观点应该是边区司法权隶属于行政权之下的最具代表性的说明。

　　当然，除了上述主观认识外，考虑到边区所处的战争环境、司法专职干部缺乏、司法财政困难的状况，也是制约司法权不能独立的重要客观因素。战争状态下的斗争形势异常复杂，在注重民主的基础上强化政府的行政权，可以更好地应对紧急和突发事件，提高行政效率和社会动员能力，将司法机关纳入政府工作，显然更有利于司法工作在非常态时期更好开展。边区法院成立之后，由于不同的政权性质和法律服务宗旨，国民政府的法律基本不能用，而构建适合自身发展的法律体系需要经历一个漫长的过程。这使得边区各级司法机关通常以边区政府的纲领、决议、指示甚至公告以及各种专门性的单行条例和法规为依据来进行司法审判。在司法人员配备上，边区法院只设法庭庭长、书记员、检察员、推事和管理员各一人，出现人员严重不足的情况。同时，司法人员的业务素质普遍偏低，导致在判案过程中程序混乱、判决失误、量刑不当等现象时有发生，无法有效履行司法职责。相比较而言，边区政府干部队伍的素质较高，由政府来领导司法，有利于弥补司法方面的不足，保证顺利开展司法工作。

　　陕甘宁边区的"两权半"结构，既是在政府体制方面的大胆尝试和有益创新，也是马克思主义国家政权理论中国化取得的丰硕成果之一。陕甘宁边区的"两权半"结构，既与西方资本主义国家"三权分立"的政府体制不同，也不同于国民政府的"五权宪法"体制。这种"两权半"的政权组织形式是对苏维埃政权"议行合一"的继承和进一步发展。它

---

① 《谢觉哉日记》，人民出版社1984年版，第557页。
② 《关于改造司法工作的意见》，1943年，陕西省档案馆档案，卷号15—88。

克服了巴黎公社立法、行政权隶属于同一机构不利于权力相互制约的缺点，又保证了权力机构对行政机构的有效领导和监督，与中华苏维埃政权相比，权力配置方式更加完善合理。在司法权方面并没有效仿苏联采取审判独立的模式①，而是因地制宜的根据边区司法机构、人员极不完备的现实，采用了司法权"半独立"的方式。尽管在现在看来极不完善，具有过渡性质，但在当时有着存在的合理性，适应了边区法制化程度较低的实际状况和需要。这种"两权半"的政权组织模式与党的领导方式的变化以及"三三制"民主模式相互配合，在边区的建设和发展中发挥了巨大的作用，成为陕甘宁边区时期对马克思主义政权组织形式的一个重大创新。

第二节 "三三制"——马克思主义民主政治思想的中国化

民主是指在一定的阶级范围内，按照平等和少数服从多数原则来共同管理国家事务的国家制度。其中，选举是现代民主的主要形式，民主制度很大程度上要靠选举来实现。因此，有关选举的规定成为民主制度的关键内容和核心标志之一。一般而言，选举通常是指选民或者代表以自己的意志，根据法律规定的原则、程序和方式，通过自由竞争和自愿选择的方式来推选国家代议机关代表和国家权力机关组成人员。但众所周知，政权的性质是由国体决定的，任何选举的方式最终都是统治阶级意志的体现，表现在政权代表和政府核心领导组成上，统治阶级或执政党的代表总在代表数量中占据大多数，这一点不论无产阶级政权或资本主义政权都概不例外。

陕甘宁边区时期，由于抗日民族统一战线的建立，为了纠正党内长期存在的"左"倾关门主义，实行更广泛的民主政治，建立一个包容性更强、代表性更加广泛的政权，1940年3月6日，中国共产党在《抗日根

---

① 在苏联，法院组织和活动的一项最重要的宪法原则，就是审判独立。审判员在审理案件时不应当接收上级法院、司法部以及任何其他机关和国家工作人员对于某一案件应如何加以解决的指示，而只是根据法院所审理的事实材料，而使审判员对于刑事诉讼中被告的有罪或无罪，对民事诉讼请求有理或无理自由地形成自己内心的确信，不受任何外界的干涉和压力。参见卡列夫《苏维埃司法制度》，赵涵舆、王增润等译，法律出版社1955年版，第30—31页。

据地政权问题》的指示中创造性地提出了政府权力机关（参议会）和执行机关（政府委员会）采取"三三制"的组成原则，即"在人员分配上，应规定为共产党员占三分之一，非党的左派进步分子占三分之一，不左不右的中间派占三分之一"①。毛泽东曾对"三三制"的三个三分之一进行了解释："共产党员占三分之一，他们代表无产阶级和贫农；左派进步分子占三分之一，他们代表小资产阶级；中间分子和其他分子占三分之一，他们代表中等资产阶级和开明绅士，只有汉奸和反共分子才没有资格参加这种政权。"② 这种执政党为了与其他阶层达到团结一致，而自行限制党员在政权权力机构和行政机构中的比例的做法是史无前例的，不仅反映了边区党和政府在团结一切力量抗日上的高度自觉和博大胸怀，也反映了边区党和政府力图建设一个民主示范区和改变党的领导方式上的坚定意志和高度自信。"三三制"从边区第二届参议会开始确定下来后，成为抗日民族统一战线政权建设方面的一项重要制度创新。

边区"三三制"的建立不是偶然的、突发奇想的，而是有着深刻的历史背景。1935年12月中共中央瓦窑堡会议在日寇入侵关键时刻，提出了与国民政府和解，一致对外、挽救民族危亡的方针和建立抗日民族统一战线的方略。这就要求将原来的工农共和国改变为人民共和国，从而造成了在组成政权的阶级范围上的巨大变化。正如毛泽东所说："我们过去的政府是工人、农民和城市小资产阶级联盟的政府，那么，从现在起，应当改变为除了工人、农民和小资产阶级以外，还要加上一切其他阶级中愿意参加民族革命的分子。"③ 这就要求边区政权中，既要坚持无产阶级占据主导地位，同时又要将其他抗日阶级纳入政权阶级范围内，这在马克思政治民主思想体系中是没有先例的。虽然马克思、恩格斯和列宁已对无产阶级民主政治思想进行过探讨和实践。如，马克思在描述巴黎公社时提出的普选方式以及工人代表掌握政权的原则；马克思在描述巴黎公社时说："公社是由巴黎各区通过普选选出的市政委员组成的。这些委员是负责的，随时可以罢免。其中大多数自然都是工人或公认的工人阶级代表。"④

---

① 《毛泽东选集》第2卷，人民出版社1991年版，第742页。
② 同上书，第750—751页。
③ 《毛泽东选集》第1卷，人民出版社1991年版，第156页。
④ 《马克思恩格斯文集》第3卷，人民出版社2009年版，第154页。

这说明在巴黎公社的政府人员组成上主要是由工人阶级中的合适人员担任的，表现为工人阶级独掌政权。在从工人阶级中遴选政府管理人员的程序上，马克思主张，社会主义国家应该实行真正的普选制。他在《宪章派》一文中揭露了资产阶级普选制的虚伪性："一个男子要想享有不列颠议会选举权，如果是在城镇选区，他就得除缴纳济贫捐外再缴纳不少于10英镑的房租；如果是在各郡，那他必须是一个每年收入不少于40先令的自由农，或者是一个每年收入不少于50英镑地租的土地租佃者。单单从这一点，就可以得出结论：宪章派在刚刚结束的选举斗争中能够正式参加活动的只是很少数的人。"① 同时，马克思明确提出了无产阶级政权的真正普选制的原则。"（巴黎公社）普选权已被应用于它的真正目的：由各公社选举它们的行政的和创制法律的公务员。"② 可见，马克思认为，社会主义国家的行政领导人员从无产阶级中普选产生，以保证社会主义国家的领导权掌握在无产阶级手中；同时，社会主义国家的行政领导人员必须从无产阶级中普选产生，而不是继承或指定等其他形式，以保证行政领导人员是无产阶级中的优秀分子并能代表无产阶级群众的利益。列宁依据苏联政府管理中的实践③，进一步提出提高无产阶级民众的政权管理水平，从而全面提高人民管理国家的水平等观点。但是，由于巴黎公社和苏联的政权性质与陕甘宁边区抗日民族统一战线政权性质的不同，不论是马克思还是列宁都没有，也不可能对在普选中人民内部各阶层代表产生的比例问题，以及无产阶级政党党员在政权中的比例问题进行更进一步的说明和研究。

抗日民族统一战线的特殊要求和边区政权的性质决定了边区绝不能走国统区资本主义道路，也无法照抄、照搬巴黎公社和苏联的制度以及中华苏维埃民主制度，边区必须建成一个由无产阶级领导的、几个民主阶级联盟的新民主主义的政权新形态，才能达到团结一切抗日力量战胜日本帝国

---

① 《马克思恩格斯全集》第11卷，人民出版社1995年版，第425页。
② 《马克思恩格斯文集》第3卷，人民出版社2009年版，第196页。
③ 1922年，在苏维埃共和国首都，居然出现几万普特的罐头堆在码头，而普通居民却买不到罐头的怪事。列宁责问道：钱也有了，权也有了，究竟缺少什么呢？"任何一个经过资本主义大企业训练的店员，都会办这种事，而百分之九十九负责的共产党员却不会办，并且不想懂得自己没有这种本领，应该从头学起。"参见《列宁选集》第4卷，人民出版社1995年版，第685—689页。

主义的目标，这就决定了这种新制度的构建过程不是一蹴而就的。1940年4月，边区政府在《关于新区行政工作的决定》中指出："各级参议会与政府委员，必须包括各阶级各抗日党派与无党派之成分"，"无论任何一政党之党员所占议员或委员之总数不得超过三分之一"。标志着"三三制"开始在陇东、绥德两个分区和鄜县等刚刚结束双重政权的地区进行试点。同时，边区在延安县中区五乡组织征粮委员会进行了"三三制"的尝试，这个乡组织征粮委员会采用民主选举的方式，选出27个委员，其中共产党员9人，18人为党外人士。同时，给党外人士实职实权，充分调动了各方面的积极性，提前和超额完成了征粮任务。这表明了"三三制"不仅能适用于政权的上层机关，而且也适用于政权的基层组织；也说明"三三制"不仅能适用政府权力机关，也完全适用于行政机关。

1941年11月，边区第二届参议会通过了共产党提出的《五一纲领》，即"本党愿与各党各派及一切群众团体进行选举联盟，并在候选名单中确定共产党员只占三分之一，以便各党各派及无党派人士均能参加边区民意机关之活动与边区行政之管理。在共产党员被选为某一行政机关之主管人员时，应保证机关之职员有三分之二为党外人士充任。共产党员应与这些党外人士实行民主合作，不得一意孤行，把持包办"①。并将其作为边区的施政纲领确定下来。标志着"三三制"的制度化，以及"三三制"在边区的全面实施。在"三三制"的实际操作中，由于既要按照"三三制"分配各阶层代表的比例，又不能干预民主选举自由，特别是革命老区共产党所具有的崇高威信使得党员当选人数超过三分之一的现象时常发生②。边区政府采取了退出（共产党员）和增补（党外人士）的办法进行调整③，保证了"三三制"的顺利实现。同时，在"三三制"的实行过程中，对于原苏维埃区域，共产党受到群众的拥护，主要通过共产党员"让"的方式，补充中间人士，使他们能有参政的机会；在原地主、国民

---

① 甘肃省社会科学历史研究室编：《陕甘宁革命根据地史料选辑》（第1辑），甘肃人民出版社1981年版，第86页。
② 陕甘宁边区延安县1941年选举县政府委员的比例是：共产党员八人，占53.33%；进步分子一人，只占6.64%；中间人士六人，占40%。龚达：《学习"三三制"建政经验，发扬社会主义民主》，《昭乌达蒙古族师专学报》1983年第1期。
③ 陕西省档案馆、陕西省社会科学院：《陕甘宁边区政府文件选编》（第5辑），档案出版社1988年版，第313页。

党势力仍有较大影响的地区，共产党在刚由秘密状态转向公开，在群众中威信还不高，主要通过共产党员"争"的方式，争取党对政权机关的领导权。① 另外，"三三制"并没有采取机械凑数保持比例的方法，而是将"三三制"的原则主要在县级以上的政权机关实行，在乡级政权中则不拘泥于比例限制，尤其是在乡长、乡文书等主要人选中，不强求贯彻"三三制"，避免了地主、豪绅把持包办基层政权，改变乡村政权性质的危险。②

"三三制"提出和建立后，边区政权建设、党的建设和巩固抗日民族统一战线方面取得了一系列的成绩。可以概括为以下几点：

第一，对敌对分子提出的共产党在边区实行"一党专政"进行了有力的驳斥。"三三制"用事实表明了，中国共产党和边区政府主张实行民主改革和建立抗日的、新民主主义政权的坚定意志，在反对国民党的"一党专政"问题上占据了主动。正如，1940年12月，毛泽东在党内指示中指出的那样："不论政府机关和民意机关，均要吸引那些不积极反共的小资产阶级、民族资产阶级和开明绅士的代表参加；必须容许不反共的国民党员参加。在民意机关中也可以容许少数右派分子参加。切忌我党包办一切。我们只破坏买办大资产阶级和大地主阶级的专政，并不代之以共产党的一党专政。"③ "三三制"的成功推行，不仅与国民党的独裁政体形成了鲜明的对比，而且在边区建立了真正能够团结抗日各阶级和阶层，以及抗日各党各派、无党无派人士的政权，成为当时全国民主的典范。

第二，"三三制"的人员配置方式形成了边区政权内部的权力制约和监督机制。由于"三三制"中的各抗日阶层分属于不同的阶级，必然代表和反映不同阶级或阶层的意志和利益。在争取实现各自所代表阶层利益

---

① 宋金寿、李忠全：《陕甘宁边区政权建设史》，陕西人民出版社1990年版，第259页。
② 林伯渠在总结"三三制"的经验时曾指出："关于乡政权人员分配的规律：（一）乡参议会和乡政府委员会中，共产党员和进步分子占三分之二以上，中间阶层的开明分子占一部分；（二）乡长中共产党员占大多数，其次为非党进步分子，中间分子中真正公正并愿意接受党领导的人，也可以充任乡长。这规律形式上与三三制有出入，但其基本精神则是三三制的。它是大多数人民的创造，又适当地反映了边区内部的阶级关系。在土地已经分配区域，可能分配到这种程度，因为中间分子的数量不大多；在新区则以这种分配比较合理，因为那里的地主阶级在经济上和社会地位上的比重相当大，不如此，不足以防止豪绅、地主把持乡村政权。"中共中央党史研究室：《中共党史资料》（第18辑），中共中央党校出版社1989年版，第23页。
③ 《毛泽东选集》第2卷，人民出版社1991年版，第766页。

最大化的同时,又受到其他 2/3 所代表的阶层的制约而不能超过一定限度,自动形成了政权内部权力的有效制衡。同时,"三三制"中内部阶层的竞争,自然形成了相互比较和监督,以及高度的自律。在这种制衡下,在满足工农阶级要求的同时,又照顾到抗日的地主与资本家的利益。在坚持共产党的领导下,又给予其他抗日阶层充分的政治参与权,使边区政权能在自我约束下良好运行。

第三,"三三制"政权的建立成为转变党的领导方式的重要促进力量。"三三制"全面推广后,改变了边区第一届参议会参议员都是共产党员(极少非党人士),政府委员会也都由共产党员组成的状况。中华苏维埃时期以党代政,党政不分的现象得到了极大遏制。而且,由于政权中共产党员只占 1/3 的少数,而且不再有苏维埃时期党包办政权的方式和政权内党员占绝大多数的优势,这就对党的领导权形成了一定的压力。为了保证党对政权的领导,一方面,要求党要将先进的党员干部配置到政权当中去,不是靠人数而是靠质量,通过党员自身的辛勤工作,树立表率和威望;另一方面,党要改变原有的"以党代政"的方式,代之以宏观领导、民主协商的方式。这些要求成为促进党对领导方式转变的重要动力。

第四,"三三制"政权的建立,开创了党与非党人士合作共事的优良传统。"三三制"中党和边区政府给予非党人士实际的职权,与他们平等地协商,真诚地合作,证明了中国各革命阶级和党派完全可以在中国共产党的领导下共同建设政权,能够为战胜日本帝国主义的共同目标而参政议政,并在实践中也做到了共产党员与党外人士的团结合作。1946 年 4 月,边区第三届参议会在延安召开,这次会议所产生的新的边区参议会常驻会和边区政府也是完全符合三三制原则的。此后不久,随内战的爆发,"三三制"中原有的中等资产阶级和地主阶级从总体阶级层面上已经丧失了原有的抗日积极性,站到了人民的对立面。因此,边区也就不再公开提及"三三制",但"三三制"中同党外人士合作共事的原则被坚持和保留下来,成为后来新中国政治民主协商制度的雏形。

"三三制"政权不仅和国民党大地主大资产阶级专政有本质的区别,而且和土地革命时期的苏维埃政权也有显著的不同,这是由其政权性质的不同所决定的。从政权内容上看,苏维埃是严格的工农民主专政的政权,只有工人、农民和一部分小资产阶级有选举权和被选举权,而三三制政权则是一切抗日阶级的联合民主专政,除汉奸和依法视夺公民权者外,包括地主、富农、资本家在内，都有选举权和被选举权。由于"旧中国是一个半殖民地半封建的国家，工业很不发达，工人阶级在总人口中占的比例很小。1949 年农业人口占全国人口的 80%，农业总产值占工农业总产值的 70%。在仅占 30% 的工业中，官僚买办资本占了 80%，民族资本非常弱小"①。在这样的国情下，虽然民族资产阶级也是剥削阶级，但同样受到了帝国主义、封建主义和官僚资本主义的压迫。这就决定了新民主主义革命时期，中国无产阶级无法完全按照马克思提出的无产阶级专政的两种形式②来完成革命，必须探索找到一条能够同农民阶级和城市小资产阶级，以及民族资产阶级结成的统一战线，这个团结的范围比马克思所指的范围还要广泛，这样，才能实现中国无产阶级的历史使命。边区"三三制"的实行，极大地丰富了无产阶级民主理论，成为马克思主义在政治民主方面的重大创新。

第三节 权变管理的思想——与时俱进的马克思主义中国化

马克思主义作为指导人类彻底解放的科学理论，从诞生至今，已经历了 160 多年的风风雨雨。期间虽遭遇过无数次的严峻挑战，但都顽强经受住了考验，表现出极其强大的生命力。一部马克思主义发展史，既是吸取人类文明成果，通过社会实践推动理论创新的历史，也是运用理论创新成果引领社会实践发展的历史。与时俱进是推动这部历史不断前进、永葆生机与活力的源泉和动力。与时俱进，就是要求共产党人在思想上、理论上站在时代的前列，不断推进理论创新；要求共产党人在领导国家各项建设事业中运用马克思主义的立场、观点和方法进行实践，并在实践发展中不断检验和丰富马克思主义，而不是去生搬硬套某些原理和结论。

---

① 孙斌、董崇山、王毅平：《马克思的民主思想及其在中国的实践》，《东岳论丛》1983 年第 1 期。

② 马克思恩格斯在讲到革命进程的时候，根据英、法、德等国的不同情况，提出了无产阶级专政的两种形式，指出："首先无产阶级革命将建立民主的国家制度，从而直接或间接地建立无产阶级的政治统治。在英国可以直接建立，因为那里的无产者现在已占人民的大多数。在法国和德国可以间接建立，因为这两个国家的大多数人民不仅是无产者，而且还有小农和小资产者……"《马克思恩格斯文集》第 1 卷，人民出版社 2009 年版，第 685 页。

作为马克思主义的奠基人，马克思和恩格斯从不将其在某一特定历史时期形成的观点和结论，看作一成不变的教条和终极真理。《共产党宣言》堪称马克思主义的奠基之作，但马克思在1872年德文版《共产党宣言》序言中指出："由于最近25年来大工业有了巨大发展而工人阶级的政党组织也跟着发展起来，由于首先有了二月革命的实际经验而后来尤其是有了无产阶级第一次掌握政权达两月之久的巴黎公社的实际经验，所以这个纲领现在有些地方已经过时了。"① 马克思依据25年间欧洲社会发展的变化，在再版序言中增加了必须修改的内容，体现出伟大导师与时俱进的革命风范。与马克思相同，恩格斯也是一位敢于面对现实，勇于抛弃理论上不符合社会发展的错误观点，具有与时俱进思想的一代伟人。尤其是步入晚年的恩格斯总是同修正错误、坚持真理的科学精神相依相伴。晚年恩格斯从整体上始终坚持马克思关于无产阶级争取解放斗争的基本原则，但在细节上，也对马克思和他以往的有关思想进行反思和修正。他明确提出，"历史表明我们也曾经错了，暴露出我们当时的看法只是一个幻想。历史走得更远：它不仅打破了我们当时的错误看法，并且还完全改变了无产阶级进行斗争的条件。1848年的斗争方法，今天在一切方面都已经过时了，这一点值得在这里比较仔细地加以探讨"②。从而得出暴力的武装革命并不是工人阶级赢得胜利的唯一途径的正确结论。

毛泽东思想是以毛泽东为主要代表的中国共产党人，运用马克思列宁主义与中国具体实际相结合，不拘泥于已有的现成结论，是不断进行理论创新而形成的具有独创性的关于中国革命和建设的理论体系，是中国共产党集体智慧的结晶。在马列主义、毛泽东与时俱进思想的指导下，陕甘宁边区政府勇于解放思想、大胆创新，将权变管理思想运用到施政的整个过程，体现出了马克思主义与时俱进的鲜明特色。在此需要说明的是，学界对于权变管理有两种理解：一是指管理史上几乎一直在运用的权变原则和方法及其所包含的权变思想，在中国的传统文化中很容易找到。孔子曾言："可与共学，未可与适道；可与适道，未可与立；可与立，未可与权。"③ 他主张在处理实际问题时要根据不同的人和事情、不同的场合加

---

① 《马克思恩格斯文集》第2卷，人民出版社2009年版，第5—6页。
② 《马克思恩格斯文集》第4卷，人民出版社2009年版，第538页。
③ （宋）朱熹：《四书章句集注·论语集注》，中华书局1983年版，第116页。

以衡量，掌握合适的度和方法，要会"通权达变"。孟子则对如何灵活处理问题进行了更为形象的阐述："嫂溺不援，是豺狼也。男女授受不亲，礼也；嫂溺，援之以手者，权也。"① 该事例说明，虽然礼规定男女之间不能直接接触，但在某些情况下，如嫂不慎落水，则可以采取权宜之计，不受这个（礼）限制。由此可知，权变思想在中国由来已久。而"随机制宜"的权变原则与整个人类的生存与发展密切相关，实质上是人类在面对自身有限性与生存环境的无限性与不确定性之间的矛盾时，归纳出来的一种生存智慧。"优胜劣汰"的生物进化史表明，只有那些能够适应环境变化的生物物种才能最终生存下来。当然人类社会远比生物世界复杂，正如马克思所说，人不仅是环境的产物，而且环境也是由人来改变的。但无论个人、民族、还是国家，当其所处的社会和历史环境发生变化的时候，如果不能与时俱进，依然照旧按部就班，那么迟早都会遭遇为社会和历史淘汰的命运。一是指西方始于 20 世纪 60 年代，通过对组织结构和领导方式实证和大量案例研究的基础上，于 20 世纪 70 年代形成体系框架的一种管理理论，主要代表人物是卢桑斯、菲德勒和伍德沃德。该理论研究组织环境及其管理的相互关系，尤其是有关环境的变数同相应的管理观念和技术之间的关系，使采用的管理理论和技术能力有效地达到目标；强调在管理中要根据组织所处的内外部条件随机应变，没有一个放之四海皆准的最佳管理方式和方法。本书所述的权变管理为第一种理解。

一 制度层面上的及时调整

陕甘宁边区建立了中国近代史上第一个抗日民主政权，该政权前承工农苏维埃政权，后接人民民主政权，完整经历了中国革命的三种政权形态。伴随着三种政权形态的变化，政权也经历了两个阶段的变化：一个是从工农苏维埃政权向抗日民主政权的转变；另一个是从抗日民主政权向人民民主政权的转变。在这种转变过程中，边区政府在行政区划方面、政权组织结构等方面自觉地进行调整，积极做好推进与配合工作，体现出了适时革新的权变管理思想。

第一次转变：从工农苏维埃政权向抗日民主政权的转变。这次转变是在 1937 年 7 月 7 日"卢沟桥事件"爆发后，日寇全面侵华战争开始的大

---

① （宋）朱熹：《四书章句集注·孟子集注》，中华书局 1983 年版，第 284 页。

背景下展开的。从1936年12月12日"西安事变"和平解决，蒋介石接受停止内战、联共抗日等6项条件开始，苏维埃政权向抗日民主政权的转变就逐步实施。该转变是以挽救民族危亡、取消两个政权的对立，建立抗日民族统一战线为目标的转变，涉及政权阶级范围，经济、土地政策，政府、军队组织名称，思想观念的调整等多个方面。1937年2月10日，国民党五届三中全会召开，中共中央提出了在国民党承诺"停止内战""保证政治自由""集中全国人才共同救国""完成对日作战准备""改善人民生活"五项条件，愿意将工农政府更名为中华民国特区政府，此举标志着政府体制方面的转变正式开始。

  1937年9月12日，陕甘宁边区政府发出命令，遵循地理的、经济的及群众生活的习惯，并为了便于管理和领导，对陕甘宁边区行政区划进行重新划分：撤销陕北东区和陕北西区，所属各县归边区直辖；撤销子长、新城、延水、赤安等县建制，依照国民党统治时期的旧县制，恢复延安、安塞、安定、保安、靖边、延长、延川等县；对各县所属区的数目酌量归并，一般县辖六至十个区。同时，陕甘宁省建制撤销，在原辖区设立庆环分区。① 10月，关中特区改为关中分区，建制归陕甘宁边区；11月，边区政府决定将盐池、定边、靖边划为三边分区。这些调整和变化，目的是将原有苏维埃政府各地方区域名称和管辖范围恢复到国民政府原先的名称和辖区范围，以便减少两种政权的对立，也表现出边区政府真心合作的姿态。

  除了行政区划上的调整外，中华苏维埃共和国临时中央政府西北办事处的下属机构相继改组为边区政府的厅和处。如1937年西北办事处司法内务部改组为边区政府民政厅；西北办事处教育部改组为边区政府教育厅，下设社教科、学教科、编审科、行政科等；西北办事处国民经济部改组为建设厅，下设工矿科、农牧科、贸易科、交通科等；西北保卫局改组为边区政府保安处，下设六科。同时，将原先属于主权国家层面的机构，如西北办事处的外交部撤销，表明了边区作为中华民国地方政府的性质。另外，取消了劳动部和工农检查局等单位，裁撤了明显带有苏维埃政权性质相应机构，使边区在内部机构名称和职能上完成了与国民政府省级地方政府的对接。

---

① 李顺民、赵阿利：《陕甘宁边区行政区划变迁》，陕西人民出版社1994年版，第64页。

在机构转变的同时，配套的制度层面也做到了及时跟进。在政治制度上，边区依据《陕甘宁边区议会及行政组织纲要》和《陕甘宁边区选举条例》等文件，将原苏维埃政权的工农阶级专政扩大为一切抗日阶级的联盟，并相应实行了自下而上的直接选举，从而确立起了抗日民主的政府体制。将苏维埃政权时期立法权、执行权、司法权没有严格区分的议行合一制度，转变为适应抗日统一战线的立法和行政分属不同机构的"两权半"政权组织形式。与之相配合，在经济政策上，也将土地革命时期"打土豪，分田地"的消灭地主阶级转变为承认地主土地所有权，但必须实行减租减息的政策转变，缓解与调和了两个阶级的尖锐对立。这些转变迅速、缜密、严谨，为抗日民族统一战线的建立奠定了扎实的基础。

第二次转变，从抗日民主政权向人民民主政权的转变。这次转变是在抗日战争胜利之后，国民政府军进攻解放区全面内战爆发的形势下进行的。1946年6月26日，国民政府军进攻共产党领导的中原解放区，标志着国共第二次合作的破裂。同年10月30日，陕甘宁边区第三届政府委员会第二次会议在延安召开。林伯渠在会上作了《半年来的政府工作报告》，提出边区在新形势下所面临的新任务。"今后唯一中心任务，就是积极动员一切人力物力，准备粉碎蒋介石的进攻……"①他还着重指出，政府的"工作机构制度以至作风等，必须加以迅速的改造和转变，必须缩小和减少后方以及上层的机构和人员，加强前方，充实县、区、乡政权，提高村乡自治能力，使战争发生地区，可能被分割的情况下，各个地区各个部门都可以独立作战，必须取消一些不符合战时需要的制度，确立一些适合战时需要的制度，……应将革命精神和实际精神更好地结合起来"②。在此次大范围的调整中，原来的各级政权组织，如参议会和政府依然存在，并一直行使着职权，担当起了人民民主革命的任务。由于边区政权担负的历史任务从争取抗日战争的胜利转变为推翻国民党的反动统治，因此，边区政权阶级范围当中地主阶级、大资产阶级不再作为联合的阶级存在，边区政权中除原先一直保持良好合作的开明人士之外，"三三制"的政权组成有了新的变化。即由"一切赞成抗日的人们组成的政权，

---

① 甘肃省社会科学历史研究室编：《陕甘宁革命根据地史料选辑》（第3辑），甘肃人民出版社1983年版，第179页。

② 同上书，第181—182页。

包括工人、农民、城市小资产阶级、民族资产阶级以及地主阶级中赞成抗日和民主的分子及其他抗日分子"向"一切赞成反对帝国主义，又赞成民主革命人们的政权，包括工人、农民、城市小资产阶级、民族资产阶级、开明绅士和其他爱国民主人士"①的政权转变。在外在表现形式上，边区的参议会制度逐渐被一种新型的民主制——人民代表会议制所取代。在经济政策上，减租减息的经济和土地政策改为土地改革政策。由于战争的原因，人民代表会议没有沿用边区参议会的直接普选方式，而是由各地、各团体用推选产生代表的方式进行。在迅速扩大的新解放地区实行以军事管制委员会作为临时性政权机构的军管制。这次转变充分适应了政治、军事形势的需要，不仅为支援解放战争做出了重大贡献，同时也为新中国成立后人民代表大会制度积累了丰富的经验。

二 机构设置的机动灵活

机构设置是使政府权力得以运行的组织载体和有力保证，是综合地影响行政效率的重要因素之一，而职能则是机构存在的前提条件和关键所在。由于政府职能随着政治、经济、文化、社会等的发展变化而变化，所以，机构设置也应伴随职能的转变而变化。机构设置和职能转变是否及时，直接关系到政府的正常运转及其目标的实现。

从前文陕甘宁边区的五届政府中，我们可以清楚地看出，陕甘宁边区政府机构的设置一贯遵循职能优先的原则，灵活性较强。如1940年，正处于同国民党政府关系相对平稳时期，边区的建设职能逐步有所增加。为了与商业发展相适应，在建设厅中设立了商业合作科、工业原料推广委员会、运输科、生产科，并将林业从农牧科中独立出来，成立了林务处。同时，为提高行政效率，将原先隶属于各厅、处、部的巡视团或巡视员合并，新增与厅同级的巡视团。另外，为了应对日军迫近黄河直接进犯边区的压力，在民政厅下增设了战时动员委员会。1941年年初皖南事变爆发后，由于边区与国民政府的关系急剧恶化，经费来源断绝。为了摆脱财政困境，1941年9月边区政府进行了第一次机构精简。到1942年时，边区机构已经较1941年精简前的机构有所规整。1947年为了配合作战的需

---

① 宋金寿、李忠全：《陕甘宁边区政权建设史》，陕西人民出版社1990年版，第428—429页。

要，增设与厅同级的粮食局，保证军队粮食供应。但到 1948 年，解放军进入外线反攻后，边区解除战争威胁，粮食局迅速撤销。1949 年，随着行政区域的迅猛扩张，为了建设解放区和支援前线，边区政府行政任务急剧增加，同时也开始面临管理和建设城市的问题，因而，1949 年的边区政府机构数量快速增加，从原有的常设机构中，衍生出工商厅、交通厅、公营企业厅、西北区行，总体表现为分工细化，专业性更强。由此可知，边区政府的机构设置变动极为频繁，有些部门依据阶段性任务目标的变化而设立，任务一旦完成即被迅速取消，符合机构设置的精简与效能原则。因此，机构调整是职能转变的外在表现，某个机构的增加、减少甚至撤销都应以职能为依据。下面以陕甘宁边区政府交际处为例，对边区机构调整过程中职能相应变化的情况予以说明。

1937 年 9 月，陕甘宁边区政府成立，直接受南京国民政府管辖。为了与国民政府的地方政制相衔接，原中华苏维埃共和国中央政府驻西北办事处下属的部、局，相继改为陕甘宁边区政府的厅、处。调整后其下设的外交部被撤销，只保留了一个招待科，负责外来宾客的生活接待。1937 年 11 月底，陈云从苏联回到延安。鉴于招待科只管外来宾客的生活招待，而外交部原有的对外宣传联络职能没有落实的状况，他建议中央要加强这方面的工作。对此，中共中央非常重视。1938 年 1 月，中央组织部派曾在白区做过上层统战工作的金城去陕甘宁边区政府做边区主席的对外联络秘书。为了加强对外宣传和建立抗日统一战线的需要，边区政府在继续健全原有组织机构外，新设立了一个机构——招待处，下设招待科和管理科。不久，边区政府决定将原招待科改为交际科，金城任科长。交际科成立初期，全国全面性的统一战线工作刚刚开始，毛泽东和中共中央对交际科的工作非常重视。毛泽东曾先后指示"对待外来宾客，接待交往，要讲民主、讲礼貌"，并确立了"既要宣传解释我党的政策、方针，又要允许他们保留自己的看法和观点，我们要以礼待人，不卑不亢"[①] 的宣传方针，给交际科的对外工作指明了方向。

1938 年中国共产党六届六中全会通过的《关于各级党委暂行组织机构的决定》规定，在区委以上各级党委之下设立统一战线工作部。尽管统战工作有专门的部门负责，但实际上边区政府各部门也都以建立抗日民

---

① 金城：《延安交际处回忆录》，中国青年出版社 1985 年版，第 6 页。

族统一战线为核心内容，调整了工作重心，积极开展工作。为了服从统战工作的大局，党中央首先加强了统战工作接待和宣传部门组织机构建设。1941年，交际科改为交际处，成为边区秘书处的附属单位。1943年4月，边区成立了办公厅，集中秘书处与各厅处院合署办公，下设秘书、总务、交际三处。这样，交际处成为与秘书处并列的机构，而非秘书处的附属单位，掌管外宾招待交际等事项，金城任处长。1946年，交际处除处长外，又增设副处长两人。下设联络科、招待科和总务科三个科，最主要的工作是招待外来宾客的饮食住行。其中联络科和招待科均直接与客人接触，负责陪同客人会见党政军负责人，参观游览，参加群众大会、文艺晚会等，总务科的职责则是配合前两个科室，做好后勤工作，照顾好客人的就餐和起居。

　　交际处在广交朋友、盛情接待宾客、做好统战工作的同时，充分利用对外接待的平台，又具有了收集各方信息的便利条件，起到了间接辅助领导决策的作用。抗战时期，毛泽东一贯对蒋介石的动态十分注意，特别是有关蒋的抗战决心和军事力量部署方面，尤为重视。一次，交际处处长金城在与国民党抗日人士邱琮的谈话中获悉，在广东，蒋介石想恢复十九路军建制，起用原总指挥蒋光鼐，要他在潮梅汕直到东江一带组织抗日武装。这样做一来可以利用蒋光鼐在广东的声望和他对日作战的经验，带领国民党军队打几个胜仗为蒋介石捞回一点儿面子，二来可以限制、排斥共产党在广东的抗日武装。随后，金城将邱琮所谈的情况整理成一个材料，上报毛泽东。毛泽东非常高兴，并回信"金城同志：广东材料很好。以后多收集这些材料告我，从外来人口中应该收集各方面材料"①。

　　1947年3月，胡宗南军进犯延安，交际处作为中央后方工作委员会的一部分撤离延安。在搜集整理来自各方面的情报，供转战陕北的毛泽东等领导人参考，以及向中央前委、工委转达密电和训练蒋管区工作干部等方面继续发挥出作用。1948年4月21日延安光复，5月初边府迁回延安。为了实现支援前线、生产救灾、积极恢复老区和发展新区的工作需要，边区政府对一些行政机关进行了必要的调整。11月6日，交际处恢复，成为秘书处下的行政组织，下设总务、交际两科，编制16人，与抗日战争时期相比，规模大有减少。

---

　　①　金城：《延安交际处回忆录》，中国青年出版社1985年版，第16页。

总之，在不同的历史时期，交际处工作内容虽然都以"接待"的形式为主体，但其侧重点有着明显不同。从成立初期加强对外宣传——抗战时期加强统战工作——解放战争时期情报功能，随着社会主要矛盾的变化，交际处工作侧重点也不断调整变化，成为那个时代边区政府职能转变的一个缩影。

三 选举区域和选举比例的适时变化

陕甘宁边区自建立以来，经历了多次民主选举过程。为了更好地贯彻落实方便群众、发扬民主等原则，每次选举都对选举区域适时予以调整，也较为充分体现出了权变管理的思想。所谓选举区域，是指"根据选举需要而划成的若干选举单位"。即"在该范围内的选民，按照居民人数比例规定选举参议员活动的独立整体"①。在1937年5—12月举行的边区首次民主选举运动中，选举分为乡、区、县和边区议会四个等级。乡的选举区域为村，20人产生1名候选人；区的选举单位为乡，50人产生1名候选人；县的选举区域为区，200人产生1名候选人；边区的选举单位为区，1500人产生1名候选人。②为了与1938年颁布的国民政府参议会相关条例保持一致，到1939年1月，边区第一届参议会通过的《陕甘宁边区选举条例》中就裁撤了区议会这个等级，实行边区、县、乡三级参议会的制度。并规定乡参议会以行政村为选举单位，每30人产生议员1名；县参议会选举区域为行政区，每700人产生议员1名；边区参议会选举单位为县，每5000人产生议员1名。③这种变化使得此次选举产生的议员数量较1937年边区议会产生议员数量少得多，从而适应了战争条件下的实际状况，解决了议员人数过多难以全部到会的问题。

1941年11月，边区第二届参议会通过了《陕甘宁边区各级参议会选举条例》，在进一步吸取以往选举经验的基础上，将选举单位和议员比例调整为：乡级参议员的选举单位为居民小组，每二十至六十人的居民小组，选出一人；县级参议员的选举单位为乡，每四百至八百人选出议员一

---

① 杨永华：《陕甘宁边区法制史稿》，陕西人民出版社1992年版，第197页。
② 《陕甘宁边区选举条例》，《新中华报》1937年5月23日第3—4版。
③ 陕西省档案馆、陕西省社会科学院：《陕甘宁边区政府文件选编》（第1辑），档案出版社1986年版，第160—161页。

人；边区参议会选举单位为县，每达八千人选出议员一人。并且，对不足最少选民人数产生议员的办法也进行了细化，如选举边区议员，人口最多的县其应选议员数量也不得多于十人，人口最少的县，其应选议员不得少于三人。① 与以往选举相比，它是在明确居民与参选人比例的基础上，又规定了该区域当选议员数量的上限和下限。这种变化表明，选举充分考虑到了选民所处区域人口密度的实际差异，并尽可能使得每个自然单位（居民小组、自然村）都能有代表进入到参议会中，以充分表达选民的意愿。但这种变化也存在一些弊端，比如，以居民小组为单位，选举范围太小，难以达到"三三制"的比例要求。同时，由于规定了代表领导居民的制度，使得民选代表与自然村长并行，容易出现二元化，违背了民主集中制。

1944年12月，边区第二届参议会第二次大会通过了《陕甘宁边区各级参议会选举条例》中，经过权衡，乡参议会的选举单位改为行政村；在城市中，以街道或原有行政区域为选举单位。其议员比例调整为"不满四百人的乡，选举参议员十五人；四百人以上的乡，每增加居民一百人，增选参议员一人"。同时，将县参议员的选举比例调整为"不满二万人的县，选举参议员三十名；二万人以上的县，每增加居民三千人，增选参议员1人。"将边区参议员的比例调整为"不满二万人的县选举参议员二名；二万人以上的县，每增加居民二万人，增选参议员一名。"② 这次选举条例对原有议员产生方式进行了修改，解决了边区同级参议会议员数量差异过大的问题，保证了同级参议会议员数量的大体平衡。

为了在分散的农村环境下，更好地适合和完成选举工作。1945年10月14日，第二届边区参议会常驻会与边府总结过去经验，共同发出《为修正各级参议会组织和选举条例的联合通知》。通知指出："为便于人民选举自己所熟悉的人为代表，并便于代表领导居民推行工作，乡市选举区域，一般改为以自然村为单位；人口过少的村庄得与附近村庄联合选举代表，人口多的村庄，可按规定比额选举一个以上的代表，代表与领导所属

---

① 中国科学院历史研究所第三所：《陕甘宁边区参议会文献汇辑》，科学出版社1958年版，第121—122页。

② 同上书，第235页。

选举单位居民。"① 边区政府又将乡参议会议员选举单位变小，由行政村改为自然村。1948年10月26日，陕甘宁边区参议会常驻会和边区政府公布的《陕甘宁边区县、乡人民代表会及县、乡政府选举暂行办法》中规定："乡人民代表的选举，以行政村为选举区，县人民代表的选举，由县选举委员会划分若干选举区进行。"② 即沿用了1945年的选举方法。但在议员产生比例方面，将乡人民代表选举名额改为"不满500人的乡，选举代表15人；500人以上的乡，每增加居民100人，增选代表1人"；县人民代表选举名额为"不满2万人的县，选举代表30人；2万人以上的县，每增加居民2500人，增选代表1人"③。借鉴了1944年第二届参议会第二次大会中确定的保持同级参议会议员数量平衡的经验。

从边区选举区域和议员产生比例不断调整和变化的过程中，可以看出，边区政府为了适应不同阶段选举的要求，真正实现民主，在选举制度上进行的不懈努力。特别是对于乡一级的基层选举工作，总是经过反复的权衡和细致的分析，不拘泥于一时制定出的规章条例，而是根据实际情况及时加以调整，这些建立在实践基础上的经验，为边区"民主示范区"的建立提供了制度保障。

第四节　地方政制创新——马克思主义中国化的具体实践

实践是主观见之于客观的人类有目的、有意识的社会活动，是人类改变世界的主要手段和途径。人类认识世界的最终目标就是要改变世界，而实践就是使认识与改变联系起来的关键因素。实践可以分为生产实践、社会关系实践和科学实验三大类。生产活动是最基本的实践活动，关系到人的衣食住行，关系到社会物质生活和精神生活的发展，是其他一切实践活动的前提和基础。社会关系实践亦即处理社会各种关系的实践活动。包括处理人际关系、团体关系、个人和集体、个人和国家关系的一切活动。科

---

① 杨永华：《陕甘宁边区法制史稿》，陕西人民出版社1992年版，第200页。
② 王颖：《新民主主义革命时期选举制度研究》，中国社会科学出版社2005年版，第191页。
③ 陕西省档案馆、陕西省社会科学院：《陕甘宁边区政府文件选编》（第12辑），档案出版社1991年版，第235—237页。

学实验不仅包括自然科学的实验活动,而且包括社会科学、人文学科(含语言)领域的科研活动等。这三类实践都与政府发生着不同程度的关联,政府是促使人、自然、社会三者统一的不可或缺的一种规范性力量。尤其是地方政府作为中央政府依法设置的治理国家部分地域的政府单位,是中央政府或上一级政府制定方针、政策、法规等的具体组织者、操作者和实践者。其权力分配是否合理,机构设置是否科学,管理职能是否充分发挥,执行是否高效、有力,不仅直接影响所管辖域的稳定与发展,也事关整个国家的繁荣与进步。

抗日战争时期陕甘宁边区作为中华民国内由中国共产党领导的一个特区,结合当地实际(交通不便、双重政权等),在地方政府层级上普遍实行"边区—(分区)—县—(区)—乡镇"三级两辅模式。同时,为了满足民族团结的政治要求,克服极端的经济困难,解决难民安置等问题,边区又进行努力探索,开创性的设立了多种类型的地方政府。单就种类而言,已经覆盖了现代意义行政区划的基本类型。陕甘宁边区时期作为新中国特殊性地方政府的初创阶段,其设立目标、运转方式、实施效果等多个方面都独具特色,极大地促进当地经济的发展、政治的稳定以及民主制度的有效运行,是马克思主义中国化结出的又一硕果。

一 "边区首府"——延安市

陕甘宁边区位于陕西、甘肃、宁夏三省接壤处,地处黄土高原。边区辖区内主要以农村为主体,整体工商业发展程度较低,人口集中度不高,公共设施极不完善,是当时中国最贫瘠的地区之一。

1937年1月13日,中共中央从保安(今志丹县)迁驻肤施县(今延安)。从此延安作为中共中央、边区政府和八路军总部所在地,成为中国人民解放斗争的总后方和对外宣传的窗口,具有了"边区首府"的特别政治意义。同年1月,边区以原肤施县城区及其近郊设立延安市,东区辖3个乡,南区辖4个乡,西北区辖6个乡[1]。同年10月,按照陕甘宁边区政府命令:"任命马南风同志为延安市市长,刘护贫同志为延安市公安局局长"[2],市

---

[1] 延安市志编纂委员会:《延安市志》,陕西人民出版社1994年版,第48页。
[2] 陕西省档案馆、陕西省社会科学院:《陕甘宁边区政府文件选编》(第1辑),档案出版社1986年版,第28页。

政、公安、防空、消防、卫生、建设等职能机构相继成立。此时延安市相当于县一级区划，直属边区政府管辖①。市政府内设五科：一科主管民政、人事、土地、婚姻、民事，二科主管财税，三科主管文教卫生，四科主管生产建设，五科主管粮食。还设公安局主管治安，供给科经营工商业，裁判处，秘书处。1938年7月增设地方法院（撤销裁判委员会），受陕甘宁边区高等法院和市政府双重领导②。随着整个市政机构逐渐趋于健全，延安市发生了翻天覆地的变化，文化教育、医疗卫生、新闻出版业快速发展，经济上呈现出勃勃生机，成为带动周边地区发展的重要力量。

"市"的产生和发展是社会经济和城市化发展的重要标志。1938年8月边区政府在延安西川口创办了难民纺织厂，生产布匹和毛毡。1943年，中央军委机关在延安创办利民毛纺厂，生产毛毯、粗呢等③。1937年起，边区大力发展煤炭业，公私合营小煤矿、私人煤窑迅速发展，基本保证了军民日常生活及生产所需的燃料。除了直接利用边区自然资源办工矿企业外，延安还先后创办了一批深加工的医药化工企业。1937年后，延安建立八路军化学制药厂和延安光华制药厂，生产100余种中成药、西药和卫生材料，结束了陕北地区在20世纪30年代前无医药生产厂家的局面。1938年2月，爱国人士沈鸿创办了陕甘宁边区机器厂，制造油墨机、造纸机和兵器等设备。1942年，中共中央机关创办新华陶瓷厂，生产缸、盆等民用品。1944年，延安新华化学厂成立，有职工80余人，年产肥皂62万余条。自延安市成立以来，在中共中央的领导下，在工业发展方面依据实际需求和地区特点，先后建成了纺织厂、煤矿、日用化工、医药厂和军工厂等，有力地促进了延安经济和社会的发展。

在教育培训方面，延安作为革命圣地吸引了为寻求真理而来的大批有为青年，并以此为主体创办了众多学校。其中有：中央党校、中国女子大学、陕北公学、毛泽东青年干部学校、行政学院、民族学院、自然科学院、新文字干部学校、延安大学、日本工农学校、马克思列宁主义学院、

---

① 陕西省地方志编纂委员会：《陕西省志（政务志）》，陕西人民出版社1997年版，第73页。
② 延安市志编纂委员会：《延安市志》，陕西人民出版社1994年版，第454页。
③ 安塞县地方志编纂委员会：《安塞县志》，陕西人民出版社1993年版，第263页。

延安外国语学院、中国人民抗日军政大学、中国医科大学等①，为边区培养了大量干部和人才。正如美国记者埃德加·斯诺曾经就延安市的教育发展说过，"延安这个小城，六年前多数中国人都没有听说过，现在成了全国最大教育中心之一"②。

在文化生活方面，边区先后组建了延安平剧院、青年艺术剧团、鲁迅实验剧团、中央管弦乐团、战斗剧团等艺术团体。在延安修建了市场沟大众剧场、党校大礼堂、八路军大礼堂、边区政府大礼堂、中央大礼堂、军委礼堂等集体活动场所③，丰富了延安人民的精神文化生活。

延安市的设立极大地促进了当地社会经济的发展。经过十余年的建设和发展，延安市从1937年只有3000多人的落后小城一跃成为经济、文化繁荣的"革命圣地"。在这里经历了抗日战争、解放战争、大生产和整风运动等一系列影响和改变中国历史进程的重大事件，特别是老一辈革命家培育的实事求是、自力更生、艰苦奋斗、全心全意为人民服务的延安精神，是中华民族的宝贵精神财富。随着1948年3月23日中共中央东渡黄河，前往华北地区西柏坡村。1949年3月，陕甘宁边区政府决定将延安市并入延安县④，延安市圆满地完成了作为边区首府的特殊使命，在中华民族历史上留下了光辉的一页。

二 "民族自治"——少数民族聚居区

陕甘宁边区北与蒙古民族所在地相连，西与甘肃、宁夏回族居住地接壤，自古就是游牧民族与汉族交流、融合区域，并且少数民族在边区的分布具有明显的"大分散、小聚居"的特征。

边区境内的主体民族是回族，根据1941年的统计，回族共有352户，合计1393人。还有为数不多的蒙古族。回族主要聚居在陕甘宁边区新宁县一区三乡，环县的庙儿掌，曲子县城关区、三岔区，定边县城关区，镇原县的马渠镇，盐池县城关区、回回庄等县区乡及延安市。在边区辖境之外，还有广大的蒙回民族聚居区与边区接壤。从盐池向东

---

① 延安市志编纂委员会：《延安市志》，陕西人民出版社1994年版，第779页。
② 裘克安：《斯诺在中国》，生活·读书·新知三联书店1982年版，第106—107页。
③ 延安市志编纂委员会：《延安市志》，陕西人民出版社1994年版，第780页。
④ 同上书，第454页。

北，千余里蒙汉居住地犬牙交错，同居共存，从古至今。此外，抗战以后，陆续到延安求学、参加革命的回、蒙、藏、苗、瑶、满等进步人士和各民族青年也有百余人左右。虽然少数民族占边区人口的比重不高，但却是一支不可忽视的力量。在日寇大肆分裂国内各少数民族的严重形势下，陕甘宁边区首先实施正确的民族政策，对于保卫西北和边区，团结全国各族人民共同抗击日本帝国主义侵略意义重大，直接影响抗日民族统一战线的发展。①

抗日战争爆发后，在日本帝国主义大肆分裂回族、蒙古族，企图分化中国抗战力量的严重形势下，执行正确的民族宗教政策，对团结西北地区少数民族群众共同抗日有着十分重要的现实意义。1938年10月中共中央扩大的六届六中全会和1940年中央书记处批准发表《关于回回民族问题的提纲》《关于抗战中蒙古民族问题提纲》，成为指导我党民族工作的纲领性文件。特别是1941年5月，陕甘宁边区第二届参议会通过的《陕甘宁边区施政纲领》中明确规定："依据民族平等原则，实行蒙、回民族与汉族在政治经济文化上的平等权利，建立蒙、回民族的自治区。尊重蒙、回宗教信仰和风俗习惯"②，为民族自治性地方行政区的设立指明了方向。

1942年5月，边区划定边县的第四、五区和城关镇的两个村为回民自治乡，划曲子县三岔镇、盐池县的回六庄、新正县的一、九区为回民自治区。③尔后，又在三边分区伊克昭盟设置了城川蒙民自治区④，并在关中分区回民聚居区域设立了若干回民自治区和自治乡。边区政府的一切工作如政权建设、生产发展、文化教育等均通过自治政府执行。加强了各方面的团结，实现了各民族在政治上一律平等。

尽管抗战时期陕甘宁边区的民族自治区政策并没有一套专门、系统的制度，但各民族自治区能在实际工作中通过各种方式落实边区的民族政

---

① 郭林：《我国民族区域自治的雏形——陕甘宁边区的民族区域自治》，《民族研究》1987年第5期。
② 陕西省地方志编纂委员会：《陕西省志（政务志）》，陕西人民出版社1997年版，第575页。
③ 同上。
④ 李凤鸣：《论民族区域自治政策的历史性抉择和成功实践——兼论乌兰夫同志对民族区域自治政策的运用与发展》，《内蒙古社会科学（汉文版）》2007年第4期。

策，取得了较好的成果。在政治权利的保障方面，依据1939年1月陕甘宁边区第一届参议会通过的《陕甘宁边区选举条例》和1941年11月，边区第二届参议会修正通过的《陕甘宁边区各级参议会选举条例》，规定少数民族可以单独进行选举，设立少数民族选举委员会。少数民族享有自治权，选举自己的县长、区长、乡长，管理自治区政府。以定边县为例，1942年成立回民自治区，由回民自己民主选举区、乡、村干部，回民杨彪、金凤麟、马相德、金凤平先后担任乡长，金三寿担任县政府委员①。

在经济权利方面，边区政府大力帮助少数民族同胞发展生产，提高他们的生活水平。据不完全统计，关中拨给回民耕地4006亩，荒地11135亩；盐池县城区拨给回民住宅地基300亩；环县拨给9户回民耕地400亩、窑洞5孔。对居住在边区的3户蒙民，因不惯农耕，政府贷款1万元，帮助贩卖牛马谋生，皆达温饱。对城川15户蒙民，政府拨公盐200驮（每驮165斤）给予救济②。

在文化权利方面，边区政府帮助少数民族发展文化教育事业，使他们的语言、文字、风俗、习惯和宗教信仰得到尊重。1941年9月边区正式成立民族学院。学生来自蒙、回、藏、苗、夷、彝、满、汉等各民族青年300余人，蒙古族学生占40%，回族学生占20%，其中女生32人。1944年7月，成立三边公学，该校是蒙、回、藏、苗、夷各民族的联合学校，设中学部、地干班、研究班，学生300余人。1938—1945年，边区先后开办8所伊斯兰小学。1941年10月设立定边伊斯兰公学，该校附设夜校和识字班，进行社会教育。在巴勒葛素、哈拉西里及内蒙古城川蒙古族聚居区，开办3所蒙古小学，课本均采用蒙古文字。边区通过开办各级各类少数民族学校，培养了近千名少数民族青少年③。进入解放战争时期，陕甘宁边区的民族自治政策已日臻成熟。1947年5月1日，根据内蒙古当时的情况，参照陕甘宁边区的经验，建立了内蒙古自治区，实行内蒙古民族的区域性自治，颁布了《内蒙古自治区施政纲领》，成为新中国第一个省级大规模实践民族区域自治的典型范例。

---

① 定边县地方志编纂委员会：《定边县志》，方志出版社2003年版，第949页。
② 陕西省地方志编纂委员会：《陕西省志（政务志）》，陕西人民出版社1997年版，第576页。
③ 同上书，第575—576页。

这些少数民族政权的建立，使当地回蒙民族人民初步实现了当家做主，使其在政治上、经济上、文化上获得解放和发展，极大地激发了他们的抗日热情。边区模范地执行了中国共产党的民族政策，成为民族解放的灯塔。边区民族自治区的建立是对我国民族区域自治制度的有益尝试，并为新中国民族区域自治区的建立积累了宝贵经验。

三 "难民安置"——移民垦区

随着抗战的全面爆发，沦陷区和交战区的不断扩大，大批难民为逃避战火、灾荒和敌伪的压榨，从河南、甘肃、宁夏、河北、陕西等敌占区和国统区源源不断地涌向边区。1939年1月边区政府对边区第一届参议会作的工作报告中指出："边区邻近战区，从山西、绥远以及冀、晋、豫各省流入边区之难民，前后为数在3万以上。另外边区四周的抗日军人家属，因在各地不能得到救济优待而逃入边区的亦复不少。例如，从绥德、米脂、清涧等地逃入延安的，至今尚有300余人，在延长者440人，在延川者1082人，在安定者716户人口3000左右，其他如关中、靖边、庆环各地方都有①。"据不完全统计，八年间，涌入陕甘宁边区政府难民人数约26万人②。

随着移民、难民的增多，至1940年边区开始改变安置移民的方法。将起初只是当作社会救济事业看待的安置移民工作从自发状态进入到有计划、有准备、有组织的规范化阶段。按照移民难民比较集中的新宁、赤水、淳耀、同宜耀四县的统计，移民难民中手工业者占5%、商人占1%、士兵学生占0.4%，其余93.6%均为农民③。边区结合"除绥德分区外，边区其他四分区的人口密度远远低于全国"④的实际情况，把安置移民和开发边区有机地结合起来，把奖励移民垦荒生产与边区大生产运动结合起

---

① 西北五省区编纂领导小组、中央档案馆：《陕甘宁边区抗日民主根据地（文献卷·下）》，中共党史资料出版社1990年版，第24页。
② 陕西省地方志编纂委员会：《陕西省志（人口志）》，三秦出版社1986年版，第113页。
③ 陕甘宁边区财政经济史编写组：《抗日战争时期陕甘宁边区财政经济史料摘编》（第2编），陕西人民出版社1981年版，第647页。
④ "1941年，边区五个分区人口密度为（人/每平方公里）：延属分区16、绥德分区49.5、关中分区16、三边分区2.6、陇东分区8，全国人口平均密度为39.54"。引自陕西省地方志编纂委员会《陕西省志（人口志）》，三秦出版社1986年版，第110—111页。

来，移民政策被放到了战略高度。

在政策指导和制度保障方面，边区制定出一系列优待难民和鼓励移民的办法，1940年3月1日边区颁布了《陕甘宁边区优待外来难民和贫民的决定》，1941年4月10日颁布的《陕甘宁边区优待移民办法》，1942年4月5日颁布《陕甘宁边区优待移民实施办法补充要项》，1943年3月1日颁布《陕甘宁边区优待移民难民垦荒条例》等，为移民垦区的设立提供了制度保证。

实际管理层面，边区政府专门成立了"移垦委员会"，专管移民垦荒、从事农业生产的一切事宜，并调查各地的土地人口和劳动力状况，筹措经费，维持垦区社会治安，保证移民、难民安居乐业。1942年2月6日，边区政府在荒地较多的地区设立移民区，划定延安、甘泉、华池、志丹、靖边、鄜县、曲子等县为垦区，在绥德、陇东、关中三个分区的专员公署和安定、靖边、鄜县等县政府内设移民站，并在移民、难民集中的地方建立移民乡、移民村，由移民民主选举乡长、村长和其他工作人员。①

移民开垦区成立后，主要任务是宣传边区的移民政策，安置住所，分配土地，发放农贷，提供农具，组织难民开荒种田，开展生产自救，解决吃饭问题。移民区政府发动老户调剂熟地、窑洞、粮食、种子和耕具，帮助难民；严禁老户欺压难民等，保护移民、难民的权益。通过这些方式，移民安置工作取得了显著的成效，不仅保障了移民的基本生活需求，而且也为边区提供了大量劳动力，使边区耕地剧增，粮食产量大大提高，有力支援了全国抗战的顺利进行。据非正式统计，1937—1942年，"五年来边区共扩大了两百四十万亩耕地，其中有两百万亩是靠移、难民的力量开荒增加的"②。

移民开垦区的设置不仅有效地解决了移难民的安置、生活、生产问题，推动了边区工农业的生产，促进了边区经济建设的发展，增强了抗战的力量；而且，基层政府通过大量而细致的宣传、动员工作，使得移难民政治、经济权利得到保障，提高了共产党、八路军的威信。

---

① 陕西省档案馆、陕西省社会科学院：《陕甘宁边区政府文件选编》（第5辑），档案出版社1988年版，第210—213页。

② 《大量移民》，《解放日报》1943年2月22日第1版。

四 "军队屯田"——南泥湾垦区

在抗日战争进入相持阶段后,国民政府的政策开始由全面抗战转向消极抗战积极反共,沿边区构筑了五道封锁线,西起甘肃、宁夏,南沿泾水,东迄黄河,达到对边区实行军事、经济封锁的目的。日寇则向抗日根据地实行灭绝人性的"杀光、烧光、抢光"野蛮侵华政策,"从1938年11月20日开始至1941年8月,日本飞机先后对延安城进行了17次轰炸,出动飞机208架次、投弹1690枚,造成214人死亡,184人受伤,倒塌房屋1.2万余间。……昔日完整的延安城,在日军飞机的狂轰滥炸下成为一座瓦砾遍地的废墟"[1]。加上自然灾害的侵袭,边区军民进入8年抗战中最为艰苦的岁月。1939年2月2日,中共中央在延安召开了生产动员大会,要求部队、机关、学校发展生产,发出了"加紧生产,坚持抗战"的号召,在陕北及各抗日根据地轰轰烈烈地开展起了"自力更生,丰衣足食"的大生产运动。中央领导率先垂范,毛泽东在杨家岭居住的窑洞对面开荒种菜,有空就去浇水和拔草;周恩来、任弼时等都有一架手摇纺车,经常盘腿而坐,练习纺纱。[2]

为了战胜困难,坚持抗战,1941年3月12日,八路军120师359旅响应毛泽东、朱德提出"屯田政策"的口号,把主力开进延安城东南45公里处的南泥湾,开展大生产运动[3]。南泥湾位于延安的东南方向,林木茂密,河川纵横。这里土地肥沃,水源丰富,适于耕种,据说一二百年前,曾是农业发达的地方,后来因战乱频繁,百姓纷纷逃难,奔走他乡,逐渐荒凉。日久天长,遍地长满了野草、荆棘,成为豺狼栖息、土匪出没的场所。[4] 1941年3月到1942年春,359旅部队分四批进入南泥湾,其中包括717团、718团、719团、补充团、特务团、旅直属团。1944年5月边区政府将南泥湾、金盆湾、南蟠龙和清泉镇一带,从延安县和甘泉县划出,组成南泥湾垦区[5],专门用于三五九旅屯田垦荒生产之用。

---

[1] 贺秋平:《不能忘却的记忆 日军轰炸延安》,《华商报》2015年8月18日第J1版。
[2] 萧劲光:《萧劲光回忆录》,解放军出版社1987年版,第302页。
[3] 延安市志编纂委员会:《延安市志》,陕西人民出版社1994年版,第17页。
[4] 黎原:《黎原回忆录》,解放军出版社2009年版,第109页。
[5] 延安市志编纂委员会:《延安市志》,陕西人民出版社1994年版,第49页。

垦区采取军队管理方式，初期由地方政府协助，1941年1月至1944年11月，359旅克服了种种困难，开荒种地，共垦种土地36.1万亩，其中稻田2000亩，收细粮共计54278石。自己动手盖房667间，挖窑洞1264孔，建礼堂3座，购置、自造农具万余件。同时，发展织布机66架，职工250人，每月可出宽台布1000多匹，毛巾500打，毛毡百余条。不仅解决了自己的全部吃饭、穿衣问题，还节约了大量的经费，上交公粮500万公斤。359旅在以农业生产为主的同时，还大力发展了工业、运输业和商业。另外，还兴办了被服厂、修械厂、2个纸厂、4个木工厂、3个军鞋厂、2个油坊、1个肥皂厂、3个铁厂、8所粉坊、6所豆腐坊、磨坊，开办盐井7个、煤窑2个。运输队有牲口800匹，运输员400名，设立68个骡马店，沟通了边区各县、乡镇的运输。通过光华商店进行的商贸活动，4年获得利润21240万元（边币）[1]。

另外，359旅在生产的同时，也充分利用时机进行部队整训。依靠南泥湾部队自建的营舍和自我供给、集中守备的环境，该旅制订军事教育计划，进行军事学术科目的教授与操练，练习投弹及射击，进行特种部队通讯、侦察、炮工等教育。并进行干部、战士整风学习，提高文化水平，该旅的战斗力和文化政治军事的素养都更为提高。

1944年11月至1945年6月期间，为应对侵华日军的新攻势，中共中央从陕甘宁边区抽调359旅大部南下。1945年8月，为配合苏军作战，毛泽东号召全国人民举行反攻，359旅余部开赴东北[2]。随着军队的调动，南泥湾垦区从军垦农场逐渐向移民农场转变。1946年5月，边区政府决定撤销原南泥湾垦区区级建制，批准将延安县的金盆区和固临县的临镇区划入南泥湾垦区，成立等于县一级的区政府[3]。1948年7月，陕甘宁边区政府决定将南泥湾垦区和固临县合并为临镇县[4]，成为一般县级地方政府。

南泥湾军队垦区在抗战最困难的时期，借鉴历史上军队屯田的经验，充分发挥了劳动力最为强壮、组织纪律最严密的军队的作用，不仅达到了

---

[1] 延安市志编纂委员会：《延安市志》，陕西人民出版社1994年版，第799页。
[2] 延安市地方志编纂委员会：《延安地区志》，西安出版社2000年版，第1195页。
[3] 陕西省地方志编纂委员会：《陕西省志（政务志）》，陕西人民出版社1997年版，第74页。
[4] 同上。

军队生产自救,减轻边区人民负担的目的。而且将军队驻防与发展生产结合起来,密切了军民关系,有力地推动了地方建设,这种军垦模式成为新中国成立后许多边疆垦区的雏形。

五 "经济支柱"——盐业中心区

陕北产盐,历史悠久。据史志记载,定边县汉代已开始生产食盐[①]。1936年夏,定边、盐池两县先后由红军解放,盐务归苏区。1940年以前,盐业的基本政策都是自由开采自由买卖,边区地方税务局只负责征收盐税。

1940年,由于山西潞盐产地被日寇占领、淮盐因陇海铁路被切断,来路断绝,河南、陕西广大地区发生盐荒。为了解决边区内外广大军民吃盐困难和增加边区财政收入,中共中央和边区政府决定利用三边地区盛产食盐的条件,大力发展盐业生产和贸易。1940年6月,边区设立三边盐务局,盐务局由军委后勤部主管。1941年"皖南事变"之后,国民党政府停发八路军军饷,使边区财政经济处于极端困难境地。为进一步加强盐业的管理,边区对盐务机构和管理进行调整。1941年8月,边区政府主席林伯渠任命张道吾为三边盐务局局长,赵云驶为副局长。同时,边区政府党政军联系会决定:将苟池、花马池、滥泥池划为盐业中心,中心区直属三边分区专署。1942年1月盐务主管权由中央军委后勤部收归边区政府财政厅。盐务局归财政厅直辖,盐税征收和盐务缉私都由盐务局单独负责,不与税局、税警混合。盐务局是边区盐业生产的最高管理机构,盐池及盐田均归其管理。同时,盐务局代管盐民区,负责盐业组织和生产管理。

1943年1月,为便于领导,将盐务机构、地方行政机构合并。三边盐务局改设为盐务总局,在花马池、苟池、滥泥池三个盐池分别设了分局。盐务局长张道吾兼任盐业中心区区长和区委书记,各分局长兼任各乡乡长和支书[②]。这样一个以盐业管理为中心的行政区正式形成。

自1942年,盐务局归边区财政厅管辖后,先后在盐务措施法规方面颁布了一整套管理措施和办法,并在实践中不断完善修正。如:《盐务管

[①] 定边县地方志编纂委员会:《定边县志》,方志出版社2003年版,第420页。
[②] 同上书,第426页。

理办法》《盐场管理暂行办法》《盐质检定办法》《管理盐本办法》《关于偷漏盐税处罚、减罚、免罚暂行办法》《盐务局缉私暂行条例》《缉私奖惩条例》等，这些规章制度得到了较好的贯彻，取得了良好的效果。

在具体生产方面，盐业中心区结合盐业生产的特点和所辖区域盐民的实际情况，创新了许多管理的好办法。第一，由政府负责人与盐民代表共同组成盐产管理委员会，形成了一个有力的生产指挥系统，在兴筑盐田、修建道路、开钻沟渠以及保证盐的质量、协商解决纠纷问题等方面发挥了重要作用。第二，在盐产管理委员会下，按地段成立产盐委员会。由各乡乡长任主任委员，督促各盐户生产，帮助盐户制订计划，负责发放贷款等。第三，除了继续使用军队参加盐业生产外，发动盐户雇佣长、短工，鼓励盐民动员亲友来池打盐。第四，组织了变工队，开展劳动竞赛，学习打盐技术。第五，改进生产技术和方法。生产技术和方法做了一些改进，主要有灌小水，增加打盐次数；灌冬水肥盐田；创造了大浪耙；发明木轨车运盐等，提高了生产效率。第六，组织盐业合作社。合作社设有理事、常务理事、主任等负责管理，如制订计划、组织生产等。合作社是边区盐业生产的一种行之有效的组织形式，在盐业生产中发挥着重要的作用。①

这种企业生产与地方政府管理相结合的方式，在盐业生产、销售、运输、税收、缉私等方面发挥了重要的作用和优势。1942年盐业中心区产盐70余万驮，创抗战时期最高纪录。1943年，盐坝子达2834块。仅苟池、花马池、烂泥池、莲花池四池，即有盐民521户，2037人。实际生产盐52万驮，大大超出原计划生产盐40万驮。盐业中心区的设立为盐业生产提供了保障，不仅极大地改善了边区人民的生活，也为边区军政机关提供了相当的经费。对打破国民党反动派的经济封锁、平衡出入、稳定金融秩序和平抑物价起到了重要作用。新中国成立初，我国设立的一批以"特区""矿区""垦区""山"②等作为政府单位名称的特殊性地方政府，大多借鉴了这种模式。尽管这些地方政府因设置目的的完成已经相继被取消或转变为一般类型地方政府。但它们在新中国成立初期关键的工业转变

---

① 黄正林：《抗战时期陕甘宁边区的盐业》，《抗日战争研究》1999年第4期。
② 如：1964年设黑龙江省的森林工业基地伊春特区、安徽矿产地铜陵特区；1966年在辽宁设盘锦垦区；1979年在四川设华云、金口河、白沙三个工农区以及江西井冈山人民政府、庐山人民政府等。引自龙朝双《地方政府学》，中国地质大学出版社2001年版，第201—202页。

发展阶段中，发挥了良好的作用，功不可没。

　　地方政府作为治理国家部分地域的政府单位，是按照行政区划设置的。对于像中国这样的一个地域辽阔、人口众多、民族构成复杂、社会发展不平衡的大国，不同地域存在不同的管理需求是十分自然的。国家应该通过地方政府行政区划上的必要安排来应对来自各方面的挑战和需求。边区以层级建制为主干的行政区划中，之所以需要分化出若干类型的特殊地方政府，显然是因为行政建制所面对的公共事务具有特殊性。在当时条件下，完成此种职责的基本途径是制定和执行有效的公共政策，诸如民族自治区的民族政策、移民区的垦荒政策、军垦区的屯田政策、盐业区的盐业管理政策等。公共政策是一类公共产品。只要政策制定有针对性和可行性，只要政策执行有公平性，那么，特殊性地方政府围绕特定公共政策的运作，就会惠及辖区内的广大民众，进而有利于边区的各项事业。在这个意义上，可以把边区特殊性地方政府视之为制定和执行特定公共政策的行政建制。对这种行政建制而言，重要的事情不在于建立刻板固定的组织形式和工作机构，而是使组织形式和工作机构有利于特定公共政策的制定和执行。著名行政学家奥斯特罗姆曾把公共行政理论的核心概念梳理为两个阶段："官僚制理论是传统公共行政理论的核心概念"；"公益品理论"则是当代公共行政理论的"核心性组织概念"[①]。公益品有多种形式，公共政策是其重要组成部分。在这方面，边区特殊性地方政府所提供的实践经验，弥足珍贵。

[①] ［美］奥斯特罗姆：《美国公共行政的思想危机》，毛寿龙译，上海三联书店1999年版，第26页。

第七章

陕甘宁边区政府的善治及其当代启示

中华民族自古以来就有崇德向善的优良传统，善文化可谓源远流长。"善治"一词最早出现于古代典籍——《道德经》中，老子用水的特性和状态来对善进行了最经典的阐释："上善若水。水善利万物而不争，处众人之所恶，故几于道。居善地，心善渊，与善仁，言善信，正善治，事善能，动善时。"① 意思是说，最高境界的善就像水一样。水滋润万物，却不与万物相争，停留在众人都不喜欢的地方，所以最接近于道。居住善于选择地方，心胸沉静而大度，待人真诚、友爱和无私，说话恪守信用，治理国家符合人类社会发展的要求（以柔性治国、体恤民情），处事能够发挥所长，行动善于把握时机。而最先将善治思想付诸实施的是战国时期滕国的国君——滕文公，滕定公之子，他因采纳孟子"政在得民"的主张，实行礼制，兴办教育，改革赋税制度等，广施善政、善教，使滕国人丁兴旺，国家富庶，声名远扬。一个方圆只有五十里、不足挂齿的小国，在八百诸侯并立，七雄称霸的形势下，不但没被大国吞并反而被誉为"善国"，创造了"卓然于泗上十二诸侯之上"的历史奇迹。

"善治"作为概念，其基本来源主要有三个：首先来自中国传统的政治词汇，将善治与善政的含义等同起来，两者并无本质区别，均以维护社会公正、以人为本、实现公共利益作为核心目标的"好政府"。其次来自20世纪90年代兴起的西方治理理论中的"good governance"，即"良好的治理"，是为了克服政府和市场的治理失败，主张将现代的分权政治、弹性化的政府、积极的公民社会有效结合。第三来自中国知名学者俞可平的

---

① （魏）王弼注：《老子道德经注校释》，楼宇烈校释，中华书局2008年版，第20页。

原创总结。① "概括地说，善治就是使公共利益最大化的社会管理过程。善治的本质特征就在于它是政府与公民对公共生活的合作管理，是政治国家与公民社会的一种新颖关系，是两者的最佳状态。"② 从这三个来源看，都反映了人们对政治理想的期待和向往，对社会管理存在一个美好的政治愿景，无论是古今还是中外。

2011年7月1日，胡锦涛同志在庆祝中国共产党成立90周年大会上发表了重要讲话。他指出："保障和改善民生，促进社会和谐，是实现全面建设小康社会宏伟目标的必然要求。我们必须从维护最广大人民根本利益和实现国家长治久安的战略高度抓好社会建设，推动社会建设与经济建设、政治建设、文化建设协调发展。"③ 2014年十八届四中全会《决定》明确提出，"法律是治国之重器，良法是善治之前提"，"善治"第一次进入中央全会文件。之后不久，习近平总书记又提出了"四个全面"战略布局，该布局既是治国理政的蓝图，也是实现中华民族伟大复兴的必由之路。这意味着："十八大之后，善治将成为以习近平为总书记的党中央治国理政的目标追求。也可以说，十八大以来的中国，是一个正走向善治的中国。"④ 从善治视角考察边区政府的施政内容、方法以及施政原则，不仅有助于进一步认识党在不同时期的执政规律，也为当今政府治理提供有益的借鉴。

第一节 陕甘宁边区政府的"善治"

陕甘宁边区是中国共产党最早建立的模范抗日民主根据地和解放区，在这里成功地进行了新民主主义的政治、经济、文化和社会建设，并铸就了伟大的延安精神。边区经民选产生的综理政务的四届政府，均以民主、规范、廉洁、高效著称，这与"善治"所包含的六个基本要素"合法性"

---

① 李以所：《论善治政府的基本内涵》，《理论导刊》2012年第8期。
② 俞可平：《治理与善治》，社会科学文献出版社2000年版，第8—9页。
③ 胡锦涛：《在庆祝中国共产党成立90周年大会上的讲话》，《天津日报》2011年7月2日第1版。
④ 程冠军：《走向善治的中国——十八大以来治国理政观察》，中共中央党校出版社2015年版，第1页（前言）。

"透明性""责任性""法治性""回应性""有效性"①基本契合。正因如此，在面临自然环境恶劣和战争威胁的施政环境下，边区政府与边区人民一起艰苦奋斗，使当地的政治、经济、文化、社会各方面均得到了快速的发展，开创了中国共产党局部执政的辉煌篇章，并为新中国成立后全国执政积累了丰富的实践经验。

一　合法性

从古至今，任何政府的有效统治和治理都需要合法性作为支撑。"合法性形成了治权的基础，是法治体制中开展政治活动的基础。合法性作为政治利益的表述，它标志着它所证明的政治体制是尽可能正义的，而且是不言而喻和必须的。"② 以马克斯·韦伯为代表的经验主义合法性学者认为，合法性问题主要只是一个经验问题并且只能通过经验加以证明，只要群众在忠诚的基础上对政权能够支持，就有合法性，而不管政权的性质如何，也不管政权是通过什么手段获得的，表现为既定统治体系的稳定性和人们对现有政治系统的服从和认同。以哈贝马斯为代表的商谈主义合法性学者更前进一步，把经由包含道德的合理内容程序所形成的认同和"忠诚"，视为合法性的来源。因此，取得和增大合法性的主要途径是尽可能增加公民的共识和政治认同感。边区政府的合法性主要来源于边区人民的认同和支持，并且是经由合理程序而形成的认同和支持。

1937年7月15日，中共代表周恩来、秦邦宪、林伯渠等与蒋介石在庐山举行了谈判，蒋承认陕甘宁边区为国民政府的组成部分。其后，行政院长孔祥熙也确认陕甘宁边区为行政院的直辖区域，并划定原陕甘宁三省苏维埃区域的23个县归陕甘宁边区政府管辖。1937年9月22日，国民党中央通讯社发表了《中共中央为公布国共合作宣言》。次日，蒋介石发表《对中国共产党宣言的谈话》，正式承认共产党的合法地位。边区成为国民政府管辖下的一个地方政权，相当于省的建制。这就从法理上赋予了陕甘宁边区政府无可置疑的合法性。然而，边区政府行为的真正合法性却不取决于国民政府的承认，更重要的来源是边区人民的支持。边区政府所推行的法律、法规和政策，是经由边区法制委员会、法令审查委员会、各级

---

① 俞可平：《治理与善治》，社会科学文献出版社2000年版，第9—11页。
② [法]让-马克·思古德：《什么是政治的合法性?》，《外国法译评》1997年第2期。

参议会等的民主讨论而制定的。它们较为充分地集结了民意，凸显出边区各界民众的基本利益，因而具有抗御合法性危机的内在力量。

解放战争开始后，尽管边区被国民政府宣布为非法叛乱区域。但政治体系能长期满足成员的需要和利益，也可赢得统治的合法性①。从这种政治学的合法性界定来看，从1937—1947年，经过长达10年的建设，边区人民的生产和生活水平有了稳步发展，达到丰衣足食，自给有余。延安光复以后，边区政府通过调整和放宽政策，进一步刺激各阶层群众的劳动热情，加快了医治战争创伤，恢复生产和繁荣经济的步伐。经济的发展和民生的改善，使边区政府赢得了当地群众广泛的认同和支持。因而，陕甘宁边区无疑具有政治学意义上的合法性。

二 透明性

透明性指的是政治信息的公开性，即民众能否获得政府立法、实施、法律等与己相关的政策信息，以便其能参与到公共管理和监督中来。信息公开是"权力在阳光下运行"的必要条件。借助信息公开，信息垄断、职能垄断、隐瞒真相等不良现象才能得以遏制，广大民众才不至于被蒙蔽。陕甘宁边区政府实行政务向人民公开的制度，对事关人民切身利益的政策、具体实施办法和程序总是反复进行宣讲，随时接受人民群众和各级民众团体的监督和检查。

特别是在民众普遍关心的财务收支方面，边区政府尽可能做到公开和透明。首先，边区参议会按照民众意愿，通过民主程序加以审定和监督。这种预算民主，既有对概算的设计、监督权，又有审查、批准权，既指出政府税收工作问题，又有权要求政府税收工作"必须"这样、"不得"那样。同时，边区还主动依靠群众建立了对基层单位财务收支进行监督的组织。1948年和1949年先后两次颁布的《审计条例》中都规定了："为实行经济民主，在各级政府、机关、部队、学校等伙食单位，以民主选举，组织经济委员会，为审计机构之基层组织"，"各级政府、机关、学校、部队之生活费及生产节约收支情况，均应由经济委员会进行审查……，由经济委员会与主管首长签名盖章后，呈交主管机关汇编

---

① Joseph Rothschild, "Observations on Political Legitimacy in Contemporary Europe", *Political Science Quarterly*, Vol. 92, No. 3, Autumn 1977.

交送审计机关"①等内容。另外，在事关民众利益的其他方面，如一年一度的粮草征收和农贷发放中，边区对一切有关征粮征草、农贷发放的政策全部公开，并以民主方式进行调查、登记和实施。

政府各级干部在执行政策中一旦出现不公正、不合理的现象，老百姓随时可以提出控告。"各下级政府或政务人员，如接得人民向上级政府控告的诉状，特别是控告政务人员的诉状，须随时负责转呈上级政府，不得有任何阻难，亦不得置之不理……（若有违反）即认为违犯行政纪律，依其轻重的程度议处。"②通过这些措施，不仅保证了民众对政府政策的知情和了解，也使得民众能够积极参与到政策的执行和监督过程当中，极大地调动了民众当家做主的热情，也有力地遏制了腐化现象的发生。

三 责任性

"责任是权力的孪生物，是权力的当然结果和必要补充。凡行使权力的地方，就有责任"③。公共管理中，责任性特指政府及其构成主体行政官员因其公权地位和公职身份而对授权者和法律以及行政法规所承担的责任。其理论基础是以人民主权为核心的民主理念。由于政府的公共权力来自人民主权的让渡，因此，政府的一切行为就须向主权出让者（人民）负责。政府的构成主体在施政过程中，一旦出现违法或未履行其相应的职责和义务的情况，即为失职，就必须承担相应的责任。公共责任可区分为"责任感"和"有效责任"两类。前者基于忠诚、良心和认同的信仰，主要通过行政伦理对行政行为的制约表现出来；后者基于法律规章、社会期待或上级的交付，主要通过外部规则对行政行为的制约表现出来。④

陕甘宁边区政府一方面本着全心全意为人民服务的宗旨，以民为本，一心为民。不仅政府的政策、法令、法规和指示都以保护群众的利益为出发点。而且，绝大多数政府工作人员都能牢固树立人民公仆的意识，形成

---

① 陕西审计学会、陕西省审计研究所：《陕甘宁边区的审计工作》，陕西人民出版社1989年版，第117页。
② 陕西省档案馆、陕西省社会科学院：《陕甘宁边区政府文件选编》（第7辑），档案出版社1988年版，第189—190页。
③ ［法］法约尔：《工业管理与一般管理》，周安华等译，中国社会科学出版社1982年版，第24—25页。
④ 张成福：《责任政府论》，《中国人民大学学报》2000年第2期。

了廉洁奉公的工作作风；另一方面，边区形成了较为完整的监督体系。边区人民通过选举和罢免来选择自己的管理者，而管理者则在群众的时刻监督之下实现对当地的治理。1939年1月由陕甘宁边区第一届参议会通过的《陕甘宁边区选举条例》，采取了"普遍、直接、平等、无记名"选举办法，并实行了竞选制。《陕甘宁边区选举条例》规定："各抗日政党及各职业团体，可提出候选名单，进行竞选运动，在不妨害选举秩序下，选举委员会不得加以干涉或阻止。"① 通过这些文件，为政治民主提供了制度保障，也使得民众参选和参政的热情得到了极大的调动。在边区第一届参议会的工作报告中，林伯渠曾指出："当着候选名单公布以后，每个乡村都热烈地参加讨论，有的批评某人对革命不积极，某人曾经反对过革命，某人曾经贪污过，某人曾经是流氓，某人曾吸食鸦片等等。有的选民则公开涂掉其名字，有的则到处宣传某人的坏处等等。又如安塞四区一个乡长因工作消极，蟠龙区一、三、五乡乡长不能代表群众利益等，均遭反对为候选人。至于那些平日对抗战工作努力的分子，在选举中都当选了。"② 这样，通过正当的民主程序赋予人民选择官员的权力，也使得官员们必须对人民负责，为自身承担的职责负责。

同时，边区运用多种监督形式对党和政府及其工作人员进行多层次、多方位的广泛监督。其中主要有人民群众监督、参议会监督和政府内部监督三种方式。人民群众通过批评、建议、控告等方式直接监督检查；乡、县、边区三级参议会由人民直接选举的参议员组成。参议会对同级政府领导人有选举、罢免、质询、弹劾的权力；各级政府的自我检查和监督，也包括上级政府对下级政府的检查和监督。社会各界的监督保证了政府行为的合法适当，促使广大干部心中时时处处有百姓，时时处处负责任，更加自觉地转变工作作风，更好地为人民服务。

四 法治性

法治的基本原则是依法行事，在法律面前人人平等。它通过规范公民

---

① 陕西省档案馆、陕西省社会科学院：《陕甘宁边区政府文件选编》（第1辑），档案出版社1986年版，第162页。

② 中国科学院历史研究所第三所：《陕甘宁边区参议会文献汇辑》，科学出版社1958年版，第18页。

行为，制约政府行为，管理社会事务，来维持正常社会秩序。其目标是保护公民的自由、平等及其他基本政治权利。边区在立法方面充分贯彻群众路线，政府尊重各级参议会的立法权，使得群众及其代表可以不受制约和限制，按照自己的意志制定法律，而这些法律成为边区政府的基本行政依据。

边区政府在成立不久，便开始设立相关机构进行立法活动，从1938年3月到1939年1月，边区相继成立"法令研究委员会""地方法规起草委员会""边区法制委员会""法令审查委员会"。它们在起草和审查边区政府制定各项条例方面发挥极其重要的作用，为边区的民主法制奠定了坚实的基础。从1937—1945年，先后颁布和实行了《陕甘宁边区抗战时期施政纲领》《陕甘宁边区施政纲领》《陕甘宁边区保障人权财权条例》等宪法性文件。1941年颁布的《陕甘宁边区施政纲领》第六条规定："保证一切抗日人民（地主、资本家、农民、工人等）的人权、政权、财权及言论、出版、集会、结社、信仰、居住、迁徙之自由权。"① 1942年颁布的《陕甘宁边区保障人权财权条例》中明确规定了人权的含义和范围。强调边区人民之财产、住宅，除因公益有特别法令规定外，任何机关部队团体不得非法征收、查封、侵入或搜捕；除司法机关及公安机关依法执行其职务外，任何机关、部队、团体不得对任何人加以逮捕、审问、处罚。人民利益如受到损害时，有用任何方式控告任何公务人员非法行为的权利；区、乡政府对该管区居民争讼事件，得由双方当事人之同意为之调解。如不服调解时，当事人可自由向司法机关告诉，不得阻拦或越权加以任何之处分等。②

同时，还制定和完善了包括政治、经济、文化、婚姻等各个方面的法律、法规。如《陕甘宁边区惩治反革命条例》《地权条例》《陕甘宁边区禁烟、禁毒条例》《税收暂行条例》《继承条例》《婚姻条例》《土地租佃条例》《劳动保护条例草案》《暂行决算条例》《民事诉讼条例》《刑事诉讼条例》等，这些法律、法规门类较为齐全，基本涵盖人民生活中的政

---

① 西北五省区编纂领导小组、中央档案馆：《陕甘宁边区抗日民主根据地（文献卷·下）》，中共党史资料出版社1990年版，第76页。
② 陕西省档案馆、陕西省社会科学院：《陕甘宁边区政府文件选编》（第5辑），档案出版社1988年版，第310—311页。

治、经济、文化、婚姻、继承等各个方面。对于组织社会生活，维护社会秩序，促进经济发展与社会安定，发挥了重大作用。

在执行过程中，坚持以法制为依据，并采取了严格的方式惩处公职人员违法违纪，有效地维护了法律的严肃性。依据1938年边区政府颁布的《陕甘宁边区惩治贪污暂行条例》[①]，同年4月，安塞县第四、第六两区区长贪污没收的烟土，被撤职严办。1940年7月，华池县白马区区委书记崔凤鸣，贪污了100元即被逮捕。悦乐乡乡长王崇洁贪污了70余元，也受到严肃处理。1933年参加革命担任张家畔税务分局局长的萧玉璧，1942年贪污公款300元，被处以死刑，立即执行。同时，对于"共产党员有犯法者从重治罪"[②]。1937年10月，延安发生了抗大第十五分队队长黄克功因逼婚未遂，枪杀陕北公学女学生刘茜案件。经边区高等法院审判，判处黄克功死刑。他上书法庭并致信毛泽东，要求念他十年艰苦奋斗，留一条性命。毛泽东支持法院判决，并在复信中特别指出："正因为黄克功不同于一个普通人，正因为他是一个多年的共产党员，是一个多年的红军，所以不能不这样办。共产党与红军，对于自己的党员与红军成员不得不执行比较一般平民更加严格的纪律。"[③] 边区政府依据法律制度，坚持执法必严，违法必究，使得边区上下盛行廉洁奉公之风，从而受到群众的普遍称赞。

五　回应性

回应性是指政府机构和人员对民众提出的要求能够及时负责的反应，包括政策性回应和信息性回应。政策性回应是根据民意及时制定或调整公共政策，使公共政策真正体现公共利益，符合国情民情；信息性回应是根据政策执行中民众的疑虑、困惑和意见，及时解释政策并改正政策执行中的各种偏差，使政策达到预期的目的。定期主动向民众征求意见，反馈政府的信息，解释相关的政策，回答民众关心的问题是回应性的基本方式。

边区政府不害怕人民批评自己的缺点，并且能虚心倾听人民的批评和

[①] 陕西省档案馆、陕西省社会科学院：《陕甘宁边区政府文件选编》（第1辑），档案出版社1986年版，第111—112页。

[②] 西北五省区编纂领导小组、中央档案馆：《陕甘宁边区抗日民主根据地（文献卷·下）》，中共党史资料出版社1990年版，第77页。

[③] 中共中央文献研究室：《毛泽东书信选集》，人民出版社1983年版，第110页。

建议。不仅边区高层领导,如林伯渠、李鼎铭以及各厅、院、处、会的负责人,总是以公仆的身份,抱着为人民服务的真诚态度,向人民代表作详尽的报告。真诚请求代表们审查、批评、质问和检查。同样的风气也体现在边区的地方政府中,每次选举活动中,边区基层政府都放手发动群众,让他们检查政府工作,对缺点错误提出批评意见。第二次普选中,不管在什么地方,群众在会上、在会后都敢于对政府工作提出自己的意见,基层政府也能给予及时的答复和解决。第三次普选中,"据延安、鄜县、延川志丹、曲子、合水、镇原、新正、新宁、赤水、吴旗等县的统计,群众在乡选中提出了21000多条意见,到边区第三届参议会开会时已经解决17000多条,占总数的80%以上。其余没有解决的是因为乡上不能解决,转交到县上或边区解决"[①]。及时快速的回应是边区政府深得民心的关键之一。

六 有效性

治理的有效性首先取决于法规、政策的制定和执行是否体现公共价值,是否通过提供合适的公共产品以实现公共责任。其基本途径是政府过程的公正合法和公开透明。在此前提下,合理设置管理机构,科学设计管理程序,以便提高管理效率,用最低的管理成本获得好的管理效果也是提高治理有效性的重要途径。

在边区政权建设初期,由于战争等多方面的原因边区政府机构设置并不合理。造成机构膨胀、工作人员分工不明,出现了不少互相推诿、扯皮和不负责任的现象,严重影响工作效率。为缓解边区经济上的重压,解决机构臃肿,效率低下问题。从1941年年底开始,历时两年,陕甘宁边区进行了三次精兵简政。其主要内容可以概括为以下三点:一是实行政务与事务分开。按照工作性质把行政机构分为政务机关和事务机关[②]。遵循政

[①] 宋金寿、李忠全:《陕甘宁边区政权建设史》,陕西人民出版社1990年版,第414页。

[②] 政务机关,即行政工作的领导机关,如各厅、保安处和法院负责督导县政府和所属事务机关。事务机关,又分为事业专管机关和技术事务机构,前者如各级卫生、粮食、税务、贸易行政和通信站、银行等,规定其任务是事业设计与指导检查管理所属系统的工作;后者如从事秘书、总务、收发等工作性质的单位,是行政领导机关或事业专管机关的工作部门。参见陕甘宁边区政权建设编写组编著《陕甘宁边区的精兵简政(资料选辑)》,求实出版社1982年版,第46—47页。

事分开，领导与事务分开的原则。二是确定各级政府地位、职责，审定其业务。《简政实施纲要》规定边区政府、行政专署、县政府、区公署、乡政权的基本业务和范围。通过重新划清职权，审定业务，合并性质相近的机构，从而消除了机构重叠及职权方面存在着的职责不明、权限不清的现象，避免了工作中的互相推诿和严重内耗。三是裁减和重新安置冗余人员，通过人员的调整，克服了以前人浮于事、人才浪费的现象，增强了工作的责任心，发挥了机关工作人员的创造性，过去那种对待工作被动应付的现象没有了，工作效率大大提高。据 1943 年统计，边区办公厅文书科 3 个人做了过去 13 个人的工作。边区通信站 1—4 月每日平均投递 16661 件，5—11 月每日投递 30078 件，提高效率 80% 以上，既不用值夜班，连运输费也省了。① 通过以上措施，边区政府机关变得敏捷高效、价格低廉，成为陕甘宁边区坚强的领导核心。

第二节 陕甘宁边区政府"善治"的成因

一 解决民生是基础

陕甘宁边区位于西北高原，气候变化激烈，常年发生旱、雹、水、冻、霜、虫、瘟等灾害，经济落后，人口稀少。加之，长期遭受军阀、豪绅和地主的压榨和盘剥，人民生活极其艰辛，解决民生问题是边区的头等大事。为了改善边区人民的生活，边区政府采取了多项有效措施：在农业方面，发动民众组织劳动互助社，调剂劳动力；帮助农民解决耕牛、农具、种子的困难，并发放农贷款，以流通农村资金。在手工业方面，废除苛捐杂税，奖励手工业生产，严禁投机、垄断、居奇，保护正当商人利益，减税、减息，发展合作社运动。在公营企业方面，加强对石油、煤矿的开发，扩大纸厂的规模。在卫生保健方面，边区政府注意敬老慈幼，对民间老人不能自给的，政府发给养老费；儿女不尊重父母的，会受到社会制裁。边区通过设立保育院、托儿所、养老院、医院等，使老人得到尊重，小孩得到爱护成为边区的一大特色。② 对于各处发生的传染病，政府

---

① 杨永华：《陕甘宁边区法制史稿》，陕西人民出版社 1992 年版，第 406 页。
② 陕甘宁边区财政经济史编写组等：《抗日战争时期陕甘宁边区财政经济史料摘编》（第 9 编），陕西人民出版社 1981 年版，第 209 页。

即会商八路军总卫生部派遣医生前往医治。通过铅印的卫生小报和各种卫生小册子，举行卫生讲演，开展群众卫生活动，边区的卫生保健事业有了显著发展。边府除了发动人民互相调节救济外，在财政异常困难的情况下，按照各县灾情，拨给赈济粮款，关心和解决灾民的疾苦。① 使得边区人民生活较以前有了显著的改善，百姓安居乐业，边区的"合法性"基础大大加强。

二 实行民主是核心

边区实行民主选举之后，民众的参政意识和参政能力不断提高。表现为参加投票的选民人数逐次增加，在选举过程中由重视某个人是否当选逐步转向对各地政府的工作检查，并且随时发现问题，及时加以解决。特别是，第二届边区参议会确定了抗日民族统一战线的"三三制"政权体制，从制度层面赋予了各抗日阶层参政议政的权力，由各阶层真心抗日的代表来担任实际职务，做到有职有权，使代表不同阶层利益的人们能够团结在抗日统一战线政权之中，为边区的发展群策群力、贡献力量。

由于民主制度在边区的普遍实行，使边区人民享有了广泛而全面的民主权利。政治上，人们在言论、出版集会、结社、参政等方面权利的行使，不仅不受限制，而且得到政府的帮助。比如，报馆通信员经常访问农村、工厂，了解基层情况，倾听群众呼声；农工、青妇等组织的工作，无不得到政府的指导与帮助。经济上，农民有减租减息、保障佃权的权利，免受地主的过分剥削。实行十小时工作制，在确保资本家正当盈利的同时，使工人生活大大改善。文化卫生上，人民有免于愚昧与不健康的权利。总之，民主政治的广泛实施，使边区人民的生活发生了巨大变化，正如谢觉哉在边区第三届参议会上总结的，"民主政治是救人民的，使人民独立、自由、丰衣足食""陕甘宁边区人民是比任何未实行民主的地区，过着穿暖吃饱愉快的生活，且正在摆脱愚昧和不健康的状态，走向文明。"② 广泛而实际的民主权利，充分保障和促进了民生的改善。

同时，民主政治权利在治权上的重要表现是治权的分化，即治权不是

---

① 陕甘宁边区财政经济史编写组等：《抗日战争时期陕甘宁边区财政经济史料摘编》（第9编），陕西人民出版社1981年版，第261页。

② 谢觉哉：《谢觉哉文集》，人民出版社1989年版，第622页。

单中心的自上而下地行使，而是政府机构、社会组织以及私人机构相互配合，形成上下互动的社会治理合作网络，以此保障把公共利益贯穿到管理决策的全过程中。在这方面，边区政府没有采用简单的自上而下的单一统治模式，而是大力推行有组织的民主新模式，即充分发挥民众团体和组织的作用，通过民众组织来讨论并解决他们自己的利与害问题。如"两口子吵嘴，家婆虐待媳妇……属于妇女的，去找妇委会；唱歌、游戏、读书……属于青年儿童的，有青救会儿童团；工人的事有工会；农民的事有农会……。那些应兴应革的事，群众团体已讨论烂熟，而各群众团体的领导者又直接参加各级政府委员会，把他们的意见随时反映到实际政治中来"①。

在边区政府的有力支持下，边区民众的绝大多数都参加了民众团体。陕甘宁边区先后成立了民众抗敌后援会、边区总工会、边区抗敌救国联合会、边区各界妇女联合会、边区文化界救亡协会、民众抗敌互济会等群众组织。边区人民至少每个人加入了一种组织，有的还加入两个以上的团体。更为重要的是尽管多数民众组织是在党的领导下建立的，但党并不包办代替民众团体的工作。二是充分发扬民主，尊重和支持民众团体的独立工作。这样，群众团体聚合了多数群众的意愿和利益，比个体政治参与具有更大的影响和效力，并成为沟通政府与群众之间的桥梁，促进了政治参与主体与客体之间的和谐。

三　方法得当是关键

实践证明，政府不论是为了解决问题，还是要办好一件事情，总要选择适当、正确的方法，才能达到目的。正如毛泽东所言："我们不但要提出任务，而且要解决完成任务的方法问题。我们的任务是过河，但是没有桥或没有船就不能过。不解决桥或船的问题，过河就是一句空话。不解决方法问题，任务也只是瞎说一顿。"②边区政府一贯坚持从实际出发，理论联系实际，实事求是的辩证唯物主义的思想和工作方法，取得了较好的效果。

在民主选举方面，针对边区地广人稀、文化落后的实际情况，边区政

---

① 王定国等：《谢觉哉论民主与法制》，法律出版社1996年版，第40页。
② 《毛泽东选集》第1卷，人民出版社1991年版，第139页。

府采取灵活多样的选举方式,收到了较好的效果。如:开会选举,即按自然村开选民大会,当场投票、开票,当场宣布选举结果。背箱子选举,对于居住分散、不便召开选民大会的地方,由选举委员会派人背着带锁加封的箱子,串乡挨户进行选举等。在投票方式上,识字的人用票选法,识字不多的用画圈、画杠法,不识字的则采用投豆、烧洞或编号选举,举手表决等方式。这些因地制宜的做法使尽可能多的选民积极地投入到选举运动中来,提高了广大人民群众对民主政治的认识,奠定了民主政权的群众基础。

在乡村治理方面,边区政府采取许多切实可行的政策与行之有效的措施,使得社会风气大为改观。以改造"二流子"为例,首先确定了"二流子"评判标准,为其改造提供基本依据。其次,各部门通力合作。如经济部门给"二流子"下达生产任务;政治部门负责日常的法制教育工作;文化教育部门进行科学文化、医药卫生知识、劳动观点和生产知识的教育;文艺部门则编排、演出各种节目。同时,救济与改造相结合。边区政府一方面对"二流子"进行救济安置;另一方面帮助并鼓励他们参加生产。在生产劳动中,促使他们转变,救济和改造双管齐下的方式取得了良好的效果。边区成为一个文明、民主、纯净的新社会。

第三节　陕甘宁边区"善治"的当代启示

陕甘宁边区作为新民主主义建设的试验区和示范区,在中共中央的领导下,因地制宜地制定了许多重要的政策、方针和法令,并在实践中不断总结完善,取得了良好的效果,基本达到了"善治"的六个衡量标准。正是边区政府的"善治",使得边区成为当时的"民主示范区"和"抗日的模范区",逐渐获得了国际社会的认可,成为全国进步人士心中的"圣地",也代表了当时中国未来前进的方向。目前,我国作为一个初步建成社会主义市场经济体制的发展中大国,在快速发展中政府面临着一系列新的社会问题和矛盾,借鉴陕甘宁边区时期的"善治"经验,对于维护社会秩序的稳定,保证政治、经济、文化协调持续发展尤为重要。陕甘宁边区政府"善治"的经验可为我们提供以下几点启示:

第一，继续以经济建设为中心，改善民生，提高人民生活水平。从古至今，民生问题就广泛存在，它与人们的生活休戚相关，能否妥善解决事关政权的稳固、社会的稳定等一系列重大问题。陕甘宁边区自然环境恶劣，经济落后，人口稀少。加之，长期遭受土豪劣绅的剥削和压迫，人民过着极为悲惨的生活。能否改善百姓生活，成为边区政权稳固的关键。为此，边区政府采取了大力发展农业、手工业，扩大公营企业规模，普及基本教育，建立健全社会救济保障制度以及卫生保健体系等多项有效措施，使得当地人民生活较以前有了显著的改善，也使得边区的"合法性"基础大大加强。

在当前，我们仍应该将民生问题放在首位，继续以经济建设为中心，保持经济的持续稳步增长。正如边区努力改善百姓实际生活水平，迅速赢得边区人民支持一样，人民物质生活水平的提高和精神生活的日益丰富是"善治"的基础。但要注意的是，在大力发展经济的同时，还应保持效率和公平的平衡，不断健全分配制度，缩小贫富差距日益悬殊的现象，使财富的获取在机会、分配和导向上更加平等。尤其是房价、医疗、就业等事关老百姓切身利益的民生问题应是我国在社会发展中常抓不懈的头等大事。

近年来，虽然政府已出台了一系列相关政策，在遏制房价、促进教育公平、扩大就业等方面取得了一定成效，但形势依然十分严峻。如：当前一线城市房价收入比（每户居民的家庭购房总价与家庭收入的比值）高达15倍以上，远远高于3—6倍的合理区间[1]，使得大多数老百姓都"望房兴叹"。截至2011年年底，我国目前有养老制度保障的总数为6亿多，其中城镇职工参加基本养老保险的有2.8亿，参加城居保、新农保的总人数为3亿多，其余为事业单位人员和公务员。这意味着距离"全民社保"的目标仍有较大差距。[2] 在教育方面，2010年通过对30个直辖市、省会城市的公众教育满意度（主要包括教育过程、教育质量、教育收费和教育公平四类指标）进行调查和测算，结果显示城市公众对教育的满意度呈下降趋势，同2009年相比，公众满意度均值下降了3%，未达到及格线的城市增加到13个。该变化趋势表明，公众对于本地教育发展的需求

---

[1] 王炜：《房价多少是"合理"》，《人民日报》2012年3月22日第17版。
[2] 白天亮：《社保，今年路该怎么走》，《人民日报》2012年3月22日第13版。

与地方政府提供的教育服务水平之间的落差正在加大,也从某种程度反映出省际之间的教育差距进一步分化。① 改善民生是化解矛盾,实现公平正义,构建和谐社会的根本途径和关键环节。因此,在经济保持长足增长的同时,政府应切实解决好住房、教育等重大民生问题,最大限度地让普通百姓分享经济发展的成果,才能极大地激发和调动广大群众的积极性,顺利实现我们建设小康社会的伟大目标。

第二,坚持社会主义民主制度,依法治国,提高人民参政能力。从1937—1946 年间,边区一共进行了 3 次民主选举活动。在选举当中积极推进民主制度,从而产生了有效的民意表达机制,极大地缓和了社会矛盾,激发了群众参政议政的热情。边区各级议会,成为表达民意和民众行使政治权利的有效载体。

在现阶段,我们应继续加强社会主义民主建设,扩大公民参政、议政的渠道。尽管目前不像边区时刻面临战争威胁的巨大压力,但我们仍应牢固树立危机意识和创新意识,高度警惕削弱政府"合法性"的行为。不同的国情注定我们不能照搬西方发达国家的政治模式,因此,我们更应该借鉴边区执政的经验,找出发展社会主义政治民主的新路子。同时,要充分利用现代媒体、网络等科学技术,大力发展电子政务,增强决策、执行和监管的能力,还要注意扩展民众知情权,增加政府的"透明性"。如政府应充分重视"微博"这一新的媒体形式,搭建民众参政、议政的有效通道。由于微博只有短短 140 个字,还可将图片、视频、音乐等通过手机、电脑快速上传,所以具有信息海量、发布便捷和互动高效的特性,目前新浪微博的用户已超过两亿人。特别值得一提的是,微博能够迅速围观,具有不断放大的效应,深受网民的青睐。因为中国人天生爱看热闹,"围观"景象无论在乡村还是城市随处可见,这一点迎合了极富中国特色的"围观"文化,也是新浪微博迅速取得成功的重要原因之一。② 如今微博已日渐进入两会代表委员的日常工作和生活,成为通晓社情,体察和表达民意的重要平台。作为政府部门也应该积极回应,将微博纳入到政务公开、建设阳光政府的工作范围,更好地推进信息民主化。同时,加强对微博的正确引导,避免"议政"成为"骂政"等消极因素的影响,使其向

---

① 杨东平:《中国教育发展报告 2011》,社会科学文献出版社 2011 年版,第 253 页。
② 史安斌:《"微博议政"与"微博执政"》,《国际公关》2011 年第 5 期。

更理性、健康的方向发展。

第三，精简机构，转变工作作风，构建廉价政府。

政府机构臃肿庞大，管理层级过多，权责不清，互相推诿，是形成官僚主义、效率低下的主要原因之一。陕甘宁边区政府为了达到"精简、统一、效能、节约和反对官僚主义"①的目标，从1941年年底至1944年进行了三次机构精简，取得了十分显著的成效。同时，为了防止贪污腐化和铺张浪费，边区政府开展了节约运动。在边区政府高级干部厉行节约的率先垂范下，勤俭朴素、艰苦奋斗、廉洁奉公的工作作风在整个边区蔚然兴起，大大降低了行政成本，减轻了当地群众的负担。如"1945年全边区共节约20亿元，足够公家一年的生活费，边区被服厂利用边角碎布，节约新布11万多尺"②。

在我国，行政成本支出较大、机构膨胀仍然是现实管理中存在的主要问题。2008年，国务院实施了"大部制"改革，将国务院组成部门设置调整为27个。随后，在县级大部制改革实践中，出现了引人注目的"顺德模式"和"富阳模式"。实行大部制的初衷就是以期通过政府重叠部门的整合，最大限度地避免政府职能交叉，提高行政效率，加强宏观调控能力，降低行政成本。虽然在一些地方"大部制"改革之后，仍然普遍存在着因人设官、"十羊九牧"如广东省农业厅有"7个正厅12个副厅"③之类的不尽如人意的现象，但其在理性地适应、管理和服务现代公民社会所起的作用是毋庸置疑的，这也正说明了机构改革的长期性和艰巨性。

另外，随着人们生活水平的提高，铺张浪费、公款吃喝、公款旅游、公车私用等不正之风开始在官场上滋生和蔓延，成为官员们拉关系搞腐败，败坏社会风气的根源，不仅使公共财产和公众利益遭受损失，造成行政运行成本居高不下，也严重损害了党和政府的形象，与当前大

---

① 1942年12月，毛泽东在西北局高干会上作了《经济问题与财政问题》的著名报告，提出了经济工作和财政工作的总方针，也提出了"精兵简政"工作，即必须达到精简、统一、效能、节约和反对官僚主义五项目的。这既是对过去精简工作的批评，也是对今后精简工作的期望。

② 龚晨：《陕甘宁边区构建节约型政府的经验及其启示》，《江苏省社会主义学院学报》2007年第4期。

③ 韩志鹏：《"官民比"是个伪命题》，《信息时报》2012年3月15日A36版。

力倡导的建立节约型社会背道而驰。中央政治局在2012年12月4日发布《关于改进工作作风、密切联系群众的八项规定》后，中央办公厅、国务院办公厅、财政部等多个中央国家机关有关部门发出廉政新规，内容涵盖大到公务接待、干部选拔，小至寄送贺年卡。但截至2016年11月30日，全国查处违反中央八项规定精神问题3894起，处理5550人，给予党纪政纪处分3987人。从省部级到乡科级，查处的问题数和处理人数呈逐级递增趋势。（如表7—1所示）①对此，各级政府必须予以充分重视。

表7—1　　　　全国查处违反中央八项规定精神问题汇总

（截至2016年11月30日）

内容	项目	总计	级别				类型								
			省部级	地厅级	县处级	乡科级	违规公款吃喝	公款国内旅游	公款出国旅游	违规配备使用公车	楼堂馆所违规问题	违规发放津补贴福利	违规收送礼品礼盒	大办婚丧喜庆	其他
2016年11月	查出问题数	3894	0	64	423	3407	462	206	14	575	83	993	740	550	271
	处理人数	5550	0	76	562	4912	707	502	20	699	121	1551	903	657	390
	给予党政纪处分人数	3987	0	51	328	3608	525	331	17	392	63	1170	730	523	236

---

① 中央纪委党风政风监督室：《2016年11月全国查处违反中央八项规定精神问题3894起》，http://www.ccdi.gov.cn/xwtt/201612/t20161222_91656.html，2016-12-22。

续表

内容	项目	总计	级别				类型							其他
			省部级	地厅级	县处级	乡科级	违规公款吃喝	公款国内旅游	公款出国旅游	违规配备使用公车	楼堂馆所违规问题	违规发放津补贴福利	违规收送礼品礼盒	大办婚丧喜庆	
2016年以来	查出问题数	35808	2	551	3909	31346	4573	1995	177	6000	734	8988	6569	4684	2088
	处理人数	50821	4	716	5288	44813	7045	3707	278	7758	1051	13783	8300	5529	3370
	给予党政纪处分人数	37519	4	487	3483	33545	5308	2887	214	4614	499	10871	6616	4312	2198
备注	"其他"问题包括：提供或接受超标准接待、接受或用公款参与高消费娱乐健身活动、违规出入私人会所、领导干部住房违规问题。														

数据来源：中央纪委党风政风督查室

第四，发展和繁荣社会主义先进文化，加强社会管理，构建和谐的社会氛围。

陕甘宁边区政府的"善治"是全方位的，不仅体现在经济、政治方面，而且在文化和社会管理等方面的创新尤为突出。从普及教育，提高人民基本文化素质，到支持各种文化团体的创建以及"二流子"的改造活动，从根本上改变了边区的旧面貌，形成了各项社会事业协调发展，社会面貌焕然一新的新气象。尽管用现代社会的标准来衡量，或许它还处于初级阶段，并不完善，但以当时的条件衡量，边区已经成为全国最进步的一种社会形态，与国统区形成了明显的比较优势。

改革开放以来，我国民众的物质生活普遍得到提高。但随着市场经济的不断深入，西方拜金主义、享乐主义、极端自由主义思潮也乘机冲击中国的传统和现代文化。面对西方的物质繁荣和发达科技，出现了许多国人对中华文化不认同和不自信，而皆西方为是的现象。"不认同中华五千年的养生文化，却以吃西方的垃圾快餐为荣；读不懂祖宗的文言文，却以看英文电影为乐；不能欣赏礼仪之邦的礼仪文化，却以传唱外文通俗歌曲为流行……"①。当前社会上的一些文化现象也发人深省：为吸引大众眼球，编造宫斗"秘史"；给严嵩正名，为秦桧翻案；恶搞李白和杜甫；为促进地方发展，造假"发现"女娲遗骨，为侵华日军立碑；过去犹如过街老鼠的小三、情妇，竟然理直气壮地登堂入室等丑恶现象。这些充斥"功利化""物质化"、低俗和颓废色彩的文化俨然成为我国经济社会发展的短板。

"一个国家、一个民族的强盛，总是以文化兴盛为支撑的"②，先进文化是社会发展的重要推动力。社会主义先进文化具有两个基本要素：首先，它必须是社会主义的文化，是在社会主义时代背景下产生的文化；其次，它必须是先进的文化，即走在时代前沿，健康积极，弘扬真善美，充满浩然正气和正能量的文化。无论为人处事，还是为官做事，中华优秀传统文化中有许多值得借鉴的宝贵财富。比如，"富贵不能淫，威武不能屈"的做人、处世原则，"刚健有为，自强不息"的进取精神，"为天地立心，为生民立命，为万世开太平"的人生目标，"厚德载物、海纳百川"的开放胸襟，"克己复礼"的人生态度等。这些宝贵财富需要我们辩证地加以吸收、继承和发扬，并赋予其新的时代内涵，汲取传统文化和西方文化的优秀成分构建社会主义的先进文化。通过繁荣和发展社会主义先进文化，充分发挥先进文化的感染和激发功能，持续为建设社会主义和谐社会提供强大精神支撑。

当前我国仍处于经济转轨、社会转型的特殊历史时期，随着利益关系和分配方式日益多样化，各级政府越来越重视和关注社会管理，主要表现如下：社会支出不断增加，社会保险制度基本确立，社会救助水平迅速提高，政府扶贫工作颇具成效，在城市社区建设、农村基层自治组织建设等

---

① 程冠军：《走向善治的中国——十八大以来治国理政观察》，中共中央党校出版社2015年版，第262页。
② 赵明仁、肖云：《民族伟大复兴要以中华文化发展繁荣为条件——学习领会习近平总书记在山东考察时重要讲话精神》，《光明日报》2013年12月4日第1版。

方面均有明显提高。但仍然存在城乡、区域发展不协调、政府社会服务滞后于人民群众对教育、卫生、医疗、文化、体育等方面的需求、因环境污染和安全生产事故等引发的社会矛盾和群体性事件增多等问题，给社会稳定与和谐造成了严重影响。针对当前社会管理出现的问题，应做好以下方面的工作：一是健全公共服务体系，强化公共服务职能；二是建立健全预警和社会风险评估机制，提高应对突发事件和风险的能力，从源头上将可能导致社会冲突、危及社会稳定的不和谐不稳定因素减少到最低程度，尽量将危机消除在萌芽状态；三是政府应利用财政杠杆对收入再分配进行科学调控，有效调节过高收入，理顺工资和收入分配秩序，减少贫困和低收入群体，实现不同社会阶层和社会群体的关系和谐。四是进一步健全解决人民内部矛盾和社会纠纷的机制。通过完善信访工作责任制，依法及时合理地处理群众反映的问题。同时，引导群众以理性合法的方式表达利益要求，自觉维护安定团结。加强社会管理不仅是构建和谐社会的内在要求，也是构建社会主义和谐社会的重要任务。

最后，我们还要充分认识到"善治"的系统性，即政府治理应该是相互配套，协同统一的，单一割裂不可能达致"善治"。唯物辩证法采用普遍联系的观点看待世界和历史，认为世界上的一切事物都处于相互影响、相互作用、相互制约之中，强调一切从客观实际出发，反对以片面或孤立的观点看问题。科学发展观以发展作为第一要义，以人为本为核心，全面协调可持续是基本要求，统筹兼顾是根本方法，是系统性的具体体现。十八大提出的"五位一体"发展总布局是对科学发展观的进一步丰富和深化，也体现出更加科学的系统性思维。因此，尽管人民生活水平的提高是"合法性"的关键内容，但单靠经济发展来保证"合法性"是不牢靠的。在发展经济的同时，我们也切不可忽视民主建设、法制建设等其他方面。

实现全体公民共同参与国家和社会的治理是善治的关键，民主则是此种参与的最佳方式。由于我国是社会主义国家，"中华人民共和国的一切权力属于人民"，所以，国家和社会的治理本质上应当是人民群众当家做主，依法管理国家、管理社会。只有让最广大人民群众参与国家治理，才能在最广泛的范围内汇集民众智慧，提高国家和社会治理的科学性，并使此种治理符合最广大人民群众的根本利益。同时，民主需要一定的制度保障。德国著名法哲学家拉德布鲁赫有句名言："民主的确是一种值得赞美之善,而法治国家则更像是每日之食、渴饮之水和呼吸之气。"要实现社会有效治理,需要在民主的基础上全面推进法治,而依法治理的含义十分丰富,一要全面推进法治国家、法治政府、法治社会的建设;二是要利用法治化解社会矛盾,使社会安定有序、长治久安;三是依法保障民生,保障人权,维护全体社会成员的基本权利。①

总之,陕甘宁边区政府艰苦奋斗了近13年,"建立一个人民不感到困难而易于负担的,而且比过去更勇于担当重大责任的行政机构——一个从人民中产生、通过民主方式选举出来并向他们负责的政府。"② 与那时相比,今天的时代条件不同了,历史任务也变化了,但陕甘宁边区政府体现出的"善治"经验并没有过时,仍然是中华民族振兴的宝贵精神财富。

---

① 王利民:《善治是法治之目标》,《北京日报》2015年6月8日第17版。
② [美]冈瑟·斯坦:《红色中国的挑战》,马飞海等译,上海译文出版社1999年版,第128页。

参考文献

[1] 中国科学院历史研究所第三所：《陕甘宁边区参议会文献汇辑》，科学出版社1958年版。

[2] 雷云峰：《陕甘宁边区史》，西安地图出版社1994年版。

[3] 陕西省档案馆：《陕甘宁边区政府组织沿革》，陕西省档案馆1983年版。

[4] 费正清、费维恺：《剑桥中华民国史》下卷，中国社会科学出版社1994年版。

[5] 张扬：《解放战争时期陕甘宁边区财政经济资料选编》，三秦出版社1989年版。

[6] 陕西省档案馆：《陕甘宁边区政府大事记》，档案出版社1991年版。

[7] 陕西省总工会工运史研究室：《陕甘宁边区工人运动史料选编》，工人出版社1988年版。

[8] 陕甘宁边区政权建设编辑组：《陕甘宁边区参议会（资料选辑）》，中共中央党校科研办公室出版社1985年版。

[9] 陕甘宁边区政权建设编写组：《陕甘宁边区的精兵简政》，求实出版社1982年版。

[10] 宋金寿、李忠全：《陕甘宁边区政权建设史》，陕西人民出版社1990年版。

[11] 雷云峰主编：《陕甘宁边区大事记述》，三秦出版社1990年版。

[12] 蔡树藩：《绥德、米脂土地问题初步研究》，人民出版社1979年版。

[13] 陕甘宁边区财政经济史编写组等：《抗日战争时期陕甘宁边区财政经济史料摘编》，陕西人民出版社1981年版。

[14] 陕西省妇联妇运史小组：《陕甘宁边区妇女运动专题选编》，陕西省

妇联妇运史小组 1984 年版。
[15] 陕西省档案局编:《陕甘宁边区法律法规汇编》,三秦出版社 2010 年版。
[16] 韩延龙、常兆儒:《中国新民主主义革命时期根据地法制文献选编（第 3 卷）》,中国社会科学出版社 1981 年版。
[17] 穆欣:《晋绥解放区鸟瞰》,山西人民出版社 1984 年版。
[18] 谢庆奎、杨宏山:《府际关系的理论与实践》,天津教育出版社 2007 年版。
[19] 蒋春堂、蒋冬梅:《谈判学》,武汉大学出版社 2004 年版。
[20] 郑继隆:《中国共产党镇原县大事记 1930—2006》,宁夏人民出版社 2007 年版。
[21] 谢庆奎:《政府学概论》,中国社会科学出版社 2005 年版。
[22] 西北五省区编纂领导小组、中央档案馆:《陕甘宁边区抗日民主根据地》,中共党史资料出版社 1990 年版。
[23] 龚育之:《中国二十世纪通鉴 1921—1940》（第 2 册）,线装书局 2002 年版。
[24] ［英］贝思飞:《民国时期的土匪》,徐有威译,上海人民出版社 2010 年版。
[25] 萧劲光:《萧劲光回忆录》,解放军出版社 1987 年版。
[26] 军事科学院军事历史研究部编:《中国抗日战争史（中卷）》,中国人民解放军出版社 1994 年版。
[27] 陈育宁:《宁夏通史（近现代卷）》,宁夏人民出版社 1993 年版。
[28] 吴忠礼:《宁夏近代历史纪年》,宁夏人民出版社 1987 年版。
[29] 甘肃省社会科学院历史研究室:《陕甘宁革命根据地史料选辑》,甘肃人民出版社 1981 年版。
[30] 延安时事问题研究会编:《抗战中的中国教育文化》,上海人民出版社 1961 年版。
[31] 全国政协文史资料研究委员会、甘肃省政协文史资料研究委员会:《邓宝珊将军》,文史资料出版社 1985 年版。
[32] 金城:《延安交际处回忆录》,中国青年出版社 1986 年版。
[33] 王劲:《邓宝珊传》,兰州大学出版社 1988 年版。
[34]《中国敌后解放区概况》,延安新华书店 1944 年版。

[35] 宋金寿：《抗战时期的陕甘宁边区》，北京出版社 1995 年版。

[36] 《邓小平文选》第 1 卷，人民出版社 1994 年版。

[37] 《毛泽东选集》，人民出版社 1991 年版。

[38] 林尚立：《国内政府间关系》，浙江人民出版社 1998 年版。

[39] 延安时事问题研究会：《抗战中的中国政治》，上海人民出版社 1961 年版。

[40] ［美］约瑟夫·埃谢里克：《在中国失掉的机会》，罗清、赵仲强等译，国际文化出版公司 1989 年版。

[41] 李金龙：《中国共产党领导创建的地方行政制度研究》，上海人民出版社 2008 年版。

[42] 张闻天：《神府县兴县农村调查》，人民出版社 1986 年版。

[43] 林伯渠：《林伯渠日记》，中共中央党校出版社 1981 年版。

[44] 曹菊如：《曹菊如文稿》，中国金融出版社 1983 年版。

[45] 谢觉哉：《谢觉哉日记》，人民出版社 1984 年版。

[46] 张俊南、张宪臣、牛玉民：《陕甘宁边区大事记》，三秦出版社 1986 年版。

[47] 星光、张杨：《抗日战争时期陕甘宁边区财政经济史稿》，西北大学出版社 1988 年版。

[48] 中国人民大学法律系法制史教研室：《中国近代法制史资料选编（第 2 分册）》，中国人民大学法律系法制史教研室出版社 1980 年版。

[49] 谢振民：《中华民国立法史》（上册），中国政法大学出版社 2000 年版。

[50] 徐矛：《中华民国政治制度史》，上海人民出版社 1992 年版。

[51] 周定枚：《公文程式详解》，上海法学编译社 1946 年版。

[52] 彭怀恩：《中华民国政治体系》，风云论坛出版社 2003 年版。

[53] 成都市地方志编纂委员会：《成都市志·审判志》，四川大学出版社 1996 年版。

[54] 张仁善：《司法腐败与社会控制》，社会科学文献出版社 2005 年版。

[55] 孙彩霞、闻黎明、章伯锋：《抗日战争（第 3 卷）政治上》，四川大学出版社 1997 年版。

[56] 财政部税务总局：《中国革命根据地工商税收史长编——陕甘宁边

区部分》，中国财政经济出版社1989年版。

[57] 中共延安地委统战部中共中央统战部研究所：《抗日战争时期陕甘宁边区统一战线和三三制》，陕西人民出版社1989年版。

[58] 谢觉哉：《谢觉哉文集》，人民出版社1989年版。

[59] 李维汉：《回忆与研究》，中共党史资料出版社1986年版。

[60] 房成祥、黄兆安：《陕甘宁边区革命史》，陕西师范大学出版社1991年版。

[61] 胡新民等：《陕甘宁边区民政工作史》，西北大学出版社1995年版。

[62] 延安地区供销合作社：《南区合作社史料选》，陕西人民出版社1992年版。

[63] 邱涛：《殷鉴不远——民国时期的反腐败史话》，兰州大学出版社2005年版。

[64] 中共盐池县党史办公室：《陕甘宁边区概述》，宁夏人民出版社1988年版。

[65] 杨荫溥：《民国财政史》，中国财政经济出版社1985年版。

[66] 中国人民银行陕西省分行、陕甘宁边区金融史编辑委员会：《陕甘宁边区金融史》，中国金融出版社1992年版。

[67] 张静如：《国民政府统治时期中国社会之变迁》，中国人民大学出版社1993年版。

[68] 赵亮坡、俞建平：《中国革命根据地案例选》，山西人民出版社1984年版。

[69] 中共庆阳地委党史资料征集办公室：《陕甘宁边区时期陇东民主政权建设》，甘肃人民出版社1990年版。

[70] 金太军：《行政腐败解读与治理》，广东人民出版社2002年版。

[71] 薛冰、梁仲明、程亚冰：《行政学原理》，清华大学出版社2005年版。

[72] 胡伟：《政府过程》，浙江人民出版社1998年版。

[73] 肖周录：《延安时期边区人权保障史稿》，西北大学出版社1994年版。

[74] 靳铭等：《人民代表大会制度的雏形——陕甘宁边区参议会制度研究》，陕西人民出版社1998年版。

[75] 赖伯年主编：《陕甘宁边区的图书馆事业》，西安出版社1998年版。

[76] 李智勇：《陕甘宁边区政权形态与社会发展（1937—1945）》，中国社会科学出版社 2001 年版。

[77] 黄正林：《陕甘宁边区社会经济史（1937—1945）》，人民出版社 2006 年版。

[78] 严艳：《陕甘宁边区经济发展与产业布局研究（1937—1950）》，中国社会科学出版社 2007 年版。

[79] 梁星亮、杨洪、姚文琦：《陕甘宁边区史纲》，陕西人民出版社 2012 年版。

[80] 杨东：《乡村的民意：陕甘宁边区的基层参议员研究》，山西人民出版社 2013 年版。

[81] 米晓蓉，刘卫平：《陕甘宁边区大生产运动》，陕西师范大学出版总社有限公司 2014 年版。

[82] 王彩霞：《抗日战争时期陕甘宁边区劳模运动研究》，中国社会科学出版社 2014 年版。

[83] 郝琦：《陕甘宁边区青年运动研究》，首都经济贸易大学出版社 2015 年版。

[84] 汪小宁：《陕甘宁边区社会建设研究》，中国社会科学出版社 2015 年版。

[85] 王玉钰：《抗战时期陕甘宁边区社会教育研究》，中国社会科学出版社 2015 年版。

[86] 林喜乐：《陕甘宁边区税史笔记》，中国税务出版社 2016 年版。

[87] 侯欣一：《从司法为民到人民司法：陕甘宁边区大众化司法制度研究》，中国政法大学出版社 2007 年版。

[88] 关保英：《陕甘宁边区行政法概论》，中国政法大学出版社 2010 年版。

[89] 汪世荣：《新中国司法制度的基石：陕甘宁边区高等法院（1937—1949）》，商务印书馆 2011 年版。

[90] 张炜达：《历史与现实的选择：陕甘宁边区法制创新研究》，2011 年版。

[91] 胡永恒：《陕甘宁边区的民事法源》，社会科学文献出版社 2012 年版。

[92] 李喜莲：《陕甘宁边区司法便民理念与民事诉讼制度研究》，湘潭大

学出版社 2012 年版。

[93] 欧阳华：《抗战时期陕甘宁边区锄奸反特法制研究》，中国政法大学出版社 2013 年版。

[94] 巩富文：《陕甘宁边区的人民检察制度》，中国检察出版社 2014 年版。

[95] 关保英：《陕甘宁边区行政强制法典汇编》，山东人民出版社 2016 年版。

[96] 关保英：《陕甘宁边区行政救助法典汇编》，山东人民出版社 2016 年版。

[97] 关保英：《陕甘宁边区行政组织法典汇编》，山东人民出版社 2016 年版。

[98] 刘全娥：《陕甘宁边区司法改革与"政法传统"的形成》，人民出版社 2016 年版。

[99] 刘东社、刘全娥：《陕甘宁边区政府史话》，社科文献出版社 2000 年版。

[100] 张明胜、崔晓民主编：《陕甘宁边区画卷》，陕西人民出版社 2008 年版。

[101] 杨东：《陕甘宁边区的县政与县长研究》，中国社会科学出版社 2015 年版。

[102] 中共中央党史研究室：《中共党史资料》（第 18 辑），中共中央党校出版社 1989 年版。

[103] [美] 马克·塞尔登：《革命中的中国：延安道路》，魏晓明、冯崇义译，社会科学文献出版社 2002 年版。

[104] 中共中央书记处：《六大以来（上）》，人民出版社 1981 年版。

[105] 杨永华：《陕甘宁边区法制史稿（宪法、政权组织法篇）》，陕西人民出版社 1992 年版。

[106] 中央档案馆：《中共中央文件选集》，中共中央党校出版社 1991 年版。

[107] 李顺民、赵阿利：《陕甘宁边区行政区划变迁》，陕西人民出版社 1994 年版。

[108] 李鸿义、王中新：《民主中国的模型——陕甘宁边区政治文明建设》，陕西人民出版社 2005 年版。

[109]（宋）朱熹：《四书章句集注·论语集注》，中华书局1983年版。

[110] 王颖：《新民主主义革命时期选举制度研究》，中国社会科学出版社2005年版。

[111] 延安市志编纂委员会：《延安市志》，陕西人民出版社1994年版。

[112] 陕西省地方志编纂委员会：《陕西省志（政务志）》，陕西人民出版社1997年版。

[113] 安塞县地方志编纂委员会：《安塞县志》，陕西人民出版社1993年版。

[114] 黎原：《黎原回忆录》，解放军出版社2009年版。

[115] 延安市地方志编纂委员会：《延安地区志》，西安出版社2000年版。

[116] 定边县地方志编纂委员会：《定边县志》，方志出版社2003年版。

[117] 陕西省地方志编纂委员会：《陕西省志（人口志）》，三秦出版社1986年版。

[118] 龙朝双：《地方政府学》，中国地质大学出版社2001年版。

[119] [美] 奥斯特罗姆：《美国公共行政的思想危机》，毛寿龙译，上海三联书店1999年版。

[120]（魏）王弼注：《老子道德经注校释》，楼宇烈校释，中华书局2008年版。

[121] 裘克安：《斯诺在中国》，生活·读书·新知三联书店1982年版。

[122] 汪洪涛：《制度经济学：制度及制度变迁性质解释》，复旦大学出版社2003年版。

[123] 董海军：《转轨与国家制度能力：一种博弈论的分析》，上海人民出版社2007年版。

[124] 翁有为：《专区与地区政府法制研究》，人民出版社2007年版。

[125] 屈武：《国民党政府政治制度档案史料选编（下册）》，安徽教育出版社1994年版。

[126] 杨圣清：《新中国的雏形——抗日根据地政权》，广西师范大学出版社1994年版。

[127] 翁有为：《行政督察专管员区公署制研究》，社会科学文献出版社2012年版。

[128] 金良、朱小平：《蒋氏家族全传》，中国文史出版社2002年版。

[129] [美] 易劳逸：《1927—1937年国民党统治下的中国流产的革命》，陈谦平、陈红民等译，中国青年出版社1992年版。

[130] 党的十六大报告学习辅导百问编写组：《党的十六大报告学习辅导百问》，党建读物出版社2002年版。

[131] [法] 孟德斯鸠：《论法的精神》（上册），张雁深译，商务印书馆1995年版。

[132] 范文：《中外行政体制理论比较》，国家行政学院出版社2009年版。

[133] 孙中山：《孙中山选集》，人民出版社1981年版。

[134] 中山大学历史系孙中山研究室、广东省社会科学院历史研究所等：《孙中山全集》第7卷，中华书局1985年版。

[135] 韦庆远、柏桦：《中国政治制度史》，中国人民大学出版社2005年版。

[136] 《马克思恩格斯文集》，人民出版社2009年版。

[137] 《列宁选集》第1卷，人民出版社1995年版。

[138] 俞可平：《治理与善治》，社会科学文献出版社2000年版。

[139] 程冠军：《走向善治的中国——十八大以来治国理政观察》，中共中央党校出版社2015年版。

[140] 陕西审计学会、陕西省审计研究所：《陕甘宁边区的审计工作》，陕西人民出版社1989年版。

[141] [法] 法约尔：《工业管理与一般管理》，周安华等译，中国社会科学出版社1982年版。

[142] 中共中央文献研究室：《毛泽东书信选集》，人民出版社1983年版。

[143] 王定国等：《谢觉哉论民主与法制》，法律出版社1996年版。

[144] 中国人民政治协商会议广东省委员会文史资料研究委员会：《广东文史资料》（第66辑），广东人民出版社1991年版。

[145] 陕西省档案馆、陕西省社会科学院：《陕甘宁边区政府文件选编》，档案出版社1988年版。

[146] 《抗日战争时期解放区概况》，人民出版社1953年版。

[147] 南开大学中国社会史研究中心：《中国社会历史评论》（第10卷），天津古籍出版社2009年版。

[148] 陈之迈：《中国政府》（第2册），商务印书馆1947年版。

[149] 杨东平：《中国教育发展报告2011》，社会科学文献出版社2011年版。

[150] ［美］冈瑟·斯坦：《红色中国的挑战》，马飞海等译，上海译文出版社1999年版。

[151] 卡列夫：《苏维埃司法制度》，赵涵舆、王增润等译，法律出版社1955年版。

[152] Pauline Keatings, *Two Revolutions: Village Reconstruction and the Cooperative Movement in Northern Shaanxi, 1934–1945*, Stanford: Standford University Press, 1997.

[153] 郭伟峰等：《论抗日战争时期陕甘宁边区政府以人为本的执政实践》，《福建党史月刊》2008年第3期。

[154] 龚晨：《陕甘宁边区构建节约型政府的经验及其启示》，《江苏省社会主义学院学报》2007年第4期。

[155] 高中华：《陕甘宁边区政府的审计工作》，《中共党史资料》2007年第2期。

[156] 梁严冰、岳珑：《论抗日战争时期陕甘宁边区政府的赈灾救灾》，《西北大学学报》（哲学社会科学版）2009年第4期。

[157] 李建国：《试析抗战时期陕甘宁边区民众的负担及边区政府减轻民众负担的措施》，《抗日战争研究》2010年第2期。

[158] 谭虎娃：《抗战时期陕甘宁边区农民负担与边区政府的应对措施》，《中共党史研究》2014年第8期。

[159] 成剑：《抗战时期陕甘宁边区运行机制研究》，《西北大学学报》（哲学社会科学版）2014年第6期。

[160] 岳珑：《近代陕北女子早婚与生育健康》，《人文杂志》1999年第4期。

[161] 宋炜：《延安时期陕甘宁边区政府社会治理的经验与启示——以陕甘宁边区移难民安置为个案》，《广西社会科学》2015年第12期。

[162] 缪平均：《陕甘宁边区政府对党内贪污分子的处决》，《文史春秋》2015年第5期。

[163] 魏晓明、冯崇义：《〈延安道路〉的反思——译者序》，《历史教

学》2003 年第 2 期。

[164] 刘本森：《近十年来国外中国抗日战争史英文研究述评》，《中共党史研究》2015 年第 1 期。

[165] 任中和：《陕甘宁边区抗日民主政权的建立发展及其特点》，《历史档案》1987 年第 3 期。

[166] 李元卿：《玉门油矿的开发与国共合作》，《石油大学学报》2000 年第 2 期。

[167] 苏振兰：《华北敌后模范的统一战线组织——记第二战区民族革命战争战地总动员委员会》，《湘潮》2008 年第 7 期。

[168] 马仲廉：《国共两党军队协同作战之典型一役——忻口战役之研究》，《抗日战争研究》1996 年第 1 期。

[169] 丁明俊：《日本在西北建立"回回国"阴谋的失败——兼论宁马绥西抗战》，《回族研究》1995 年第 3 期。

[170] 葛美荣：《中共与阎锡山在抗战中斗智斗勇的六个回合》，《党史纵横》2010 年第 2 期。

[171] 方克勤、杨永华、李文彬：《抗日战争时期陕甘宁边区的选举制度》，《人文杂志》1979 年第 1 期。

[172] 刘玲：《陕甘宁边区民族立法实践研究》，《民族研究》2012 年第 3 期。

[173] 张成福、李丹婷、李昊城：《政府架构与运行机制研究：经验与启示》，《中国行政管理》2010 年第 2 期。

[174] 左建之：《陕甘宁边区民主政治的特点及其在乡的具体实施》，《解放》1940 年第 104 期。

[175] 李祥瑞：《合作社经济在陕甘宁边区经济建设中的地位》，《西北大学学报》（哲学社会科学版）1981 年第 3 期。

[176] 李积万：《我国政府部门间协调机制的探讨》，《汕头大学学报》（人文社会科学版）2008 年第 6 期。

[177] 龚晨：《陕甘宁边区构建节约型政府的经验及其启示》，《江苏省社会主义学院学报》2007 年第 4 期。

[178] 黄正林：《抗日战争时期陕甘宁边区的财政来源》，《固原师专学报》1998 年第 2 期。

[179] 华小勇：《陕甘宁边区行政督察专员制度初探》，《延安大学学报》

2005年第5期。

[180] 段克昌：《田赋征实的几个严重问题》，《财政评论》1947年第2期。

[181] 尹书博：《解放战争时期国统区"官倒"盛行与经济崩溃》，《文史研究》1995年第2期。

[182] 龚达：《学习"三三制"建政经验，发扬社会主义民主》，《昭乌达蒙古族师专学报》1983年第1期。

[183] 孙斌、董崇山、王毅平：《马克思的民主思想及其在中国的实践》，《东岳论丛》1983年第1期。

[184] 郭林：《我国民族区域自治的雏形——陕甘宁边区的民族区域自治》，《民族研究》1987年第5期。

[185] 李凤鸣：《论民族区域自治政策的历史性抉择和成功实践——兼论乌兰夫同志对民族区域自治政策的运用与发展》，《内蒙古社会科学（汉文版）》2007年第4期。

[186] 黄正林：《抗战时期陕甘宁边区的盐业》，《抗日战争研究》1999年第4期。

[187] 李以所：《论善治政府的基本内涵》，《理论导刊》2012年第8期。

[188] ［法］让-马克·思古德：《什么是政治的合法性？》，《外国法译评》1997年第2期。

[189] 张成福：《责任政府论》，《中国人民大学学报》2000年第2期。

[190] 史安斌：《"微博议政"与"微博执政"》，《国际公关》2011年第5期。

[191] Joseph Rothschild, "Observations on Political Legitimacy in Contemporary Europe", *Political Science Quarterly*, Vol. 92, No. 3, Autumn 1977.

[192] 《关于改造司法工作的意见》，1943年，陕西省档案馆档案，卷号15—88。

[193] 《大量移民》，《解放日报》1943年2月22日第1版。

[194] 《参议员批评政府工作》，《解放日报》1941年10月17日第4版。

[195] 宋庆龄：《抗战的一周年》，《新华日报》1938年7月7日第6版。

[196] 《严惩贪官污吏》，《新华日报》1938年1月24日第2版。

[197] 王炜：《房价多少是"合理"》，《人民日报》2012年3月22日第17版。

[198] 白天亮：《社保，今年路该怎么走》，《人民日报》2012年3月22日第13版。

[199] 韩志鹏：《"官民比"是个伪命题》，《信息时报》2012年3月15日A36版。

[200] 赵明仁、肖云：《民族伟大复兴要以中华文化发展繁荣为条件——学习领会习近平总书记在山东考察时重要讲话精神》，《光明日报》2013年12月4日第1版。

[201] 王利民：《善治是法治之目标》，《北京日报》2015年6月8日第17版。

[202] 刘芳：《马克思主义中国化的理论形态和实践样式》，《中国社会科学报》2011年4月7日第5版。

[203] 《彭副总司令在陕甘宁边区参议会上的讲话》，《解放日报》1945年1月2日第1版。

[204] 贺秋平：《不能忘却的记忆 日军轰炸延安》，《华商报》2015年8月18日第J1版。

[205] 胡锦涛：《在庆祝中国共产党成立90周年大会上的讲话》，《天津日报》2011年7月2日第1版。

[206] 《边区展览会开幕各项建设大有进步》，《解放日报》1944年12月27日第1版。

[207] 赵棣生：《边区财政经济的新面貌》，《解放日报》1945年1月4日第2版。

[208] 中央纪委党风政风监督室：《2016年11月全国查处违反中央八项规定精神问题3894起》，http://www.ccdi.gov.cn/xwtt/201612/t20161222_91656.html，2016-12-22。

后　　记

　　本书终于尘埃落定，激动的心情许久不能平复。在整个过程中虽有艰辛，但也从中学到了许多，悟出了许多。该书原稿是我于2012年在西北大学获得博士学位的学位论文，是在导师梁忠民教授的悉心指导下完成的。在读博期间，梁教授对我的学习和论文写作一直都很关心，尤其他在北京中央党校学习期间，还通过电子邮件对我的论文进行耐心、细致的辅导，为我指点迷津，使我对陕甘宁边区政府体制的思考逐步深入、研究趋于系统。博士毕业后，虽然一直忙于教学科研工作，但时刻牢记要对博士论文作进一步的拓展和完善，想尽办法将其付诸行动，并有幸得到政治与公共管理学院及领导的大力支持，获得西北政法大学多学科发展专项资金资助。

　　在书稿付梓之际，我要对梁忠民教授致以最诚挚的感谢。导师不仅给予了我辛勤培养和慈父般的关怀，其深厚的学术功底和严谨求实的治学态度使我深表敬佩，让我感受到学者身上肩负的神圣使命，他的谆谆教诲和言传身教也使我终身受益。同时，我要衷心地感谢陈国庆教授、梁星亮教授、李刚教授、许门友教授、杨洪教授、李建森教授、李云峰教授所给予的长期关心与支持，他们同样为我的进步和成长付出了辛勤汗水，令我终生难忘。此外，我也真挚感谢那些默默无闻帮助和关心我的师长、同事和朋友。因为你们的存在，工作和生活才更从容、更充实。

　　我要特别感谢我的父母和爱人。他们持久的精神鼓励和生活上的关心既是本书写作得以顺利进行的基本保障，也是我安心学习、不断深造的强大动力。在此对家人的辛勤付出表达最诚挚的谢意！

　　在本书的撰写过程中，虽然参考了许多历史资料和很多学者的相关研究，但由于自身才疏学浅，总觉文稿付梓尚存缺憾和纰漏之处，若能得识者批评指正，则为笔者之幸甚。

霍雅琴
2017年3月30日